“十三五”普通高等教育规划教材
全国财经类应用型本科院校通用教材

财务分析习题与案例导读

（第2版）

主　编　鲍金良　张占军　王桂英

中国财经出版传媒集团
中国财政经济出版社

图书在版编目（CIP）数据

财务分析习题与案例导读 / 鲍金良，张占军，王桂英主编. --2 版. --北京：中国财政经济出版社，2020.8

“十三五”普通高等教育规划教材　全国财经类应用型本科院校通用教材

ISBN 978-7-5095-9907-5

Ⅰ. ①财…　Ⅱ. ①鲍…　②张…　③王…　Ⅲ. ①会计分析-高等学校-教学参考资料　Ⅳ. ①F231.2

中国版本图书馆 CIP 数据核字（2020）第 130067 号

责任编辑：蔡　宾　　　　责任校对：徐艳丽

封面设计：陈宇琰

中国财政经济出版社 出版

URL：http：//www.cfeph.cn

E-mail：cfeph @ cfeph.cn

社址：北京市海淀区阜成路甲 28 号　邮政编码：100142

营销中心电话：010-88191537　编辑部门电话：010-88190666

北京密兴印刷有限公司印刷　各地新华书店经销

787×1092 毫米　16 开　16.25 印张　399 000 字

2020 年 10 月第 2 版　2020 年 10 月北京第 1 次印刷

定价：45.00 元

ISBN 978-7-5095-9907-5

（图书出现印装问题，本社负责调换）

本社质量投诉电话：010-88190744

打击盗版举报热线：010-88191661　QQ：2242791300

再版前言

“财务分析”课程是一门侧重应用的课程，理论性不强，操作性要求较高，但是，长期以来，由于学生缺乏系统地训练，导致知道分析指标，但不理解分析结果；会计算，不会写分析报告。究其原因，还是没有深入理解财务分析的方法和指标，需要通过大量的习题和案例来加强课堂教学内容的理解，为进一步的实训或真实案例的教学打下良好的基础。

本教材是中国财政经济出版社出版的普通高等教育“十三五”规划教材《财务分析》的配套教学用书，是在“十三五”普通高等教育规划教材《财务分析习题与案例导读》第1版（鲍金良、张占军、徐利飞主编，中国财政经济出版社2018版）的基础上进行修订而成。本教材在修订过程中力求体现以下特点：

1. 内容完整，练习充分。每一章都是在回顾基础理论的基础上，围绕基础理论的重点、难点和基本知识点，进行同步练习和案例导读，补充了同步练习参考答案。力求将原理、方法和应用融为一体，促进教、学、用三者的有机结合。只要将课程、教材和本指导用书合理配套使用，学生定会取得较为满意的学习效果。

2. 结构清晰，易于学习。在回顾基础理论的基础上，我们提炼了学习该理论的基本要求，特地突出本章的重点和难点，即可服务于教师教学，又可以帮助学生自学。清晰的逻辑结构让学生在相关知识获取的过程中充分了解、熟悉和掌握学习的方法和技巧，养成自主学习的习惯，提升学生学习的主动性。

3. 分析全面，开阔视野。案例导读是本书最具思想性的精华所在。本教材大量搜集了近期有突出问题的上市公司的分析案例。上市公司的分析案例既可以满足学生运用基础理论的相关原理对其进行解读和评价，又可以在提高学生分析能力的同时开阔学生的视野。

4. 根据会计准则相关解释、公告以及相关法律制度等的变化进行修订，并对原有的数据进行合理性调整。

本教材适合于高等院校财务管理、会计学、审计学等经济管理类相关专业，也适合于从事会计、财务、审计等专业领域的实务工作者。

本教材由内蒙古财经大学的鲍金良、张占军、王桂英担任主编。各章节的分工如下：第一章由鲍金良编写；第二章由王桂英编写；第三章由巴雅尔图编写；第四章、第五章由张占军编写；第六章由徐利飞编写；第七章由郝帅编写；第八章由郭巧莉编写；第九章由赛罕编写；第十章由张占军编写；第十一章由陶娅编写；第十二章由王艳林编写；整套教材最后由鲍金良负责通稿和总纂。

由于编者的水平所限，书中错误在所难免，恳请广大读者批评指正。您的意见、建议、要求正是我们努力的方向和进步的动力。

鲍金良

2020年6月

目　　录

第一章　财务分析理论

内容概要

一、重点、难点

1. 重点：财务分析的基本内涵、财务分析的基本目标与作用。
2. 难点：财务分析与相关学科之间的关系。

二、基本要求

1. 了解财务分析的产生与发展，西方财务分析体系，财务分析的条件与要求。
2. 理解财务分析与经济活动分析、会计、财务管理等的关系，财务分析的作用。
3. 掌握财务分析的内涵，财务分析的目的，财务分析体系与内容。

三、章节内容

第一节　财务分析的内涵

（一）财务分析与会计分析

财务分析的产生与发展是适应会计报表发展的需要而与发展的。

（二）财务分析应用领域的发展

财务分析开始是银行家用来评价企业或预测企业的偿债能力的工具。后来慢慢扩大到投资领域，现代财务分析的领域早已不是一般的银行信贷和投资分析了，而是越来越广，包括筹资、投资、经营、企业重组、企业绩效评价、企业等领域。

（三）财务分析的基本内涵

理解财务分析的内涵要从两个方面来分析，一是其定义，二是其与相关学科的关系来加以理解。

财务分析是以会计核算和报表资料及其他相关资料为依据，采用一系列专门的分析技术和方法，对企业等经济组织过去和现在有关筹资活动、投资活动、经营活动的偿债能力、营利能力和营运能力状况等进行分析与评价，为企业的投资者、债权者、经营者及其他关心企业的组织或个人了解企业过去、评价企业现状、预测企业未来，做出正确决策提供准确的信息或依据的经济应用学科。

其与相关学科的关系主要包括：与财务管理、与会计、与经济活动的关系。

第二节　财务分析的目的和作用

（一）财务分析的目的

财务分析的目的受财务分析主体和财务分析服务对象所制约，不同的分析主体进行财务分析的目的是不同的，不同的财务分析服务对象所关心的问题也是不同的。各种财务分析主体的分析目的和财务分析服务对象所关心的问题，也就构成了财务分析的目的或财务分析的研究目标。财务分析从分析主体看，包括投资者进行的财务分析，经营管理者进行的财务分析，债权者进行的财务分析，以及其他相关经济组织或个人所进行的财务分析；财务分析从服务对象看，也是投资者、经营管理者、债权人等。因此，不同分析主体和服务对象的性质地位不同，与企业所处的经济利益关系不同，在进行财务分析时，他们所要达到的分析目的也就不尽相同。

（二）财务分析的作用

财务分析的性质及必要性决定财务分析在经济管理过程中有着重要的作用。它有助于分析主体了解所分析对象的生产经营活动与经营效益，进行财务和资金变动与发展预测，合理评价经营绩效，正确进行投资、融资决策和资本运营，以及为国家宏观经济调控制定相关政策等提供必要的财务资讯。具体作用包括以下几个方面。

1. 有利于企业经营管理者了解企业现状及存在的问题，改善企业内部管理。

2. 有利于企业相关利益集团制定正确的投资决策。

3. 有利于政府等宏观经济管理部门制定发展战略，维护经济社会的健康有序发展可以归纳为一句话就是财务分析的有效价值是评价过去、反映现在、评估未来。

第三节　财务分析与相关学科的关系

（一）西方财务分析体系与内容评价

西方财务分析体系主要有以下不同的观点：

1. 概论、会计分析、财务分析三大部分。

2. 概论、分析工具、分析应用三大部分。

（二）我国财务分析体系与内容构建理论基础

就目前而言，我国财务报表分析体系主要由企业营利能力指标、企业偿债能力指标及企业营运能力指标构成。本书归纳如下，其实就是财务分析理论部分、会计分析和财务分析三部分组成。

第四节　财务分析的形式与要求

（一）财务分析的形式

财务分析的形式通常有内部分析与外部分析、静态分析与动态分析。

（二）财务分析的条件与要求

1. 财务分析的条件。

主要有：统一的财务会计制度、产权清晰的企业制度和完善的信息披露体制。

2. 财务分析的要求。

主要有：创造与完善财务分析条件、学习与掌握财务分析方法以及建立与健全财务分析组织。

同步练习

一、单项选择题

1. 财务分析开始于（　　）。

A. 投资者　B. 银行家　C. 财务分析师　D. 企业经理

2. 财务报表分析的对象是（　　）。

A. 企业的各项基本活动　B. 企业的经营活动
C. 企业的投资活动　D. 企业的筹资活动

3. 会计分析的关键在于（　　）。

A. 揭示会计信息的质量状况　B. 考评会计人员素质
C. 查找会计错误　D. 评价企业会计工作

4. 投资人最关心的财务信息是（　　）。

A. 总资产收益率　B. 销售利润率　C. 净资产收益率　D. 流动比率

5. 财务分析的最初形式是（　　）。

A. 趋势分析　B. 水平分析　C. 比率分析　D. 垂直分析

6. 业绩评价属于（　　）。

A. 会计分析　B. 财务分析　C. 财务分析应用　D. 综合分析

7. 下面不属于财务分析的基本作用的是（　　）。

A. 评价企业过去　B. 反映企业现状　C. 评估企业未来　D. 创造企业价值

8. 财务信息的内部使用者主要有（　　）。

A. 投资人　B. 债权人　C. 政府　D. 企业经理

9. 企业投资者进行财务分析的根本目标是关心企业的（　　）。

A. 营利能力　B. 营运能力　C. 偿债能力　D. 增长能力

10. 在进行财务分析时，应当剔除的是（　　）。

A. 企业销售商品给企业利润带来的影响
B. 企业让渡资产使用权给企业利润带来的影响
C. 企业提供劳务给企业利润带来的影响
D. 关联方活动给企业利润带来的影响

11. 西方财务分析体系的基本构架是（　　）。

A. 营利能力分析、偿债能力分析、营运能力分析

B. 分析概论、会计分析、财务分析

C. 资产负债表分析、利润表分析、现金流量表分析

D. 水平分析、垂直分析、比率分析

12. 下列有关财务分析的表述中，错误的是（　　）。

A. 确立分析目标是财务分析的起点，它决定了后续分析内容和分析结论

B. 行业基准不适合垄断型企业的财务分析

C. 百分比变动比较可以解决绝对性比较的缺陷，分析人员应当将变动的绝对数换算成变动的百分比

D. 比率分析法主要分为构成比率分析和相关比率分析

二、多项选择题

1. 现代财务分析的应用领域包括（　　）。

A. 筹资分析　B. 投资分析　C. 经营分析　D. 资本市场

E. 绩效评价

2. 财务分析与经济活动分析的区别在于（　　）。

A. 分析的对象不同　B. 分析的内容不同

C. 分析的依据不同　D. 分析的主体不同

E. 分析的形式不同

3. 需要利用财务分析结论提供依据的决策和评价包括（　　）。

A. 投资决策　B. 信贷决策　C. 产品决策　D. 销售决策

E. 业绩评价

4. 财务分析的主体包括（　　）。

A. 企业所有者或潜在投资者　B. 企业债权人

C. 企业经营者　D. 企业供应商和客户

E. 政府管理部门

5. 财务分析的前提条件是（　　）。

A. 产权清晰的企业制度　B. 完整的财务指标体系

C. 完善的信息披露机制　D. 统一的财务会计制度

E. 先进的财务分析方法

6. 财务分析的基本程序包括（　　）。

A. 确立分析目标，明确分析内容　B. 收集分析资料

C. 确定分析基准　D. 选择分析方法

E. 做出分析结论，提出相关建议

7. 下列分析技术中，用于动态分析的有（　　）。

A. 结构分析　B. 水平分析　C. 趋势分析　D. 比率分析

E. 专题分析

8. 财务分析按照分析主体的不同，可以分为（　　）。

A. 内部分析　B. 外部分析　C. 综合分析　D. 全面分析

E. 专题分析

9. 财务分析根据分析的方法与目的不同，可分为（　　）。
A. 动态分析　B. 专题分析　C. 全面分析　D. 静态分析
E. 现状分析
10. 财务分析根据分析的内容与范围的不同，可分为（　　）。
A. 动态分析　B. 专题分析　C. 全面分析　D. 静态分析
E. 现状分析
11. 财务分析概论包括的内容有（　　）。
A. 财务分析理论　B. 财务分析程序与方法
C. 会计分析　D. 财务分析信息基础
E. 增长能力分析
12，企业财务活动包括（　　）。
A. 筹资与投资活动　B. 销售与生产活动
C. 经营与分配活动　D. 研究与开发活动
E. 会计管理活动

三、判断题

1. 财务分析的基础是财务报表，财务报表的基础是会计技术。（　　）
2. 比率能够综合反映某指标和与其计算相关的某一报表的联系，但给人们不保险的最终印象。（　　）
3. 财务分析是在企业经济分析的基础上形成的一门综合性、边缘性学科。（　　）
4. 财务分析与财务管理的相同点在于二者都将财务活动作为研究对象。（　　）
5. 前景分析就是预测分析与价值评估。（　　）
6. 财务分析作为一个全面系统的分析体系，通常包括财务分析理论、财务分析方法、财务报告及效率分析、财务分析应用。（　　）
7. 通过对企业经营目标完成情况的分析，可评价企业的营利能力和资本保值、增值能力。（　　）

四、简答题

1. 简述财务分析的含义。
2. 财务分析产生与发展的影响因素有哪些？不同时期有何不同特点？
3. 简述财务活动与财务报表的关系。
4. 简述企业财务分析的体系与内容。
5. 财务分析的主体有哪些？它们各自要达到什么目的？

案例导读

案例一：＊ST 新都退市　谁成最后买单人？

连续 16 个一字跌停。自更名为“新都退”后，＊ST 新都的股价自 5 月 24 日复牌进入退市整理期后持续下跌，由复牌前的10.38元跌至目前的1.49元，短期跌幅超过了85%。相较复牌交易前的44.6亿元总市值，16个交易日中，总市值至今挥发了38.2亿元，目前仅剩下6.4亿元，市场已不足复牌高点时的15%。预期，整理期内，这种一字跌停的模式还将继续。

新都退的连续一字跌停与其在2017年5月18日发布的一纸《关于公司股票终止上市的公告》有关：深圳新都酒店股份有限公司2013年度、2014年度连续两个会计年度的财务会计报告被出具无法表示意见的审计报告，2015年度经调整后扣除非经常性损益后的净利润仍然为负值，因此根据交易所《股票上市规则（2014年修订）》相关规定，5月24日进入30个交易日退市整理期，退市整理期届满的次一交易日，股票予以摘牌。

新都退的退市公告一经发布，不仅使公司股价出现雪崩，股民欲哭无泪，更使得该公司成为了2017年A股首家退市公司。

***ST新都退市**

新都退的原名为新都酒店，早于1994年在深交所上市，是深圳酒店业唯一的上市公司。从地理位置来看，新都退的酒店资产并不算差，地处罗湖区人民南商业圈，周围是繁华的金融和商业区，而且深圳火车站、罗湖口岸、地铁总站和罗湖汽车客运站等环绕周围、交通便利，然而这些地理上的优势却未能阻挡住公司退市的脚步。而造成这一尴尬局面，既有公司经营不善的原因，也与实际控制人侵害上市公司利益密切相关。

新都酒店早先的第一大股东为润旺矿贸，其在2011年时通过股权转让的方式，使瀚明投资成为了上市公司的第一大股东，而瀚明投资背后的光耀地产则成为上市公司的实际控制方，持股比例达13.83%。随着此后房地产市场的调整，光耀地产自身盲目扩张导致了资金链日趋紧张，使该公司将"罪恶之手"伸向了上市公司，在上市公司董事会不知情，且未经股东大会审计的条件下，由原董事长李聚全代表上市公司对外担保，为光耀地产的数笔大额借款提供担保。直到光耀地产在2012年年末无法偿还上述借款被债权人陆续提起诉讼，作为担保方、承担连带偿还责任的新都退也一并被告上法庭时，这一事件才最终被曝光，直接导致上市公司经营陷入困境。

然而，光耀地产对新都退的利益侵占，还不仅包括违规担保这种"间接"手段，更有关联交易的直接方式。

2013年，新都酒店以1.04亿元的价格从关联方惠州高尔夫球场有限公司手中收购了高尔夫球场，当时合同约定上市公司将该球场返租给该关联方、每年租金2 000万元。单从表面来看，这是一宗年利润率高达20%的售后租回交易，对于当时苦寻利润源的新都酒店而言是一桩很不错的买卖，但事实上这只是大股东从上市公司进行套现的圈套。

因为仅仅过了一年，关联方惠州高尔夫球场有限公司从2014年开始就不再支付租赁费，导致上市公司对这宗账面价值1.04亿元的投资计提减值准备5 200万元。不难看出这又是一宗大股东严重侵占上市公司利益的经典案例，并导致上市公司2014年和2015年的审计报告被出具了"无法表示意见"的审计结论、将上市公司推到了退市的悬崖边缘。

随后，新都退便开始了事后来看并不成功的重组自救，而在这一过程中又存在着种种光怪陆离的交易，如果这些"光怪陆离"的交易真的伴随着*ST新都的退市而淡出了资本市场的关注，那么对于上市公司中小股东而言，公平吗？更何况，整理期内连续一字跌停，每天数千元至数十万元的成交，让普通股民也基本没有机会卖出，这种形式上的整理期设置真的是有利于维护A股市场的公正吗?

山穷水尽

陷入困境的新都退是从2014年8月1日开始停牌的，并经历了先后两次长期停牌，前一次是从2014年8月1日至2015年4月8日，后一次则是从2015年4月30日至本次进入退市整理期前的2017年5月23日，整体时长跨度两年有余，在这两次停牌间隔期，仅存在15天可交易时间。

新都退第一次停牌的原因是第一大股东深圳市瀚明投资称拟策划重大事项，为避免引起公司股价异常波动而选择停牌，公告中表示“待有关事项确定后，公司将尽快刊登相关公告后复牌”。然而这次停牌时间长达8个月，直到2015年4月9日发布了资产重组预案，才复牌重新交易。

在这段停牌期间，新都退可谓是利空消息不断!

2014年11月13日，新都退发布了《关于收到中国证券监督管理委员会深圳监管局行政处罚决定书的公告》，称此前于2014年4月26日因涉嫌信息披露违法违规，被深圳证监局立案调查的事项终于有了结果，被监管部门认定存在未依法披露重大借款、重大及关联担保事项(3宗担保金额合计2.5亿元，相当于上市公司2013年年末净资产)以及未依法披露重大诉讼事项(上市公司隐瞒了7宗、涉及金额共计4.6亿元的涉诉案)，因此被深圳证监局处以60万元罚款的行政处罚。

60万元罚款看似金额不高，但实际上已经属于最高金额的“顶格”处罚了，2016年年末因信息披露违法违规及从业人员信息误导、被证监会新闻发言人描述为“破坏了市场秩序，必须坚决予以打击”的安硕信息，以及2017年5月被认定为IPO造假、上市后多年连续存在虚假记载、重大遗漏行为的登云股份，罚款金额也均为60万元；而连续3年实施财务造假的迪威视讯，也才被处罚了40万元。可见，新都退收到的款单金额虽然不高，但就处罚级别而言绝对算是严重处罚了。

2015年1月16日，公司发布了《2014年度业绩预告修正公告》，将2014年年度亏损额的预计范围从此前的1.6亿~1.8亿元，增加到4亿~4.5亿元，同日还发布了《股票可能被暂停上市的风险提示公告》，指出“因公司2013年年度财务报告审计意见类型为无法表示意见，公司股票已被深圳证券交易所实行退市风险警示，根据《深圳证券交易所股票上市规则》规定，如果2014年度财务报告继续被出具无法表示意见或否定意见的审计报告，公司股票将被深圳证券交易所实施暂停上市。”

伴随着违规处罚和经营业绩的垮塌，新都退的核心高管人员开始出现了动荡，2016年1月6日原财务总监吴娟辉女士辞职，2015年3月24日原董事林汉章先生辞职。从事后来看，这还只是上市公司高管层“大撤退”的“先头部队”。种种迹象表明，此时的新都退已经“山穷水尽”，走到了成功重组或破产退市的十字路口。

重组失败

2015年4月9日，新都退发布了《重大资产出售及发行股份购买资产并募集配套资金暨关联交易预案》并复牌交易，预案中披露上市公司计划向恒裕实业出售酒店资产及前述“被坑”的高尔夫球场，同时以26.5亿元的对价收购华图教育全部股权，而华图教育的账面净资产仅为3.46亿元，上市公司将付出23亿余元的溢价。从这宗重组预案内容来看，上市公司当时存在贱卖资产之嫌。

首先来看资产出让部分，涉及上市公司拥有的整栋酒店房产、宿舍楼及与上述资产日常经营相关的债权债务，但不包括银行借款等金融负债以及公司因违规担保、违规借款确认的预计负债等，这部分资产作价6.4亿元；而这部分资产对应的日常经营相关债权债务金额很小，基本可以等同于接盘方恒裕实业将以6.4亿元的对价，拿下上市公司的酒店及员工宿舍。

这些资产中包括了位于罗湖区春风路的新都酒店整栋、建筑面积为50 599.52万元，以及位于文锦花园的24处、合计建筑面积1 881.6平方米职工宿舍房产，即便不考虑职工宿舍的房产价值，单是以新都酒店的面积测算，恒裕实业的接盘价还不到1.3万元/平方米，这对位于深圳市核心商业圈的酒店物业而言，价格绝对堪称低廉。

伴随着这份重组预案的发布，新都退的股价也一飞冲天，自复牌之日起连续走出15个涨停，股价也从停牌前的4.99元上涨到二次停牌前的10.38元，翻了一番有余。然而这个被二级市场寄予厚望的重组方案，却在两个月后的2015年6月16日被正式终止。而此时的新都退已经开始了二次停牌旅程，直至最终被确定退市。此前买进和连续涨停期间买进的一般股东却被锁定其中、无法抽身。

但是，值得注意的是，在一般股东深陷其中、难以自拔时，却有部分股东仍然能够在高位得以顺利逃脱。

蹊跷交易

首先来看新都退两次停牌期之间的可交易的15个交易日情况，虽然当时的股价表现都完全一样，都是一字涨停板，但是成交量却是耐人寻味的。前14个交易日几乎没有任何成交，直到最后一个交易日，新都退单日成交了8.18万手、成交金额高达8 495万元，也即有8 000余万元市值的股东在这一日成功套现，而同时也套住了另外一拨股民。

考虑在这一日交易之后，新都退便一直停牌直到进入退市整理期，凸显出在这一日套现的股东格外精明、绝对精准，那么这部分股东为何能够如此高明？为何能够赶在上市公司二次停牌继而宣告重组失败，并最终在退市的前一日成功套现？这其中是否涉及内幕交易？

相比而言，发生在新都退二次停牌期间的股权转让，则显得更加扑朔迷离。

新都退在2015年10月19日发布了《关于股东协议转让公司股份公开征集受让方信息公告》，披露收到公司股东桂江企业有限公司的《告知函》，桂江企业拟通过公开征集受让方的方式出售持有的本公司股份21 982 703股，占公司总股本的6.67%，拟定本次拟转让股票价格不低于8.68元/股。

彼时，新都退仍然处在第二次停牌过程中，参照停牌时的股价10.38元计算，桂江企业拟转让股票价格相比二级市场折价了16.38%。而最终这宗交易在2016年1月27日完成，由深圳长城汇理资产管理有限公司和深圳长城汇理6号专项企业（有限合伙）作为股权接盘方，其中深圳长城汇理资产管理有限公司承接8.27万股、深圳长城汇理6号专项企业（有限合伙）承接了2 190万股。本次股权转让对应的每股转让价格更是高达12.8元，相比停牌时的二级市场价格溢价了23%以上，使得桂江企业完美套现并一举收获暴利。

按说当时的新都退基本面并不明朗，不仅资产重组胎死腹中，而且在2015年9月还发布公告称，公司还陷入了对大股东违规担保所产生了两笔金额共计9 000万元的借款诉讼，并于2015年11月25日还发布了高管辞职公告，即3名董事、1名独立董事及总经理集体辞职。

在这样的背景下，深圳长城汇理资产管理有限公司和深圳长城汇理6号专项企业（有限合伙）两家公司又有什么理由敢以60%的溢价去收购ST新都的股权？大幅溢价收购股权的信心从何而来？并且，就算是这两家公司愿意承担这个未知的风险，为什么偏偏只收购桂江企业所持的股票呢？难道其他的持股方都没有出让股票的想法吗？

根据公开资料查询，深圳长城汇理资产管理有限公司注册成立于2013年5月、注册资本2 000万元，其中有1 999万元是由深圳长城汇理投资股份有限公司出资的，这家公司的股东为自然人宋晓明和庞晓莉；深圳长城汇理6号专项企业（有限合伙）则是由深圳长城汇理资产管理有限公司和招商财富资产管理有限公司合资组建，其中深圳长城汇理资产管理有限公司仅象征性出资1元，招商财富资产管理有限公司则出资4亿元。招商财富资产管理有限公司是招商基金管理有限公司的全资子公司，而招商基金则又是由招商银行和招商证券合资组建。

至于在股票停牌期间成功高价套现的桂江企业，根据公开信息来看，其是根据国务院国发〔1984〕115号文件精神，由广西壮族自治区人民政府研究决定成立的公司，作为广西壮族自治区派驻香港的对外经济贸易总代表机构。

总体看，这宗股权转让的最终接盘方是招商银行和招商证券，而桂江企业却得以成功套现。在新都退退市后，作为接盘方的这两家公司将有2.8亿元投资血本无归。与此同时，在前两次停牌期间的复牌期买入的，且此前买入数万股民最终因整理期无实质交易而折在其中。

（资料来源：红周刊 http：//www.hongzhoukan.com）

案例二：永乐影视自降身价欲“嫁”当代东方，交易背后疑点难消

曾号称投资2.5亿元打造传奇巨制《武神赵子龙》，成品内容却成了网上恶评如潮的雷剧；曾欲借壳宏达新材逐鹿A股市场，结果却连遭监管机构问询而折戟沉沙，作为上市公司当代东方重大资产重组的并购对象，永乐影视欲入A股市场之路走得可谓相当坎坷。

估值大幅缩水

2017年7月，上市公司当代东方发布了一份《发行股份购买资产暨关联交易预案》，拟以发行股份方式购买程力栋、张辉、南京雪人等自然人及机构合计持有的永乐影视100%股权。然而在预案发布不久后，深圳证券交易所就其业绩承诺等问题下发了问询函。8月22日，当代东方发布了修订后并购预案。据修订稿介绍，以2017年6月30日为评估基准日，此次并购对象永乐影视未经审计的净资产账面值为7.30亿元，25.50亿元收购价格相较其净资产增值18.20亿元，增值幅度高达249.49%。

回顾永乐影视在2016年欲借壳宏达新材上市时的估值定价，永乐影视采用收益法评估的资产价值高达32.68亿元，相较当时永乐影视净资产5.78亿元评估增值了26.89亿元，增值率高达464.98%。如今，永乐影视此次并购时相较2016年借壳的净资产增加1.52亿元的背景下，评估值反倒是大幅减少了7.18亿元，减少金额相当于本次预评估值的28.16%。对于如此大幅的评估值降低，不由让人对永乐影视的经营情况产生怀疑，如果说此前借壳时评估结果是合理的，则目前评估值的下滑意味着永乐影视的营利能力出现了大幅下滑。

事实上，从并购草案披露的数据来看，永乐影视不论营业收入还是净利润，确实出现了大幅减少的情况。数据显示，在2015年、2016年和2017年1—6月，永乐影视的营业收入

分别为5.04亿元、4.77亿元和1.89亿元，净利润分别为1.45亿元、1.26亿元和0.66亿元，营业收入、利润持续双降。

值得注意的是，其2016年的利润真实实现额仅相当于公司在借壳宏达新材时进行业绩承诺27 000万元的一半都不到。虽然相比之前借壳时的评估价，永乐影视此次的预估价格出现了大幅降低，但是对于公司每况愈下的经营业绩现实，249.49%增值幅度仍然不算低，而如今当代东方竟然不顾风险仍开出25.50亿元的高价去收购，这种选择是否理性呢？

虚假宣传OR虚增利润？

并购预案披露，永乐影视主营业务为电视剧、电影的制作与发行，从其以往的经营情况来看，公司应以电视剧的制作与发行为主。在报告期内，让永乐影视最引以为傲的是为其贡献收入最高的《武神赵子龙》一剧。

《武神赵子龙》是永乐影视自主制作拍摄的古装电视连续剧，共60集。该剧于2015年11月3日取得发行许可，首映时间为2016年4月。在永乐影视早期为《武神赵子龙》做宣传的时候，公司打出了"传奇巨制""总投资2.5亿元"等噱头，可就在该剧上映后却是恶评如潮，甚至连《人民日报》也曾发文批判该剧为"挂羊头卖狗肉"，然而也就是这恶评如潮的电视剧却成为了永乐影视近些年来创收的"王者"。

从披露的数据来看，《武神赵子龙》在2015年还尚未播出时就已经实现了1.58亿元的收入，即《武神赵子龙》在获得发行许可证后不到两个月的时间里，便卖出了1.58亿元。其后，该剧又在2016年为永乐影视贡献了1.54亿元的收入。截至报告期末，该剧共为永乐影视提供收入达3.126亿元。

《红周刊》记者发现，在《武神赵子龙》前期诸多宣传中，均宣称该剧总投资为2.5亿元，可让人惊奇的是，到了当代东方此次并购草案中，所披露的该剧实际总成本却仅有1.30亿元，与宣传号称的2.5亿元投入相差了整整1.2亿元，难道公司有1.2亿元投资没有算进成本？如果说公司真的存在如宣传那样投入了2.5亿元，那么并购草案中所披露的1.3亿元的成本投入说法就令人怀疑，因为有1.2亿元投入去了哪儿？《红周刊》记者怀疑，该公司很可能在该剧上虚减了成本，毕竟成本的人为少计反过来可以使利润得以虚增。对于永乐影视而言，其2015年和2016年的利润仅分别为1.45亿元和1.26亿元，如果公司真的在《武神赵子龙》一剧中少计了1.2亿元成本，则意味着永乐影视这两年实现的利润恐怕会出现"腰斩"，届时收购评估值也可能会出现很大波动。

当然，《武神赵子龙》真实投入到底有多少也只有永乐影视自己最为清楚，但不管如何，对于一家企业而言，无论其是为了并购而虚增利润，还是为了收视率而虚假宣传，都是一种不诚信的体现，如果这种不诚信的表现一旦进入企业并购或融资环节，则很可能会给投资人和社会带来很大的负面影响。

成本造假嫌疑

除永乐影视的作品《武神赵子龙》成本方面存在疑点外，永乐影视对2017年未曾上映的两部新剧《纪委书记》和《人民子弟兵》也给出了预计利润。要知道，这两部剧集的利润预期是关系到企业未来的营利情况以及企业估值定价的。然而，根据永乐影视披露的相关数据看，其对这两部剧的利润预计存在明显不合理的情况。

在当代东方披露的修订后的并购预案中，永乐影视2015年、2016年和2017年6月30日经初步审计的存货账面价值分别为2.62亿元、2.49亿元和3.93亿元，占各期末资产总额的比例分别为28.05%、22.62%和30.55%。

其中在2017年6月30日的存货中，金额最大的为“在拍影视剧”，金额高达2.35亿元，占存货金额的59.73%。对此，永乐影视在并购草案中解释称，公司的存货以“在拍影视剧”和“已完成拍摄影视剧”为主。2017年6月末，“在拍影视剧”的金额较大，主要为当期已完成拍摄的《纪委书记》和《人民子弟兵》尚未取得发行许可证，制作成本在“在拍影视剧”明细项下核算。“已拍摄完成的影视剧”主要为2016年末取得发行许可尚未发行完毕未结转完成的剩余成本。

由上述解释不难看出，永乐影视2017年6月30日存货中的2.35亿元“在拍影视剧”主要为当期已完成拍摄的《纪委书记》和《人民子弟兵》两部剧的结转，这就意味着这两部剧的成本金额应该接近2.35亿元，而既然如此，也就意味着公司在这两剧上的收入应该超过2.35亿元才能产生利润，然而让人惊奇的是，永乐影视在介绍今年下半年的预计收入时，给出的数据却是《纪委书记》预计发行收入约为1.40亿元，毛利约为0.77亿元，《人民子弟兵》预计发行收入约为0.69亿元，毛利约为0.31亿元，两剧相加，收入仅有2.09亿元，很显然这两个剧目与成本投入相比是并未收回制作成本的，然而预计两剧出现合计产生超过1亿元毛利的理由又是什么呢？另外，其《纪委书记》的版权比例为75%，《人民子弟兵》的版权比例为86%，因此这两部剧的收入中还有其他投资机构的分成，并非全部属于永乐影视。由此分析看，永乐影视对这两部剧的收入，以及毛利的预估显然是不合理的。

另外，其“已拍摄完成的影视剧”主要为2016年末取得发行许可尚未发行完毕未结转完成的剩余成本。并购报告显示，公司2016年年末取得发行许可的剧集只有一部《何所冬暖，何所夏凉》，也就是说该剧未结转完成的剩余成本金额为11 520.21万元，然而根据公司披露的数据，该剧2016年结转成本1 872.99万元，2017年上半年结转成本4 531.50万元，由此可推算出，《何所冬暖，何所夏凉》的总成本应该达到或超过1.79亿元，可公司披露的该剧实际总成本仅有1.34亿元。那么，这其中的误差又是怎么回事呢？

退一步讲，假设成本中“已拍摄完成的影视剧”并非只有《何所冬暖，何所夏凉》一部，还有其他“取得发行许可尚未发行完毕未结转完成的剩余成本”的剧目，那么根据已披露的数据，报告期末未结转成本余额中，2016年取得发行许可的《何所冬暖，何所夏凉》尚有7 039.20万元、《战神2》尚有1 256.31万元；2015年取得发行许可的《傻儿传奇2》尚有943.81万元，《南拳北腿战淞沪》尚有737.15万元，合计金额仅为9 976.47万元，可存货中的“已拍摄完成的影视剧”的金额却为11 520.21万元，超过千万元的数值偏又说明了什么呢？很显然，存货中的数据和成本结转数据是根本对不上的，如此也令人怀疑，永乐影视的成本数据有造假的可能。

业绩承诺兑现有难度

在并购预案中，永乐影视的股东程力栋、张辉、南京雪人和宁波皓望与上市公司签署了《业绩承诺及营利预测补偿协议》，对永乐影视营利承诺期的净利润作出承诺及承担营利补偿义务。根据协议，如果永乐影视今年完成并购，则2017年度净利润不低于21 500万元，2018年度不低于29 500万元，2019年度不低于36 500万元，这意味着，预期中永乐影视的净利润是能够保持几年的业绩增长的，这个结果与我们前文提到的永乐影视目前经营业绩持续下滑的现状恰恰相反。

需要注意的是，关于2017年业绩情况，并购草案披露，永乐影视今年上半年实现的净利润为 6 595. 18 万元，尚不足承诺对象所承诺业绩的三分之一，如果说公司在年内真的完成并购，即年内要想完成 21 500 万元业绩承诺，则意味着在下半年至少需要实现 1. 50 亿元净利润，可这对于近几年业绩持续下滑的永乐影视而言，可谓压力山大。

并购草案披露，永乐影视在 2015 年取得发行许可证的电视剧数量有 6 部，共计 249 集，实现的净利润为 1. 45 亿元，而在 2016 年，永乐股份取得发行许可证的电视剧数量为 3 部，共计 124 集，实现净利润下滑至 1. 26 亿元；2017 年 1—6 月，公司目前还尚未有新剧取得发行许可证。由此来看，实在让人担忧企业 2017 年的业绩实现情况，在新剧尚未取得发行许可证的背景下，如何才能实现自己承诺的业绩呢？

并购预案介绍，永乐影视 2017 年上半年主要收入来源于《何所冬暖，何所夏凉》在东方卫视的首轮剧发行收入，以及《战神 2》投放新媒体爱奇艺的跟播剧收入，当期实现电视剧销售收入 1. 89 亿元。其 2017 年拍摄的《人民子弟兵》于 8 月 11 日取得发行许可证，正在安排发行工作，2017 年拍摄的《纪委书记》已完成制作，但却并未取得发行许可证。公司 2017 年下半年的收入将主要依靠《纪委书记》和《人民子弟兵》的发行收入，以及《何所冬暖，何所夏凉》投放新媒体腾讯视频的跟播剧收入。

按照永乐影视的预计，《纪委书记》预计发行收入约为 1. 40 亿元，毛利约为 0. 77 亿元；《何所冬暖，何所夏凉》预计发行收入约为 1. 28 亿元，毛利约为 0. 72 亿元；《人民子弟兵》预计发行收入约为 0. 69 亿元，毛利约为 0. 31 亿元。目前针对上述影视剧，公司正在与中央电视台、北京电视台等一线卫视洽谈发行事宜。整体上，以上三部电视剧预计发行总收入约为 3. 37 亿元，毛利约为 1. 8 亿元。

不过需要注意的是，永乐影视对这三部剧的业绩预测显然有些过于乐观，因为在以上三部剧中，《纪委书记》尚未取得发行许可，且该片还属于政治题材、内容比较敏感，能否取得发行许可证、什么时间能够取得许可证都存在很大的不确定性，而即使是在年内能够取得许可证，按照相关财务制度，发行收入能否在 2017 年计入营业收入还尚未可知，更何况是在 1 个多月内需要落实 1. 4 亿元发行收入呢？

《何所冬暖，何所夏凉》2017 年上半年已经完成首轮播出，实现收入 9 965. 17 万元。从该剧首轮播出后的评价看并不高，著名评论社区网站豆瓣电影的评分很低，只有 3. 7 分。在对收入影响很大的首轮播出中，收入尚且不足 1 亿元，再加上目前剧集评论得分不高的影响，预期其在下半年的网络播出中，想要再实现 0. 93 亿元的收入存在一定难度。同样，对于《人民子弟兵》的播出时间，截至记者发稿日也尚无任何消息，其能否在年内正常播出也是个未定之数。

此外，在当代东方本次并购永乐影视所发布的并购预案中，其 2015 年的诸多财务数据与 2016 年永乐影视借壳宏达新材时披露的数据并不相同，此事甚至引起深圳证券交易所的注意，对此进行过问询。当时当代东方给出的解释是，2015 年 1 月永乐公司与北京奇艺世纪科技有限公司签订出售《武神赵子龙》的电视剧销售合同，金额为 7 800 万元。原审计报告将该合同的收入确认在 2015 年；本次预案披露时，会计师根据相关条款初步判断该合同尚未满足在 2015 年确认收入的条件，预披露数据将其调整至 2016 年确认收入。该项调整导致本次预案披露的较原审计报告披露的存货增加 3 781. 33 万元、应收账款减少 5 187 万元、预收账款增加 2 340 万元、营业收入减少 7 358. 49 万元、营业成本减少 3 781. 33 万元、资产减值损失减少 273 万元。

从解释内容看，永乐影视对于营业收入的界定并不明确，而且对于《武神赵子龙》7 800万元的收入跨年度调整后，如何导致存货、应收账款、预收账款等项发生奇怪的不规则变化明显缺乏详细而合理说明。对于监管机构如此关注的问题，永乐影视尚且给出如此敷衍的回答，而对于《红周刊》记者所提到的上述问题，不知公司届时又将如何回复了？

（资料来源：红周刊 http：//www. hongzhoukan. com）

同步练习参考答案

一、单项选择题

1. B　2. A　3. A　4. C　5. C　6. D　7. D　8. D　9. A　10. D　11. B　12. C

二、多项选择题

1. ABCDE　2. ABCD　3. ABDE　4. ABCDE　5. ACD　6. ABCDE　7. BC　8. AB　9. AD　10. BC　11. ABD　12. ABC

三、判断题

1. √　2. ×　3. ×　4. ×　5. √　6. √　7. ×

四、简答题（略）

第二章　财务分析信息基础

内容概要

一、重点、难点

1. 重点：财务分析信息的内涵和种类；财务分析信息的作用与质量要求。

2. 难点：财务报告信息，审计报告信息。

二、基本要求

1. 了解财务分析信息的要求，会计报告的内涵与分类，我国会计法规和制度体系，会计核算应遵循的原则。

2. 理解会计报表附注信息的内容与作用，审计意见的类型及审计报告在财务分析中的作用，会计报表的局限性。

3. 掌握财务分析信息的来源与种类，资产负债表、利润表和现金流量表提供的信息及其作用，资产负债表附表和利润表附表及其作用。

三、章节内容

第一节　财务分析信息的内涵和种类

（一）财务分析信息的内涵

财务分析信息是指进行财务分析所依据的资料信息，是财务分析和决策的基础。进行财务分析离不开分析信息基础，财务分析信息基础是决定财务分析结果至关重要的因素。

（二）财务分析信息的种类

财务分析信息按照不同的分类标准及不同的分析目的可以分为两大类。即企业内部信息和企业外部信息。

企业内部的信息主要包括企业的财务报告、财务计划及预算等会计信息、统计与业务信息、招股说明书以及上市公告等相关资料。

企业外部的信息资料主要包括制约企业财务报表编制的会计法规体系、注册会计师的审计报告、上市公司信息披露制度、行业财务信息以及其他中介机构评估、评价报告等。

第二节 财务分析信息的作用与质量要求

（一）财务分析信息的作用

财务分析信息是财务分析的基础和不可分割的组成部分。充分利用财务分析信息，使之成为经济决策的重要依据，是财务分析的主题，同时对保证财务分析工作的顺利进行，提高财务分析的质量与效果都有着重要的作用。

1. 财务分析信息是财务分析的根本依据。
2. 收集和整理财务分析信息是财务分析的重要程序和方法。
3. 财务分析信息收集的数量和质量，决定着财务分析结果的质量与效果。

（二）财务分析信息的质量要求

为了保证财务分析结果的质量与效果，财务分析信息必须满足以下要求：

1. 财务分析信息必须具有完整性。
2. 财务分析信息必须具有相关性。
3. 财务分析信息必须具有系统性。
4. 财务分析信息必须具有准确性。
5. 财务分析信息必须具有及时性。

第三节 财务报告信息

企业财务报告是指反映企业某一特定日期财务状况、某一会计期间经营成果和现金流量等的文件。

我国财务会计报告体系主要由三部分构成：

第一，基本财务报表。我国的《企业会计准则第 30 号——财务报表列报》中规定财务报表是对企业财务状况、经营成果和现金流量的结构性表述，包括资产负债表、利润表、现金流量表和所有者权益变动表。

第二，报表附注。附注是财务报表的有机组成部分，是对在资产负债表、利润表、现金流量表和所有者权益变动表等报表中列示项目的文字描述或明细资料，以及未能在这些报表中列示项目的说明等。

第三，其他相关信息。完整的财务报告体系应当包括除财务报表之外的其他相关信息，具体可以根据有关法律法规的规定和外部使用者的信息需求而定。为提高公司财务信息质量和透明度，强化社会监督，中国证监会要求发行证券公司通过中国证券业协会网站公开披露经审计的年度财务报告，包括审计报告、经审计的财务报表及附注。

第四节 审计报告信息

（一）审计报告的作用

注册会计师签发的审计报告，具有鉴证、保护和证明作用。

1. 鉴证作用。

注册会计师签发的审计报告，以超然的第三者身份，对被审计单位财务报表合法性、公允性和一贯性发表意见。这种意见，具有鉴证作用，得到了政府及其各部门和社会各界的普遍认可。

2. 保护作用。

注册会计师通过审计，可以对被审计单位财务报表出具不同类型的审计意见的审计报告，以提高或降低财务报表信息使用者对财务报表的信赖程度，能够在一定程度上对被审计单位的财产、债权人和股东权益及企业利害关系人的利益起到保护作用。

3. 证明作用。

审计报告是对注册会计师审计业务完成情况及其结果所做的总结，它可以表明审计工作质量并且明确注册会计师的审计责任，因此，审计报告对审计工作质量和注册会计师的审计责任起证明作用。

（二）审计报告的类型

审计报告按照注册会计师签发的审计意见不同，主要包括四种基本类型的审计报告。

1. 无保留意见审计报告。

2. 保留意见审计报告。

3. 否定意见的审计报告。

4. 无法表示意见的审计报告。

同步练习

一、单项选择题

1. 目标标准一般可用于（　　）。

A. 外部分析　　B. 内部分析　　C. 行业分析　　D. 趋势分析

2. 为了评价判断企业所处的地位与水平，在分析时通常采用的标准是（　　）。

A. 经验标准　　B. 历史标准　　C. 行业标准　　D. 预算标准

3. 在各项财务分析标准中，考虑因素最全面的标准是（　　）。

A. 经验标准　　B. 历史标准　　C. 行业标准　　D. 预算标准

4. 我国的利润表格式为（　　）。

A. 单步式　　B. 多步式　　C. 复合式　　D. 变动式

5. 可提供企业营利能力信息的会计报表是（　　）。

A. 现金流量表　　B. 所有者权益明细表

C. 利润表　　D. 资产负债表

6. 资产负债表中所有者权益项目的排列（　　）。

A. 依据权益的流动性　　B. 永久性程度高的在前，低的在后

C. 依据投资顺序　　D. 永久性程度高的在后，低的在前

7. 下列选项中，错误的是（　　）。

A. 企业应当在附注中披露与该企业之间存在直接控制关系的母公司和子公司信息

B. 企业与关联方发生关联方交易的，应当在附注中披露该关联方关系的性质、交易类

型和交易要素

C. 关联方性质是指关联方与该企业的关系，即关联方是该企业的子公司、合营企业、联营企业等

D. 对外提供合并报表的，对于已经包含在合并范围内各企业之间的交易予以披露

8. 下列有关会计信息质量特征的表述中，正确的是（　　）。

A. 企业提供的历史成本信息与使用者的经济决策需要完全相关

B. 可理解性要求使用者具有一定的有关企业经营活动和会计方面的知识，并愿意付出努力去研究这些信息

C. 可比性是指不同企业在相同期间所提供的会计信息能够可比

D. 实质重于形式要求企业应当按照交易或者事项的法律形式进行会计确认、计量和报告

9. 外部信息使用者了解企业会计信息最主要的途径是（　　）。

A. 财务报告　B. 账簿　C. 财产清查　D. 会计凭证

10. 注册会计师可能对所审计的财务报告提出的意见，属于有利意见的是（　　）。

A. 无保留意见　B. 有保留意见　C. 反面意见　D. 放弃表示意见

11. 在进行趋势分析时，通常采用的比较标准是（　　）。

A. 计划数　B. 预定目标数

C. 以往期间实际数　D. 评估标准值

12. 在进行财务报表分析时，下列信息来源中属于非会计信息的是（　　）。

A. 会计报表附注　B. 企业预算信息

C. 审计报告　D. 投融资决策信息

13. 下列财务信息的内容中，属于会计信息的是（　　）。

A. 市场信息　B. 公司治理信息　C. 财务报告　D. 审计报告

14. 下列各项会计信息质量要求中，对相关性和可靠性起制约作用的是（　　）。

A. 及时性　B. 谨慎性　C. 重要性　D. 实质重于形式

15. 财务信息的生成主要是（　　）。

A. 财务　B. 会计　C. 统计　D. 业务经营活动

16. 公司对外提供的反映公司某一特定日期财务状况和某一会计期间经营成果、现金流量的文件是指（　　）。

A. 财务报表　B. 财务报告

C. 财务状况说明书　D. 资产负债表

17. 下列各项信息中，能够为财务信息使用者提供公司财务状况和经营成果的是（　　）。

A. 审计报告　B. 财务报告　C. 市场信息　D. 资产负债表

18. 可提供企业变现能力信息的会计报表是（　　）。

A. 现金流量表　B. 所有者权益变动表

C. 资产负债表　D. 利润分配表

19. 财务分析人员综合企业历史财务数据和现实经济状况提出的理想基准是（　　）。

A. 目标基准　B. 历史基准　C. 行业基准　D. 经验基准

20. 下列各项财务信息中，属于会计信息的是（　　）。
A. 市场信息　B. 公司治理信息　C. 财务报告　D. 审计报告

二、多项选择题

1. 为保证财务分析质量，财务分析信息应满足以下要求（　　）。
A. 财务信息的相关性　B. 财务信息的系统性
C. 财务信息的准确性　D. 财务信息的完整性
E. 财务信息的及时性
2. 市场信息主要涉及（　　）。
A. 市盈率　B. 市净率　C. 销售量　D. 销售价格
E. 市场占有率
3. 在财务分析中，资产负债表的资产方能够提供的信息包括（　　）。
A. 企业变现能力的信息　B. 企业资产结构的信息
C. 企业资产管理水平的信息　D. 企业价值的信息
E. 企业股权结构的信息
4. 非会计报表信息利用与分析的内容包括（　　）。
A. 审计报告分析　B. 资产负债表日后事项分析
C. 关联方交易分析　D. 会计政策、会计估计变更分析
E. 前期差错更正分析
5. 在财务分析中，利润表能够提供的信息包括（　　）。
A. 企业财务成果的信息
B. 企业营利能力的信息
C. 企业营业收入、成本费用状况的信息
D. 企业经营业绩结构的信息
E. 企业增长能力
6. 根据影响增长能力的因素，可以将增长能力分为（　　）。
A. 销售增长能力　B. 资本增长能力
C. 利润增长能力　D. 可持续增长能力
E. 成本增长能力
7. 反映企业某一时点财务状况的报表有（　　）。
A. 资产减值准备明细表　B. 应交增值税明细表
C. 分部报表　D. 存货明细表
E. 资产负债表
8. 审计报告的作用有（　　）。
A. 鉴证作用　B. 保证作用　C. 担保作用　D. 证明作用
E. 承诺作用
9. 下列属于会计政策的有（　　）。
A. 存货计价方法　B. 企业执行的会计期间
C. 记账原则和计价基础　D. 外币折算方法

E. 固定资产折旧年限

10. 下列属于资产负债表附注的是（　　）。

A. 应交税费明细表　B. 资产减值准备明细表

C. 所有者权益增减变动表　D. 分部报表

E. 财务费用明细表

11. 在财务报表附注中应披露的会计政策有（　　）。

A. 坏账的数额　B. 收入确认的原则

C. 所得税的处理方法　D. 存货的计价方法

E. 固定资产的使用年限

12. 在财务报表附注中应披露的会计估计有（　　）。

A. 长期待摊费用的摊销期　B. 存货的毁损和过期损失

C. 借款费用的处理　D. 所得税的处理方法

E. 坏账损失的核算

13. 审计报告的类型包括（　　）。

A. 标准无保留意见的审计报告　B. 赞成意见的审计报告

C. 保留意见的审计报告　D. 拒绝意见的审计报告

E. 否定意见的审计报告

14. 企业财务信息的主要使用者有企业本身以及（　　）。

A. 债权人　B. 投资人

C. 国家财政和税务部门　D. 证券监管部门

E. 供应商

15. 在财务报表附注中应披露的会计政策有（　　）。

A. 坏账的数额　B. 存货的计价方法

C. 所得税的处理方法　D. 固定资产的使用年限

E. 收入确认原则

16.（　　）属于政策信息。

A. 证券市场信息　B. 产业政策与技术政策

C. 税费改革信息　D. 人民银行再贷款利率

E. 经济体制的转变

17. 财务分析的评价基准包括（　　）。

A. 经验基准　B. 行业基准　C. 历史基准　D. 目标基准

E. 国际基准

18. 附有注册会计师出具审计报告的财务报告的可信度将大大提高，对财务分析的影响正确的有（　　）。

A. 在对附有无保留意见的审计报告进行财务分析时，因企业的会计处理与会计准则的要求完全一致，所以该财务报告可信度最高

B. 对于出具保留意见审计报告的财务报表，报表使用者应仔细阅读审计报告，分析出具保留意见的原因，然后再分析财务报表的内容

C. 对于附有否定意见审计报告的财务报表，这类财务报表已失去价值，无法被接受

D. 对于附有无法表示意见审计报告的财务报表，其可读性最差，很难用它来帮助报表使用者分析企业的财务状况、经营成果和现金流量

E. 审计报告的可信度会受注册会计师水平和其他条件影响，因此在进行财务分析时也需适当关注相关因素的影响

19. 在财务分析中，资产负债表的负债方能够提供的信息包括（　　）。

A. 债务水平　　B. 债务结构　　C. 利润分配　　D. 经营效率

E. 资产利用程度

20. 在财务分析中，所有者权益变动表的主要作用有（　　）。

A. 提供所有者权益变动的原因　　B. 解释所有者权益内部结构的变动

C. 提供企业经营业绩结构的信息　　D. 提供企业全面收益的信息

E. 为利润表和资产负债表提供辅助信息

三、判断题

1. 经验标准的形成依据大量实践经验的检验，因此，它是适用于一切领域或一切情况的绝对标准。（　　）

2. 会计政策和会计估计会对企业现金流量产生重要影响。（　　）

3. 财务活动及其结果都可以直接或间接地通过财务报表来反映、体现。（　　）

4. 关联方交易的分析主要关注关联方之间的借款、担保和抵押行为，而关联方之间的销售、劳务交易一般属于正常行为，不需要过多关注。（　　）

5. 资产减值准备明细表用于补充说明企业流动资产减值准备的增减变动情况。（　　）

6. 资产负债表是反映企业某一时点的财务状况的会计报表，因此，资产负债表的附表反映的也是某一时点的财务状况。（　　）

7. 不仅长期股权投资可计提跌价准备，持有至到期的投资也可计提跌价准备。（　　）

8. 会计估计变更的会计处理应该采用追溯调整法。（　　）

9. 财务分析主要采用量化方法，因此，只要收集公司财务报表的数据信息，就可以完成财务分析。（　　）

10. 资产负债表日后事项是指资产负债表日之后至审计报告日之前发生的重大事项。（　　）

11. 与重大缺陷相比，重要缺陷是更为严重的内部控制缺陷类型。（　　）

12. 财务信息需求主体包括股东及潜在投资者、债权人、企业管理人员、政府、供应商等，这些利益主体需求不同的财务信息，但使用类似的分析方法和手段。（　　）

13. 在会计报表内披露的信息是财务信息，表外披露的是非财务信息。（　　）

14. 按我国现行会计准则规定，企业当期实现的净利润即为企业当期可分配的利润。（　　）

四、简答题

1. 简述财务分析信息的内涵？

2. 简述财务分析信息的种类？

3. 简述财务分析信息的作用？

4. 简述财务分析信息的质量要求？
5. 注册会计师在审计报告中对所审计的会计报告可提出哪五种意见？
6. 简述审计报告的作用？
7. 内部控制缺陷包括哪几种类型？具体的界定标准是什么？

案例导读

案例一：天永智能招股书漏洞百出　首发申请被暂缓表决

9月28日晚间，证监会官网发布的创业板发审委2017年第152次会议审核结果公告显示，天永智能的首发申请被暂缓表决。

上海天永智能装备股份有限公司（简称“天永智能”）是一家与汽车生产相关的“发动机自动化装配线”和“变速箱自动化装配线”的提供商。近日，该公司报送了新版招股说明书申报稿，拟发行1 930万股A股，募资投向“工业自动控制装置设备项目一期项目”等4个项目。

《红周刊》记者仔细研读后发现，除公司在招股书中提示的14项风险因素外，其营业收入、采购、职工薪酬等多个项目中还存在连续多年大额数据异常现象，涉及金额合计高达数亿元，如此异常对天永智能的未来经营发展是非常不利的。

营收连续数年莫名大量新增

天永智能招股书披露的数据显示，“经营活动产生的现金流量净额”在报告期内出现了大幅波动，2015年时净流入8 744.65万元，而在2016年则净流出-5 789.28万元。结合招股书披露的相关财务数据，《红周刊》记者发现，在天永智能大幅波动的现金流量净额背后，公司报告期内每年营业收入都有莫名大量新增现象。

以“经营活动产生的现金流量净额”最低值的2016年为例，天永智能当年的营业收入为38 151.05万元，考虑17%的增值税销项税额影响，含税营收达到44 636.73万元，相比同年“销售商品、提供劳务收到的现金”项的23 747.25万元，多出20 889.48万元。在正常的会计核算中，这部分未收到现金的含税营收将形成相应的经营性债权。

数据显示，2016年天永智能资产负债表中应收账款12 307.12万元、应收票据5 202.79万元，合计比上年末应收款项12 528.55万元新增4 981.36万元；同期预收款项余额24 668.83万元比上年的30 399.77万元减少5 730.94万元。综合核算后，经营性债权仅新增10 712.3万元，相比前述20 889.48万元差额仍有10 177.18万元含税营收未获得合理解释，莫名新增了。

2015年和2017年1—6月也存在类似情况。2015年含税营业收入为34 496.17万元，相比同期“销售商品、提供劳务收到的现金”项的28 380.46万元要多出6 115.71万元，从财务勾稽关系看，这多出的含税营收将会在资产负债表相应项目中得到体现。

然而，当年资产负债表中应收款项期末合计为12 528.55万元（应收账款8 970.05万元、应收票据3 558.50万元），相比期初的9 245.15万元新增了3 283.40万元；30 399.77万元预收款项期末余额也相比期初新增337.51万元。综合核算后，公司仍存在3 169.82万元含税营收未得到现金流和经营性负债数据支持。

同样的逻辑推算2017年1—6月营收数据情况，公司也存在7 948.88万元含税营收莫名新增的现象。

报告期内，公司连续数年莫名新增含税营收，令人怀疑该公司刻意虚增营收，目的很可能为能够获批上市营造出销售旺盛的假象。

采购数据异常

除营业收入莫名新增外，天永智能的采购数据也有一定异常。

招股书中，公司虽然并未直接披露报告期内的采购总额情况，但从其披露的报告期内“向前十名供应商采购”金额合计（6 535.25万元、7 185.27万元、9 913.07万元和3 906.09万元）和占采购总额比例（46.34%、45.33%、41.96%和38.70%）来看，可推算出报告期内天永智能的采购总额分别达到14 102.83万元、15 851.03万元、23 625.05万元和10 093.26万元。

在差异最大的2016年，天永智能含税采购总额达到了27 641.31万元，相比同年现金流量表中“购买商品、接受劳务支付的现金”项16 072.61万元多出11 568.70万元，即有超过1亿元的含税采购未进行现金支付，进而形成相应全额的经营性债务。

实际上，2016年应付账款期末余额合计为6 867.18万元，相比期初合计3 511.76万元新增了3 355.42万元；预付款项期末余额1 880.39万元也比期初的2 864.41万元减少了984.02万元。综合核算后，天永智能经营性负债仅增加了4 339.44万元，与前述11 568.70万元差额相比，仍有7 229.26万元的含税采购不知通过何种方式进行支付的。

2015年和2017年1—6月的采购方面存在类似的问题。2015年，含税采购总额为18 545.70万元，相比同期的“购买商品、提供劳务收到的现金”项10 955.98万元多出7 589.72万元，从财务勾稽关系看，这部分差额将体现在资产负债表中。

可事实上，当年应付账款期末余额合计3 511.76万元，相比期初余额合计仅增加了1 996.27万元；预付款项期末余额2 864.41万元相比期初余额也减少了2 217.75万元。综合核算后，公司仍有3 375.7万元含税采购不知以何种方式支付。

类似的推理也可得出，2017年1—6月有5 761.96万元含税采购不知是以何种方式进行支付的。

报告期内，天永智能连续多年出现含税采购与现金流和经营性负债无法匹配的现象，累积起来已经不是一个小的数目，这对于一家拟上市的企业，如此大的数据偏差实在让人无语。

差异原因不是非流动资产和票据背书。

那么，营收与采购跟现金流量、经营性债权债务之间的数据差异，是否因票据背书支付采购款或购置固定资产等非流动资产所导致的呢？在天永智能招股书中，《红周刊》记者发现，就算是考虑了票据背书及非流动资产的情况，其巨额差异也仍然是存在的。

先看非流动资产方面，报告期内固定资产的账面价值从2014年的654.04万元增加到2015年的915.09万元，新增261.05万元，而2016年和2017年1—6月只出现略微减少。考虑折旧及减值准备（天永智能未对固定资产计提减值准备），大致可认为在2015年购置了约261.05万元的固定资产，而其他年度由于金额过小或没有，暂忽略不计。无形资产和固定资产的情况相似，除2015年比上年新增980.77万元外，2016年和2017年1—6月略微减少，考虑到摊销和没有减值准备，无形资产的购置支出很小或没有，也可忽略不计。

“在建工程”在报告期分别有0元、40.20万元、211.99万元、1 376.98万元，与在建的“太仓项目”账面价值完全一致（2015年开始建设），由此可知，“在建工程”全部为“太仓项目”，没有在建工程转入固定资产。因此“在建工程”在2015年至2017年6月中新增金额分别为40.20万元、171.79万元、1 164.99万元。

此外，“其他非流动资产”只在2016年有11.91万元，2017年1—6月有767.65万元（新增755.74万元）。由此，前述固定资产、无形资产、在建工程与其他非流动资产在2015年至2017年6月增加金额合计为1 282.02万元、183.70万元、1 920.73万元。

而“购建固定资产、无形资产和其他长期资产支付的现金”分别为1 423.89万元、243.63万元，1 920.73万元。与前述各项非流动资产增加金额几乎相等，相差不过百十万。就算形成少量欠款，跟前述采购中数千万元的差额也不能吻合。

那么票据支付的情况又如何呢？如前文所述，采购相关数据差异和营业收入相关数据差异金额不相同。现金流量既定的前提下，在采购中理论上应当形成3 375.70万元、7 229.26万元和5 761.96万元的经营性负债才对，而在营业收入中理论上应形成3 169.82万元、10 177.18万元和7 948.88万元的经营性债权。

最大限度地假设，这里的经营性债权能全部抵消经营性负债（实际上不太可能），那么，仍有-205.88万元，2 947.92万元和2 186.92万元的经营性债权未能抵销。虽然招股书中披露的2015年至2017年6月的票据背书金额分别有3 278.45万元、8 415.16万元和6 596.13万元，但与经营性债权债务之间的差额仍是无法匹配的。

少缴职工薪酬

在梳理招股书过程中，《红周刊》记者发现，天永智能招股书披露的职工薪酬数据也有一定问题。

以天永智能披露数据比较全的2017年1—6月的情况为例。天永智能员工按岗位分为“生产、安装人员”435人、“研发、技术人员”171人、“管理、销售人员”共65人。而各类岗位员工年化平均工资为“生产、安装人员”每年7.44万元、“研发、技术人员”每年13.92万元、“管理、销售人员”每年15.18万元。结合人数、平均工资的情况可测算出，这半年3种岗位员工的工资合计应该是1 618.20万元、1 190.16万元和493.35万元。

可实际上，招股书披露的2017年1—6月主营业务成本中“直接人工”为1 754.78万元（占主营成本的11.48%），而存货中只有“在产品”包含消耗的人工，假设在产品人工占生产成本的比重与主营成本中的比例相同，则18 367.98万元的“在产品”按11.48%计算出的人工成本大概是2 108.64万元。由此，生产所耗用的人工合计有3 863.42万元，而前述以人数及平均工资推算出来的“生产、安装人员”工资却只有1 618.20万元，两者竟然相差了2 245.22万元。

招股书还披露，2017年1—6月“研发费用”中“职工薪酬”有1 163.99万元，而根据人数与平均工资推算应该是1 190.16万元，两者只相差了-26.17万元，几乎相等。不过，还是根据人数及平均工资推算，“管理、销售人员”的工资应该是493.35万元，可招股书却披露，“管理费用”中职工薪酬为447.49万元、“销售费用”中职工薪酬为175.38万元，合计达到了622.87万元，两者之间相差了129.52万元。

综合这3种岗位的工资计算差异发现，根据员工人数及平均工资理论上测算出来的职工薪酬比招股书中披露的各项职工薪酬合计金额竟然要少2 348.57万元，这是什么原因所致？

（资料来源：红周刊 http：//www.hongzhoukan.com）

案例二：＊ST华泽奇葩年报出炉，多名董监高声明竟不保证内容真实性

4月28日，＊ST华泽发布2016年年度财报，公司实现营收20.56亿元、同比下滑75.83%，归属母公司净利润－4.04亿元、同比下降160.1%。就在公司发布年报信息后数日，即5月8日，深交所向＊ST华泽发出了2016年年报问询函，对其营业收入与净利润双双大幅下降、现金流量的合理性、前五大客户和前五大供应商、预付款项情况，以及存货、在建工程、应付票据等内容作出问询，要求公司就被问询的问题做出书面说明和履行披露义务。

2016年年报披露，多名董监高声明不保证内容真实性

＊ST华泽全称是成都华泽钴镍材料股份有限公司，主要业务是低镍铁、硫酸镍及副产品的生产、销售以及相关有色产品的经营贸易。

年报披露，2016年度，＊ST华泽实现营业收入20.56亿元，与去年同比降低75.83%；归属于母公司净利润－4.04亿元，与去年同比降低160.10%。由于净利润继2015年亏损之后，2016年再度亏损，目前公司已经连续两年净利润为负，由此，自2017年5月2日起，被实行退市风险警示。

从2016年度报告来看，除了公司负责人王应虎、主管会计工作负责人韩江及会计机构负责人刘文声明保证年度报告中财务报告的真实、准确、完整之外，包括财务总监韩江、董秘兼副总黎永亮、副董事长刘腾在内的八位董事、监事、高管都声明不能保证报告内容的真实性、准确性和完整性。他们的理由主要集中在大股东及关联方资金占用等问题上。对于2016年年报，会计师事务所也出具了无法表示意见的审计报告，对报告的真实准确性无法表达意见。

多处资金情况存有疑点

从公开的年度报告、问询函等资料中可见，＊ST华泽在资金方面出现的问题非常复杂，存在许多疑点，资金链相当紧张。

就在该公司连续两年陷入经营困境之时，其董事长王应虎担任总裁的关联方陕西星王企业集团有限公司违规占用资金高达149 748.34万元，至2016年年末，仍有148 591.95万元未偿还，占最近一期经审计净资产的174.00%。为了掩人耳目，该项巨额资金占用是实控人通过两家票据公司操作的，在公司未履行任何决策程序，也没有信息披露。在年报中，虽然该关联方及实控人王辉、王涛、王应虎对偿还该项占用资金作出了承诺，但截至2017年5月6日发布的《关于关联方占用公司资金整改进展情况的公告》时，公司仅收到关联方偿还资金合计约1 021.39万元。

不仅关联方占用公司十几亿元的资金，且年报内容还显示，＊ST华泽的货币资金也出现了急剧减少。合并资产负债表显示，在2016年年初时，公司账上仍有71 849.54万元的货币资金，然而到了年末时，却仅剩下289.51万元，减少了99.60%。对于一家总资产超过38亿且业绩亏损的公司来说，货币资金的突然巨量减少，且只剩不到300万元用于“维持生计”，让人不禁为其捏把汗。和货币资金的情况相似，该公司有标明为“结构性存款”

的6.89亿元巨减为0，对这笔存款的去向，该公司并没有相关说明。

红刊财经记者还发现，*ST华泽的预付款增加较多，在公司货币资金明显紧缺的情况下，出手是相当的“大方”。从2013—2016年，按预付对象归集的期末余额前五名的预付款合计金额从1.72亿元增加到8.54亿元，其中，2015年和2016年合计数都分别超过8亿元。

在预付对象中，四川远大聚华实业有限公司从2014年开始连续三年位于预付对象的第一名。*ST华泽的公开资料显示，四川远大聚华实业有限公司既是供应商，也是大客户。2016年，*ST华泽对该公司的销售额高达11.29亿元，占年度销售总额的53.41%，而在2015年，*ST华泽又向其采购11.92亿元，占年度采购总额的11.70%。

然而，在2016年前五名供应商名单中，前几年还是大客户的四川远大聚华实业有限公司，在2016年却已经消失不见了，也就是说，在经历连续几年巨额采购后，2016年时，*ST华泽已不再或很少向四川远大聚华实业有限公司进行采购了。2016年，*ST华泽对该公司的预付款增加了3 587.82万元，未结算原因是“无法确认”。让人质疑的是，2016年上市公司的第五名供应商采购金额仅有2 651.79万元，要明显低于上市公司对其支付的3 587.82万元预付款，这是什么原因造成的呢？

（资料来源：红周刊 http：//www.hongzhoukan.com）

案例三：中电广通2.2亿元业绩虚增案路径还原

近日，上交所对A股上市公司中电广通原董事长李晓春、董秘杨琼的通报批评，将一起发生在2015年的财务造假旧闻重新纳入公众视线。中电广通在2015年财季虚增2.2亿元营业收入，其目的是粉饰财报还是另有他想？就此，《红周刊》复盘中电广通的造假路径，还原事实真相。

一纸批评引出2.22亿元业绩虚增案。

上交所下发的纪律处分决定书显示，中电广通2015年前3季度财务报表不真实，2015年年报中披露的业务转型信息存在虚假。上交所因此决定对中电广通原总经理李建军、财务总监李奉明、董秘杨琼予以通报批评，对原董事长李晓春予以监管关注。

《红周刊》记者查阅相关资料显示，目前除董秘杨琼和财务总监李奉明之外，其他被点名批评者均已于2016年1月31日至2016年年底之间离职。根据上交所通报，中电广通披露的2015年第一季度报告、上半年报告、第三季度报告存在两方面重大差错：一是下属子公司在未实际交付货物、不满足收入确认条件的情况下，开具IBM服务器集成与分销业务销售发票并确认收入，导致公司2015年前3季度合计虚增收入1.14亿元，占2015年度销售收入的27.87%。二是下属子公司不恰当采用会计政策，将应当采用净额法核算的集成电路（IC）卡及模块封装业务收入采用总额法核算，导致公司2015年前3季度合计虚增收入1.08亿元，占2015年度销售收入的26.87%。前述事项影响公司前3季度收入金额合计2.22亿元，占公司2015年度销售收入的54.74%。

《红周刊》记者查阅中电广通2015年度会计报表，在2015年“季度数据与已披露定期报告数据差异说明”中，公司称“2015年1—3季度，公司有1.08亿元智能卡业务按商品销售原则确认了收入，年末会计师事务所认为应采用净额法确认收入，故对前三季度的收入进行了调整。其中：一季度调减收入4 329.07万元，二季度调减收入2 436.46万元，三季度调减收入4 069.38万元。另外，由于收入确认原则问题，按会计师事务所要求，对计算机系统集成与分销业务前三季度业务收入进行调整，其中：一季度调减收入2 003.49万元，二季度调减收入5 677.03万元，三季度调减收入3 657.09万元。”

正如上交所通报指出的，年报仅就根据年审会计师的意见对前述虚增事项进行了财务数据的调整说明，并未对“虚增销售数据”的事实作充分披露，此后，也未及时对2015年第一季度报告、半年度报告、第三季度报告存在的重大会计差错及时进行更正。

直到2016年3月3日收到上交所问询函（上证公函〔2016〕0206）后，中电广通于3月14日发布补充披露公告，并在3月16日发布对2015年第一季度报告、半年度报告、第三季度报告及年报的修订公告。

除2.22亿元虚增收入外，中电广通于2016年2月2日发布的2015年年报称，公司正在加快转型升级，由传统IBM分销业务向云计算、大数据和系统集成等综合数据服务业务转型。但紧接着，公司于2016年2月5日就转让了从事上述云计算、大数据和系统集成等业务的子公司广通科技股权。三天时间，年报中的转型升级业务就戛然而止，这对普通投资者来说已经是一种误导。

对此，上交所在2016年3月3日的问询函中也予以关注，中电广通的解释是：“公司在编制2015年年度报告时尚未决定出售该公司股权，在年报中保留了向云计算、大数据和系统集成等综合数据服务业务转型的发展方向。”

合规避税　做一个干净的“好壳”？

那么，是什么原因推动中电广通玩业绩虚增的把戏？

《红周刊》记者查阅中电广通2015年季报显示，在包含2.22亿元的虚增收入的情况下，公司第一季度仅实现扣非净利润0.1亿元；第二季度至第四季度连续亏损，亏损额分别达0.1亿元、0.01亿元、1.27亿元。其中，公司因第四季度亿元巨亏而遭上交所问询。全年，中电广通实现扣非净利润为亏损1.28亿元。因此，中电广通虚增业绩虽有粉饰财报的动因，但从结果来看，并不成功。

事实上，由于信息安全产品自主可控的要求，以及服务器产品更新换代的加速，尤其是云计算和移动互联平台作为突破性技术，对传统产业结构的冲击，中电广通的主营业务板块遭遇巨大困境。2013年，公司实现扣非净利润0.04亿元，同比下滑65.36%；2014年，公司实现扣非净利润0.03亿元，同比下滑34%，而2015年扣非净利润同比下滑至44%。

在业绩连年下滑直至亏损的背景下，中电广通提前确认部分产品收入、构成业绩虚增，可直接减少税收负担（可少交税率为25%的企业所得税）。

而中电广通第四季度的空前巨亏，直接原因是公司巨额的计提存货跌价准备9 129.15万元和对应收款项计提坏账准备2 518.61万元。这表明中电广通不仅仅出于会计做账的需要，还有满足便于重组等其他需要。

事实上，2014年以来，中电广通一直在为资产重组而四处奔忙。2014年5月22日，中电广通公告拟以非公开发行股份方式购买华大智宝100%股权。由于构成借壳上市条件，此次重组的复杂度增加，最终导致重组流产。

在2015年第四季度大额计提后，中电广通随后在2016年2月出售了相关子公司。亏损资产缩小及剥离，方便了中电广通接下来的重组。

2016年7月，中电广通当时的控股股东中国电子与中船重工达成协议，将手中持有中电广通53.47%股权以协议方式转让给中船重工。9月双方签署“重大资产重组框架性协议”，10月完成控股权过户，中船重工为这笔交易付出35.95亿元现金．并成为中电广通实际控制人。

2016年11月借壳新规正式出台后，中电广通成为第一例军工资产借壳方案。彼时，《红周刊》曾以《中电广通1元转让旗下子公司悬疑未解》，对其将旗下子公司在北京昌平科技园区拥有5 124.57平方米房产的金信恒通以1元价格进行转让的资产评估是否公允等问题进行过深入报道。

控股权更迭　投资者权益何以保障？

上交所对中电广通2015年违规做法和相关责任人已经作出处罚。不过，中电广通被处罚的主要责任人已经离职，中电广通的大股东和管理团队也已经变更，相关处罚的惩戒意义何在？

另一个问题是，中电广通2015年虚增2.22亿元营收，是否对投资者形成了误导，又是否对他们的利益造成了损失？

《红周刊》记者查阅相关背景资料发现，在中电广通的历史上，这种因财务造假而被监管部门问询甚至被投资者告上法庭已非新闻。

2009年3月，3名投资者诉中电广通隐瞒实情，导致他们的投资产生损失，因而要求中电广通赔偿26万余元的消息见诸报端。后北京一中院受理了此案；4月，证监会就此案对中电广通处以40万元罚款，并对包括时任总经理、法定代表人倪剑云在内的11名高管处以罚款、警告等处罚。由于该信披违规的时间跨度较长，符合索赔条件的投资者人数较多。从最初的二十几万元到涉及百万元，不断有新的投资者加入维权，人数规模和涉及金额都在不断加大。经过两年多时间的诉讼维权，后该案于2011年7月以调解方式结案。

（资料来源：红周刊 http：// www. hongzhoukan. com）

同步练习参考答案

一、单项选择题

1. B　2. C　3. D　4. B　5. C　6. B　7. D　8. B　9. A　10. A　11. C　12. B　13. C　14. A　15. B　16. B　17. B　18. C　19. A　20. C

二、多项选择题

1. ABCDE　2. ABCDE　3. ABCD　4. ABCDE　5. ABCD　6. ABD　7. DE　8. AD　9. ABCD　10. AB　11. BCD　12. AB　13. ACDE　14. ABCDE　15. BCE　16. BCDE　17. ABCD　18. BCDE　19. AB　20. ABDE

三、判断题

1. ×　2. ×　3. √　4. ×　5. √　6. ×　7. √　8. ×　9. ×　10. √　11. ×　12. ×　13. ×　14. ×

四、简答题（略）

第三章　财务分析程序与方法

内容概要

一、重点、难点

1. 重点：财务分析基本程序与方法。
2. 难点：财务分析基本方法。

二、基本要求

1. 理解程序各阶段工作在整个财务分析过程中的重要性。
2. 熟练运用财务分析技术，结合财务分析信息基础资料进行分析，为企业利益相关者作出决策提供必要的财务分析信息。
3. 重点掌握财务分析方法的技术和技巧，尤其是因素分析方法、比率分析方法这些重要并常用的方法体系。

三、章节内容

第一节　财务分析基本程序与步骤

尽管不同学者对于财务分析的程序有着不同的观点，但是基本步骤还是一致的。主要程序内容如下：

1. 财务分析准备阶段。
2. 会计分析阶段。
3. 财务分析实施阶段。
4. 财务分析综合评价阶段。

第二节　财务分析基本方法

财务分析方法是实现财务分析目的的方法和手段。为服务市场经济环境中企业相关利益者的经济决策的需要，现代财务分析体系应该具备全面评价、科学预测、持续发展、合理协调四大基本功能。

尽管财务分析方法体系一直在发展，但由于财务分析目标和标准不同，在实际多种分析方法中，较为常用的主要有水平分析方法、垂直分析方法、比率分析方法、趋势分析方法、因素分析方法、图解分析方法和现金流量分析方法等基本财务分析方法。

第三节 因素分析法

因素分析法是用来确定几个相互联系的因素对拟分析指标影响方向和影响程度的一种分析方法。采用这种方法的出发点在于，当有若干因素对拟分析指标发生影响作用时，假定其他各个因素都无变化，顺序确定每一个因素单独变化所产生的影响。因素分析方法是财务分析方法中最重要方法之一，主要有连环替代方法和差额计算方法。

（一）连环替代法

1. 连环替代法的概念。

连环替代法又称连锁替代法，是因素分析法的基本形式，它是在确定分析对象差异的基础上，利用顺序替代各影响因素并分析计算各影响因素影响度和方向的财务分析专门方法。

2. 连环替代法的步骤。

连环替代法一般可以分为以下五个步骤：

（1）确定分析对象。将分析指标与选择的基准指标进行比较，求出差异额即为分析对象。

（2）确定影响因素。通常运用指标分解方法将分析指标进行分解，即确定分析指标与其影响因素之间的数量关系，建立函数关系式。

（3）连环替代。此步骤即按照一定顺序依次替换各个因素变量，并计算出替代结果。

（4）因素分析。该步骤就是确定各因素对分析指标的影响程度，即将每次替代所计算结果与这一因素被替代前的结果进行对比，二者的差异就是替代因素对分析对象的影响度。

（5）检验分析结果。检验分析结果是将各因素对分析指标的影响额相加，其代数和应该等于分析对象。如果二者相等，说明分析结果可能是正确的；如果二者不相等，则说明分析结果肯定是错误的。

连环替代方法的程序和步骤是紧密相连、缺一不可的，尤其是前四个步骤，任何一个步骤出现差错，都会出现错误的结果。

3. 连环替代法的应用举例。

假定某财务指标 P 由 a、b、c 三个因素的乘积构成，其基准指标与实际指标的各自关系式如下：

基准指标：$P_0 = a_0 \cdot b_0 \cdot c_0$

实际指标：$P_1 = a_1 \cdot b_1 \cdot c_1$

第一步骤，确定分析对象。

增减额 = 实际指标 - 基准指标 = $\Delta P = P_1 - P_0$

第二步骤，建立基准函数关系式。

$P_0 = a_0 \cdot b_0 \cdot c_0$

第三步骤，连环替代。将基准指标中的所有影响因素依次用实际指标进行替代，其过程如下：

第一替换：$a_1 \cdot b_0 \cdot c_0$

第二替换：$a_1 \cdot b_1 \cdot c_0$

第三替换：$a_1 \cdot b_1 \cdot c_1$

第四步骤，因素分析。用第一替换结果与基准指标值相减，得出指标 a 的变动对分析指标 P 的影响度。依次类推，最终计算出每一影响因素的影响度。

第五步骤，检验分析结果。将以上各个因素影响度加以综合，其结果等于实际值与基准值的差异数，即分析对象 ΔP 值。

（二）差额计算法

差额计算法是连环替代方法的一种简化形式，当然也属于因素分析方法。其计算原理与连环替代方法是相同的，区别在于分析程序不同，差额计算方法是将连环替代方法的第三步骤和第四步骤合并为一个步骤来进行的。基本特点为：在确定分析对象后，也与连环替代方法一样，对基准公式按序进行替换，替换之后，在因素分析环节，分析每一因素对总体的影响度时，两两相减时，提取公因式，计算出影响结果，简便明了。最后也可以进行验证分析正误。

第四节　财务综合分析与企业业绩评价

（一）财务综合分析

财务分析从营利能力、营运能力和偿债能力角度对企业的筹资活动、投资活动和经营活动状况进行了深入、细致的分析，以判明企业的财务状况和经营业绩，这对于企业投资者、债权人、经营者、政府及其他与企业利益相关者了解企业的财务状况和经营成效是十分有益的。

（二）企业业绩评价

业绩评价是指在综合分析的基础上，运用业绩评价方法对企业财务状况和经营成果所做的综合结论。业绩评价以财务分析为基础，财务分析以业绩评价为结论，财务分析离开业绩评价就没有了实际意义。在前述财务分析中，也都曾在分析基础上做了相应的评价，但只就单项财务能力所做的分析及评价，其结论具有一定的片面性，只有在综合分析的基础上进行业绩评价，才能从整体上相互联系地全面评价企业的财务状况及经营成果。

同步练习

一、单项选择题

1. 财务分析的最初形式是（　　）。

A. 趋势分析　　B. 水平分析　　C. 比率分析　　D. 垂直分析

2. 财务报表分析采用的技术方法日渐增加，但最主要的分析方法是（　　）。

A. 比较分析法　　B. 因素分析法　　C. 回归分析法　　D. 模拟模型分析法

3. 企业的经营者为了寻求经营管理情报而进行的分析属于（　　）。

A. 内部分析 B. 外部分析 C. 流动性分析 D. 收益性分析

4. 财务分析的历史标准是以（ ）作为比较的基准。

A. 同行业其他企业历史上的最佳水平 B. 同行业其他企业的历史平均水平

C. 本企业历史上的最佳水平 D. 本企业的历史平均水平

5. 当企业的生产经营活动或财务活动出现问题时进行的分析是（ ）。

A. 定期分析 B. 全面分析 C. 不定期分析 D. 专业分析

6. 为了提高财务报表分析的质量，需要进行（ ）。

A. 单项分析 B. 一般分析与单项分析

C. 综合分析 D. 单项分析与综合分析

7. 在财务分析的基本方法中，（ ）方法是最基础的。

A. 趋势分析法 B. 因素分析法 C. 对比分析法 D. 结构分析法

8. 下列指标属于利润表比率的是（ ）。

A. 资本收益率 B. 利息保障倍数 C. 净资产利润率 D. 存货周转率

9. 对于连环替代法中各因素的替代顺序，传统的排列方法是（ ）。

A. 主要因素在前，次要因素在后

B. 影响大的因素在前，影响小的因素在后

C. 不能明确责任的在前，可以明确责任的在后

D. 数量指标在前，质量指标在后

10. 杜邦分析法是（ ）。

A. 基本因素分析的方法 B. 财务综合分析的方法

C. 财务综合评价的方法 D. 财务预测分析的方法

11. 下列有关财务分析的表述中，错误的是（ ）。

A. 财务分析中最常用的基本方法有比较分析法、比率分析法、因素分析法和趋势分析法

B. 采用比较分析可以发现所分析数据或指标的问题所在，揭示企业经营活动的优势和劣势

C. 比率分析法在计算出相关比率之后，能说明对应的经济意义并得出结论

D. 因素分析法是通过顺序变换各个因素的数量来计算各个因素的变动对总的经济指标的影响程度的一种方法

12. 财务报告会计分析的关键在于（ ）。

A. 揭示会计信息的质量状况 B. 评价企业会计工作

C. 找出会计核算错误 D. 分析会计人员素质

13. 进行会计分析的第一步是（ ）。

A. 分析会计政策变动 B. 分析会计估计变化

C. 比较会计报表 D. 阅读会计报告

14. 应用水平分析法进行分析评价时关键应注意分析资料的（ ）。

A. 全面性 B. 系统性 C. 可靠性 D. 可比性

15. 企业的财务分析往往是以（ ）为中心展开的。

A. 内部分析 B. 外部分析 C. 流动性分析 D. 收益性分析

16. 可以预测企业未来财务状况的分析方法是（　　）。

A. 水平分析法　B. 垂直分析法　C. 趋势分析法　D. 比率分析法

17. 在进行财务分析工作中，（　　）是财务分析的核心阶段。

A. 明确分析目的　B. 收集分析资料　C. 进行具体分析　D. 编写分析

18. 为评价企业财务状况与财务成果的发展变化情况，通常应采用（　　）。

A. 经验标准　B. 历史标准

C. 行业标准　D. 预算标准

19. 通过（　　）可以对企业的财务状况、经营业绩等方面进行全面了解。

A. 外部分析　B. 内部分析

C. 综合分析　D. 流动性分析

20. 比较分析法的两种具体方法是（　　）。

A. 绝对数比较和百分比变动比较　B. 水平分析法和动态分析法

C. 横向比较法和水平分析法　D. 纵向比较法和动态分析法

二、多项选择题

1. 下列分析技术中，用于动态分析的有（　　）。

A. 结构分析　B. 水平分析

C. 趋势分析　D. 比率分析

E. 专题分析

2. 行业竞争程度和营利能力的影响因素包括（　　）。

A. 市场占有率　B. 现有企业间的竞争

C. 替代产品或服务的威胁　D. 新加入企业的竞争威胁

E. 市场议价能力

3. 根据哈佛分析框架，财务报表分析的基本程序的构成步骤有（　　）。

A. 战略分析　B. 会计分析　C. 财务分析　D. 前景分析

E. 全面分析

4. 选择低成本策略应做的工作有（　　）。

A. 提供差异产品或服务　B. 提高资源利用率

C. 优化企业规模　D. 明确消费与需求

E. 提高与供应商的议价能力

5. 分析企业财务状况的趋势，常用的方法有（　　）。

A. 比较财务报表法　B. 比较百分比财务报表法

C. 比较财务比率法　D. 沃尔评分法

E. 杜邦分析法

6. 从投资者观点看，其主要关心的比率有（　　）。

A. 总资产报酬率　B. 总资产周转率

C. 净资产利润率　D. 资产负债率

E. 股利支付率

7. 属于资产负债表比率的指标有（　　）。

A. 流动比率
B. 存货周转率
C. 营运资产周转率
D. 资产负债率
E. 存货对营运资本比率

8. 属于会计分析方法的是（　　）。
A. 比率分析法
B. 因素分析法
C. 水平分析法
D. 垂直分析法
E. 趋势分析法

9. 标准比率的计算方法有（　　）。
A. 加权平均法
B. 算术平均法
C. 综合报表法
D. 中位数法
E. 移动平均法

10. 编写财务分析报告的基本要求包括（　　）。
A. 突出重点、兼顾一般
B. 观点明确、抓住关键
C. 注重实效、及时编报
D. 客观公正、真实可靠
E. 报告清楚、文字简练

11. 财务分析阶段包括的步骤有（　　）。
A. 确立财务分析标准
B. 报表整体分析
C. 财务指标分析
D. 基本因素分析
E. 价值评估

12. 应用垂直分析法，需要注意以下问题（　　）。
A. 总体基础的唯一性
B. 分析角度的多维性
C. 项目数据的可比性
D. 财务指标的关联性
E. 财务评价的综合性

13. 下列各项中，可以作为财务分析信息来源的是（　　）。
A. 会计信息
B. 证券市场信
C. 资产评估报告
D. 宏观经济信息
E. 综合部门发布的消息

14. 企业财务分析基本方法（　　）。
A. 比较分析法
B. 定量分析法
C. 比率分析法
D. 因素分析法
E. 定性分析法

15. 比率分析的基本形式有（　　）。
A. 百分率　B. 比　C. 周转天数　D. 增长率
E. 分数

三、判断题

1. 比较分析法是财务报表分析最常用的方法。（　　）
2. 会计分析是战略分析和财务分析的基础和导向。（　　）
3. 财务指标分析就是指财务比率分析。（　　）

4. 综合财务分析与评价是对企业整体财务状况和经营成果的分析，与单向财务能力分析相比，具有全面性和综合性的特点。（ ）

5. 以行业信息作为分析的评价标准有时会缺乏可比性。（ ）

6. 利用定比报表可以看出哪个项目的变化比较重要。（ ）

7. 财务报表分析的方法最主要的是因素分解法。（ ）

8. 差额计算法只是连环替代法的一种简化形式，二者实质上是相同的。（ ）

9. 前景分析就是预测分析。（ ）

10. 财务分析报告就是对财务报告所进行的分析。（ ）

11. 财务分析的第一个步骤是收集与整理分析信息。（ ）

12. 比较分析有三个标准：历史标准，同业标准，预算标准。（ ）

13. 比率分析法能综合反映比率与计算它的会计报表之间的联系。（ ）

14. 比率能够综合反映与比率计算相关的某一报表的联系，但给人们不保险的最终印象。（ ）

15. 运用差额计算法进行因素分析不需要考虑因素的替代顺序问题。（ ）

四、简答题

1. 简述因素分析方法和水平分析、垂直分析的区别与联系。

2. 财务分析信息收集、整理阶段包括哪几个步骤？

3. 运用因素分析方法应该注意哪些问题？

4. 试说明比率分析方法的优缺点。

5. 试述现金流量方法和图解方法的性质、作用及其应用范围。

五、计算题

1. 某企业 2017 年 11 月某种材料费用的实际数是 3 960 元，而其计划数是 4 000 元。实际比计划减少 40 元。相关数据见表 3－1。

表 3－1　某企业材料费用表

项目	单位	计划数	实际数
产品产量	件	100	110
单位产品材料消耗量	千克	8	6
材料单价	元	5	6
材料费用总额	元	4 000	3 960

要求：运用因素分析法的连环替代和差额分析方法分析材料费用减少的原因。

案例导读

案例一：福莱特采购、生产、销售问题多，再冲 IPO 前景存疑

主要研发、生产和销售光伏玻璃、浮法玻璃、工程玻璃和家居玻璃的福莱特玻璃集团股

份有限公司（简称“福莱特”）近日公告了招股说明书申报稿，欲再冲刺A股IPO。就在五年前，光伏行业遭遇全行业困境，多家拟IPO公司或终止审查，或申请被否，其中就包括福莱特。之后，福莱特转战香港主板市场并挂牌。

如今，福莱特再度冲击A股，是否已经准备充分了？在其公布的招股书中，《红周刊》记者发现，从一般的财务数据逻辑角度看，公司的采购、销售与成本之间的各项数据均存在较大异常，得不到正常的匹配。招股书存在这样的瑕疵，不知这次福莱特向A股IPO的冲刺能否顺利呢？

莫名其妙新增债务

根据招股书，福莱特主要采购纯碱、石英砂和电力、天然气等原材料和能源，在报告期内，采购总额分别达到17.73亿元、16.11亿元和15.54亿元，考虑采购中所涉及的增值税进项税大概是17%，则含税采购总额分别为20.74亿元、18.85亿元和18.18亿元。就这样呈逐年减少的采购金额，如果将其跟“合并资产负债表”“合并利润表”中的相关数据作对比，可发现有数千万元的采购或许并不可信。

差异最大的年度出现在2016年，把这年含税采购总额18.18亿元和同期“购买商品、接受劳务支付的现金”17.95亿元对比，多了0.23亿元。这意味着，当年的采购中有一部分并没有付现，而是形成了相应金额的应付款项增加或者预付款项的减少。

而“合并资产负债表”显示，2016年福莱特有应付票据1.66亿元、应付账款6.53亿元，两项合计数8.19亿元，比2015年的7.41亿元有所增加，增0.78亿元。这项增加金额远远大于前述未付现的部分。而2016年预付款项余额有0.33亿元，相比于2015年的0.52亿元减少了0.19亿元。一增一减，最后仍有0.74亿元的差额得不到合理财务数据的支撑。也就是说，莫名其妙地新增了0.74亿元的经营性债务，没有相应的采购金额与现金流量与之相对应。

2015年也出现了相似的情况，只是金额相对少一些。2015年含税采购总额是18.85亿元，而“购买商品、接受劳务支付的现金”有21.81亿元，这就相当于除了支付采购款之外，还有2.96亿元的现金流出。如果按正常财务数据之间的逻辑关系，这必然使得应付款项减少或预付款项增加相应金额，或者两项综合得到相应金额。

不过，该年度福莱特有应付款项合计7.41亿元（应付票据1.30亿元和应付账款6.11亿元），与2014年的9.90亿元相比，大幅减少了2.49亿元。而0.52亿元的预付款项比2014年的0.26亿元却仅增加了0.26亿元。综合考虑应付款项和预付款项增减情况，最终也很奇怪地新增了0.21亿元的经营性债务，同样没有相应的采购金额与现金流量相呼应。

综上所述，在福莱特每年十几亿元的采购中，报告期内连续两年增加了不寻常的经营性债务，合计近亿元。这么大的差额实在不敢忽略。而这些异常情况是否因为通过票据背书支付而形成呢？招股书并没有对此作出详细的披露。

生产成本异常

招股书披露，福莱特主要采购电、石油类燃料、天然气等能源和纯碱、石英砂等原材料，此外还有少量的辅料采购。前面已经提到，报告期内公司的采购总额分别是17.73亿元、16.11亿元和15.54亿元，但深入查看招股书，可发现其采购与成本之间存在重大差异。

福莱特主要生产的4种产品中，只有光伏玻璃和浮法玻璃需要主要原材料纯碱和石英砂，而工程玻璃和家居玻璃在自产玻璃原片的基础上进行深加工，采购而来的原材料纯碱和石英砂只用于前两种产品的生产。

报告期内，光伏玻璃的单位成本中所含的直接材料分别是每平方米 7.77 元、7.58 元和 7.05 元，所含的燃料动力则是每平方米 7.20 元、7.36 元和 6.39 元，而同期的产量分别达到 7 400.12 万平方米、7 133.37 万平方米和 7 429.00 万平方米。由此可知，在生产光伏玻璃过程中耗用的原材料金额大概是 5.75 亿元、5.41 亿元和 5.24 亿元．而所耗燃料动力大概是 5.33 亿元、5.25 亿元和 4.75 亿元，合计达到 11.08 亿元、10.66 亿元和 9.98 亿元。

相似的，浮法玻璃的单位成本中包含的直接材料在各年度分别是每吨 444.53 元、411.52 元和 393.81 元，燃料动力则是每吨 300.25 元、398.95 元和 331.00 元，而相应期间的产量分别是 43.26 万吨、41.09 万吨和 41.07 万吨。由此，生产浮法玻璃所使用的原材料金额大概是 1.92 亿元、1.69 亿元和 1.62 亿元，耗用燃料动力 1.30 亿元、1.64 亿元和 1.36 亿元，合计达到 3.22 亿元、3.33 亿元和 2.98 亿元。

粗略估计之下，生产上述两种产品所耗用的原材料和燃料动力合计大概是 14.30 亿元、13.99 亿元和 12.96 亿元，而报告期内公司的采购总额分别是 17.73 亿元、16.11 亿元和 15.54 亿元，采购总额比前者多了 3.43 亿元、2.12 亿元和 2.58 亿元。如果生产一切正常，那么这项差异应该由库存增减，或者生产工程玻璃和家居玻璃而形成。

但是，库存中的原材料在各年年末只有 1.03 亿元、0.90 亿元和 0.93 亿元，2015 年比 2014 年减少了 0.13 亿元，而 2016 年仅增 0.03 亿元。可见，直接转入库存的原材料相对于采购总额来说是非常少的。而在产品和低值易耗品在各年的库存都在 2 000 万 ~3 000 万元，增减金额也都只有数百万元而已。在此基础上，另外两类产品工程玻璃和家居玻璃都是对玻璃原片的深加工，不需要纯碱及石英砂，那么，上述采购总额多出来的部分就是这两类产品所耗用的燃料动力和辅料的合计金额。

招股书显示，工程玻璃在报告期内的产量分别是 270.56 万平方米、345.46 万平方米和 419.83 万平方米，而单位生产成本是每平方米 38.83 元、42.59 元和 34.18 元；家居玻璃的产量有 682.03 万平方米、647.92 万平方米和 692.39 万平方米，单位成本是每平方米 27.75 元、28.52 元和 27.96 元。由此可知，这两类产品生产成本的合计数达到 2.94 亿元、3.32 亿元和 3.37 亿元。

可见，前述差额和工程玻璃、家居玻璃的生产成本合计数相比，在 2014 年多了 0.48 亿元，在 2015 年和 2016 年则分别少了 1.19 亿元和 0.79 亿元。如果考虑到工程玻璃与家居玻璃生产中所需要玻璃原片的价值等因素，就算 2015 年和 2016 年存在 1 亿元左右的差额是合理的，但是在 2014 年，仅生产所用的燃料动力及辅料就比生产成本多了几千万元，这就非常不合理了，若考虑生产所使用的玻璃原片的价值，则差异就更大。

生产所用的玻璃原片由自产的浮法玻璃而来。福莱特在 2014 年浮法玻璃的产量是 43.26 万吨，卖了 31.17 万吨，产销差达到 12.10 万吨，按每吨生产成本 905.05 元计算，有 1.09 亿元的浮法玻璃或进入库存或用于工程玻璃、家居玻璃的生产。而 2014 年年末浮法玻璃库存有 1 126.27 万元，由于招股书未披露 2013 年的数据，因此库存增减情况不详。但是，就算库存全部来自新增，该年度生产工程玻璃、家居玻璃所用的玻璃原片也有大约 1 亿元。如此看来，上述的成本差异金额很可能超过 1 亿元，若果真如此，成本就存在重大差异。

营收是否可信？

既然采购和生产之中都存在凭借一般的财务勾稽关系而无法理解的数据异常，那么，是否也会影响到销售与营业收入，使其也发生差异呢？从招股书的各项数据来看，这个疑虑或难打消。

福莱特在2016年共实现29.68亿元的营业收入，考虑17%的增值税销项税影响之后，含税营业收入达到34.72亿元，和同期“销售商品、提供劳务收到的现金”33.91亿元相比，多了0.81亿元。这就意味着，多出来的这部分既然没有形成现金流入，就会形成相应金额的应收款项增加，或者相应金额的预收款项减少，要不然就是这两项综合起来得到相应金额。

事实上，该公司在2016年有应收票据5.34亿元、应收账款5.90亿元，合计拥有了11.23亿元的应收款项，而上年应收款项更多，有12.08亿元，相比之下本年度不但没有增加，反而减少了0.85亿元。而预收款项只有0.07亿元，比上年0.14亿元也减少0.07亿元。考虑了应收款项和预收款项的增减变化之后，则出现1.58亿元的含税营业收入既没有形成现金流入，也没有形成公司新增的经营债权。

2015年也有同样的情况，该年营业收入有29.24亿元，加上增值税销项税额之后，含税营业收入达到34.21亿元，比同期的“销售商品、提供劳务收到的现金”33.15亿元还多1.06亿元。这也必然形成相应金额的应收款项与预收款项的增减才对。

但是，综合2015年6.66亿元的应收票据和5.43亿元的应收账款，发现其应收款项合计数和上年的12.88亿元相比，不但没增加反而减少了0.80亿元。而预收款项0.14亿元也比上年的0.21亿元减少了0.07亿元。这两项数据一来一去，相当于有高达1.79亿元的含税营业收入既没有收到现金流入，也没有形成收账的权利，这部分营收怎么看都像海市蜃楼般，远观挺好，却虚无缥缈，缺乏实据。

如此看来，虽然福莱特每年都实现了差不多30亿元的营业收入，却在报告期内连续两年出现了一个多亿的“无依据”的营收，合计超过3亿元。由于该公司没有具体披露以票据背书转让而对现金流量所产生的影响，因此，无法判断这“多出来的”3亿元营业收入是怎么一回事。

（资料来源：红周刊 http：//www.hongzhoukan.com）

案例二：“开心消消乐”冲刺IPO，数亿元现金流入去向不明

你玩过手机游戏“开心消消乐”吗？这个被乐元素科技（北京）股份有限公司（简称“乐元素”）称作“国民游戏”的产品，是乐元素研发和运营的主要产品之一，是其营业收入的“中流砥柱”。

作为一家主要从事移动网络游戏的研发及运营的企业，乐元素的游戏产品除了比较出名的“开心消消乐”外，还有“开心水族箱”“Ensemble Stars！”“Merc Storia”等。在此次IPO申报中，乐元素拟发行不超过4 250万股A股，并计划将募集资金中的14亿元用于“现有游戏升级及新游戏开发项目”。

对于乐元素所披露的招股书，《红周刊》记者发现，虽然其报告期内（2014—2016年及2017年1季度）的营业收入有较快增长，但是梳理其财务数据间的勾稽关系，依然可以发

现公司的货币资金、营业收入和采购数据间存在一定的异常，这些勾稽关系上的异常直指该公司财报数据很可能有造假的嫌疑。

“开心消消乐”的“家长”是否真的有钱？

招股书披露，乐元素的主要收入来源于自研游戏产品。2016 年全年收入创新高，达到 18.49 亿元。其中，收入占比最高的一款游戏就是“开心消消乐”，这是乐元素大家庭里“最能赚钱”的孩子。

报告期内（2014—2017 年一季度），仅“开心消消乐（移动版）”一款游戏就取得 1.29 亿元、6.51 亿元、11.44 亿元和 3.82 亿元的收入，占公司营业收入的比例达到 21.41%、58.20%、61.88%和 64.23%。有了这个能赚钱的孩子，虽然比不上“百亿元”大户豪门，但是这也可以让“开心消消乐”家长乐元素笑得乐开花。不过，从乐元素银行存款的“利息收入”和“员工平均工资”两项数据上的异常表现看，不由又让人怀疑，乐元素是否真的有钱？

在“合并资产负债表”中，乐元素报告期内各期末“货币资金”分别达到了 3.39 亿元、7.25 亿元、11.68 亿元和 11.78 亿元。这么多的钱，即使什么都不干，仅放在银行账户里就能收到很可观的利息收入，更别说拿出去做些理财投资。以最低的银行活期存款 0.3%年利率计算，报告期内公司利息收入至少有 101.77 万元、217.47 万元、350.45 万元和 88.34 万元。

可令人奇怪的是，乐元素“财务费用”项目却显示，报告期内的利息收入分别只有 62.42 万元、49.56 万元、698.05 万元和 133.33 万元。很明显，2014 年和 2015 年的利息收入远低于按银行活期存款利率计算的利息，只相当于活期利息的 61.33%和 22.79%。更让人奇怪的是，2016 年和 2017 年 1 季度的利息收入竟然又远高于活期存款利息收入。这样的异常情况又是什么导致的呢？

当然，年末的货币资金并不能代表全年（或整个季度）的水平，但是，根据招股书中游戏运营的数据看，其货币资金的持有数量在年度内应该是没有较大的波动。报告期内，游戏运营收入均占运营收入的 97%以上。各游戏产品中，以收入占比很大的“开心消消乐（移动版）”为例，月均付费账户数从 2014 年年初的 1.46 万户增加到 2015 年年底的 538.32 万户，而 2016 年之后保持稳定。同时，月均 ARPPU 值（平均每付费用户收入）从 2014 年最低的 14.64 元一路往上增加，到 2015 年年中之后基本保持在 20 元左右。这两项正是营业收入的最主要指标。由此可见，与营收同步的资金流入应该在各个月份都没有较大波动。推及乐元素其他游戏产品，大致类似。

此外，“合并现金流量表”显示，2014 年和 2015 年的投资活动和筹资活动现金流进与流出都较少，就算 2015 年“收回投资所收到的现金”有 2.42 亿元，“投资支付的现金”有 2.6 亿元，对于该年度 11.19 亿元的营业收入和 7.25 亿元货币资金年末持有量来说，这项支出也难以使得该年利息收入只相当于活期利息的 22.79%。

既然公司整体上资金流动比较平稳，而账上又有那么多钱，为什么利息收入却如此反复无常？乐元素账面上的货币资金金额是真实的吗？

现金流乱象

招股书显示，乐元素在报告期内营业收入有大幅增长，2017 年 1 季度营业收入高达 5.95 亿元，几乎与 2014 年全年营业收入 6.02 亿元相当，而 2015 年和 2016 年也分别取得了

11.19 亿元和 18.49 亿元的营业收入。《红周刊》记者在梳理各期财务报表中相关数据勾稽关系时，发现该公司 2015 年、2016 年含税营收与现金流之间均存在超过亿元的大额差异。

报告期内，2015 年乐元素的营业收入首次突破 10 亿元大关，达 11.19 亿元。如果按软件企业增值税实际税负 3% 计算（保守估计），含税营业收入为 11.53 亿元，这比同期“销售商品、提供劳务收到的现金”项的 12.42 亿元要少 0.89 亿元。也就是说，假设该年度的营业收入全部收到现金，则公司还存在 0.89 亿元的现金流入。按财务数据之间的勾稽关系，这意味着将有相应金额的应收账款因收现而减少，或者有相应金额的预收款项增加。

招股书披露，乐元素在报告期内几乎没有预收款项，仅 2014 年有预收款项 168.54 万元。2015 年年末，公司应收账款 2.38 亿元，相比 2014 年年末的 2.14 亿元不但没有出现减少，相反还增加了 0.24 亿元。结合前面存在的 0.89 亿元数值差，则含税营业收入与现金流以及负债之间的差额上升至 1.13 亿元，这意味着公司仍有超过亿元的现金流入不知去向。

2016 年也有类似情况出现。2016 年含税营业收入为 19.05 亿元，而同期“销售商品、提供劳务收到的现金”为 20.21 亿元，两者相比，“销售商品、提供劳务收到的现金”要比含税营业收入多出 1.16 亿元。按理说，这一年也会因为收现差额的存在使得应收账款出现减少才对。

可实际上，2016 年年末的应收账款有 3.13 亿元，相比上年的 2.38 亿元不但没有减少，反而增加了 0.75 亿元。如此一来，使得含税营业收入与现金流和负债之间的差额提升至 1.91 亿元。也就是说，这一年也同样存在接近 2 亿元的现金流入不知去向。

2017 年 1 季度情况与上述两年稍有不同，金额差距并没有前述两年明显。2017 年一季度，乐元素含税营业收入达 6.12 亿元，相比同期“销售商品、提供劳务收到的现金”5.946 亿元要多出 0.177 亿元。如果不考虑增值税因素，其营收与“销售商品、提供劳务收到的现金”几乎相等。理论上，该季度应收账款应该只会出现少量增加，而不会产生较大的差异。

可事实上，2017 年 1 季度末应收账款为 3.79 亿元，相比于 2016 年的 3.13 亿元，增加了 0.66 亿元。这个增加额远比前述理论上应该增加的 0.177 亿元要多得多。由此，仅一个季度含税营业收入与现金流和负债之间就出现了 0.485 亿元的差额。

综上所述，乐元素在报告期内连续两年合计超过 3 亿元现金流入不知去向，这又是什么原因呢？

大额采购“看不见、摸不着”

乐元素主要采购为联运服务、支付服务、广告等服务，与大幅增长的营业收入相对应，在报告期各年度的采购金额也出现了大幅增长。但是，对比“合并资产负债表”中的“应付账款”“预付款项”可以发现，各年度有数亿元的采购既没有“付钱”形成现金流出，也没有“欠账”使得应付账款（债务）增加。

招股书披露，2014—2017 年 1 季度的采购总额分别为 20 972.17 万元、35 288.24 万元、64 472.09 万元和 21 473.70 万元。由于采购内容主要是服务，因此，这里暂考虑 6% 的增值税影响。那么，报告期内的含税采购总额应该为 22 230.50 万元、37 405.53 万元、68 340.42 万元和 22 762.12 万元。

进一步看，最近的 2017 年 1 季度含税采购总额为 22 762.12 万元，相比同期的“购买商品、接受劳务支付的现金”项的 8 909.39 万元，含税采购要多出 13 852.73 万元。这意味着这部分差额将会在负债表中产生相同金额的应付账款增加或预付款项减少。

不过，1 季度期末应付账款 17 287. 19 万元比 2016 年年末 13 073. 89 万元仅增加了 4 213. 30 万元，而预付款项 2 593. 28 万元比 2016 年年末的 2 452. 25 万元不但没有减少，反而增加了 141. 02 万元。综合核算下来，公司仍存在 9 780. 46 万元含税采购既没有付现而使得现金流出，也没有形成应付账款等新增债务。

相较 2017 年一季度，2016 年的差异更为明显。2016 年含税采购总额为 68 340. 42 万元，相比同期“购买商品、接受劳务支付的现金”33 352. 85 万元，采购金额多出了 34 987. 57 万元。按财务数据间的勾稽关系，这必然会有相应应付账款增加或预付款项减少与之对应。

可实际上，2016 年年末的应付账款只有 13 073. 89 万元，相比上年同期的 10 116. 56 万元数值，增加金额为 2 957. 33 万元。与此同时，预付款项 2 452. 25 万元也比上年年末的 3 586. 42 万元只减少了 1 134. 17 万元。一增一减后，可以发现公司仍存在 30 896. 07 万元的含税采购总额既没有现金流出作为基础，也没有形成相应金额的新增负债，就像空中楼阁般赫然悬空。

在得知 2016 年和 2017 年 1 季度的采购数据均存在很大的差异之后，如果再告诉您，该公司 2015 年采购数据也存在重大问题，似乎就不觉得奇怪了。2015 年的含税采购总额为 37 405. 53 万元，相比同期的“购买商品、接受劳务支付的现金”项 17 459. 86 万元，采购多出 19 945. 67 万元。按财务数据间的勾稽关系，理论上应付账款会增加两个亿，或者预付款项会减少两个亿，抑或两者综合起来而得到这个数。

可实际上如《红周刊》记者所料，其 2015 年年末应付账款 10 116. 56 万元，仅比上年年末的 6 723. 93 万元增加了 3 392. 63 万元，远远少于两亿元的差额。与此同时，3 586. 42 万元预付款项相比上年年末的 608. 80 万元不但没有减少，反而增加了 2 977. 62 万元。如此情况的出现，导致公司有 19 530. 66 万元的采购得不到现金流出量和新增应付账款（负债增加额）的支持。

连续 3 期财报都出现数亿元的采购无法得到相关数据的支持，这种“看不见、摸不着”的巨额差异对于一家固定资产、无形资产都很少的“轻资产”型公司来说，怎么说都应该属于重大财务数据异常了。

（资料来源：红周刊 http：//www. hongzhoukan. com）

同步练习参考答案

一、单项选择题

1. C　2. A　3. A　4. C　5. C　6. D　7. C　8. B　9. D　10. B　11. C　12. A　13. D　14. D　15. D　16. C　17. C　18. B　19. C　20. A

二、多项选择题

1. BC　2. BCD　3. ABCD　4. BCE　5. ABC　6. ACE　7. ADE　8. CDE　9. BCD　10. ABCDE　11. CD　12. ABC　13. ABCDE　14. ACD　15. ABE

三、判断题

1. × 2. × 3. × 4. √ 5. √ 6. × 7. × 8. √ 9. × 10. × 11. √ 12. √ 13. × 14. × 15. ×

四、简答题（略）

五、计算题

（一）连环替代法

确定分析对象：

实际数 - 计划数 = 3 960 - 4 000 = 40（元）

建立分析对象与影响因素之间的函数关系式：

材料费用总额 = 产品产量 × 单位产品消耗量 × 材料单价

材料费用计划数 = 100 × 8 × 5 = 4 000

连环替代：

第一替换：110 × 8 × 5 = 4 400（元）…………①产量变动的影响

第二替换：110 × 6 × 5 = 3 300（元）…………②单位产品消耗量的影响

第三替换：110 × 6 × 6 = 3 960（元）…………③材料单价的影响

因素分析：

用第一替换①与预算数相减，计算出由于产品产量变动对材料费用总额的影响度：4 400 - 4 000 = 400（元），说明产品产量的增加使原材料费用总额增加 400 元；

用第二替换②与第一替换①相减，计算出由于单位产品消耗量变动对材料费用总额的影响度：3 300 - 4 400 = -1 100（元），说明单位产品消耗量下降使原材料费用总额下降 1 100 元；

用第三替换③与第二替换②相减，计算出由于材料单价变动对材料费用总额的影响度：3 960 - 3 300 = +660（元），说明材料单价上升使原材料费用总额增加 660 元。

这里，产品产量增加导致原材料费用总额增加属于正常现象；单位产品消耗量下降使原材料费用总额下降是利好消息，说明企业要么进行了技术革新和改造，要么在节能降排等方面有了突破；材料单价的上升属不利因素，但企业应该客观分析原因，如果在物价上升的市场供求关系下，材料单价上升也属于非企业因素导致的客观“正常现象”，否则，应该找出原因，尽量控制价格上升因素带来的不利影响；另外，可以使用替代材料的，尽量就近采购替代。

（二）差额分析法

第一替换：（110 - 100） × 8 × 5 = 400（元） …………… ①产量变动的影响

第二替换：110 ×（6 - 8） × 5 = -1 100（元） ……… ②单位产品消耗量的影响

第三替换：110 × 6 ×（6 - 5） = 660（元） ……………… ③材料单价的影响

检验分析结果：

将以上产量、单耗及单价因素影响度加以综合，其结果等于实际值与预算值的差异数，即分析对象值。上述三个因素共同影响值 = 400 - 1 100 + 660 = -40（元），与分析对象（实际数 - 预算数） = 3 960 - 4 000 = -40（元）相吻合，说明分析结果可能是正确的。

第四章　资产负债表分析

内容概要

一、重点、难点

1. 重点：资产负债表分析的基本内涵和分析方法。

2. 难点：资产负债表的水平分析、结构分析及质量分析。

二、基本要求

1. 了解资产负债表分析的目的、作用与内容。

2. 掌握资产负债表分析的基本内涵和分析方法。要求学生掌握资产负债表的水平分析、结构分析及质量分析原理；掌握资产负债表具体项目的分析。

3. 培养学生提高资产负债表的解读能力及对实际问题的解决能力。

三、章节内容

第一节　资产负债表分析的目的与内容

（一）资产负债表分析的目的

资产负债表是反映企业在某一特定日期的财务状况的报表，主要反映企业拥有或者控制的资源及其分布状况。

1. 通过资产负债表分析能了解企业资产及其分布状况。

2. 通过资产负债表分析可以掌握企业资本结构及其偿债能力。

3. 资产负债表可以反映企业财务状况及发展趋势。

4. 通过资产负债表可以分析企业的变现能力和财务实力。

5. 通过资产负债表分析可以对企业的资产质量做出一定的判断。

（二）资产负债表分析的内容

1. 资产负债表增减变动分析。

资产负债表增减变动分析分为资产增减变动情况分析和负债及所有者权益增减变动情况分析。

2. 资产负债表结构变动分析。

资产负债表结构变动分析分为资产结构变动分析和负债及所有者权益结构变动分析。

3. 资产负债表质量分析。

资产负债表质量分析分为资产负债及所有者权益适应性分析、资产质量分析和负债及所有者权益质量分析几个方面。

第二节　资产负债表增减变动分析

（一）资产负债表增减变动分析的概念

资产负债表增减变动分析就是利用水平分析法将资产负债表的本期实际数与对比标准或基数进行比较，以揭示资产、负债和所有者权益变动差异。其目的在于揭示资产负债与权益的差异及产生原因。由于资产负债表对比标准或基数不同，其分析目的或作用也不同。当以资产负债表预算为对比基数时，分析的目的在于评价资产、负债及所有者权益预算完成情况，揭示影响资产负债表预算完成情况的原因；当以上年资产负债表为对比基数时，分析的目的在于评价资产、负债及所有者权益增减变动情况，揭示本年财务状况与上年对比产生差异的原因。

（二）资产规模与变动分析

企业资产规模，是指企业所拥有的全部资产的存量，也就是企业各类资本的占用形态。它既是保证企业生产经营管理活动正常进行的物质基础，又是关系到企业能否持续经营的重要前提和条件。一个企业的资产必须保持合理的规模，即把握一个“度”。规模过大将会形成资产资源的闲置，造成周转缓慢，影响资产的利用效果；规模过小，将难于满足企业生产经营的需要，导致企业生产经营活动难于正常运行。

（三）负债和所有者权益规模变动分析

负债和所有者权益是公司筹集生产经营资本的两种方式。负债资本和所有者权益资本保持在何种水平上，不仅是经营者关注的问题，更是投资者和债权人普遍关注的问题。筹资规模适当，既可以满足生产经营所需资本，又可以降低筹资成本，避免资本过剩所造成的浪费，充分发挥投资效益。

第三节　资产负债表结构变动分析

（一）资产负债表结构变动分析的概念

资产负债表结构分析，是通过计算资产负债表中各项目在总资产或总资本中所占的比重，分析说明企业资产结构和资本结构及其增减变动的合理程度。资产负债表的结构分析通常采用垂直分析法。通过资产负债表结构分析，第一，可以评价企业资产结构及变动的合理性；第二，可以评价企业资本结构及变动的合理性；第三，可以评价企业资产结构与资本结构的适应程度。资产负债表结构分析，既可以从静态角度分析评价实际（报告期）构成状况，也可以从动态角度，将实际构成与标准或基期构成进行对比分析评价；对于标准与基期构成，既可用预算数，也可用上期数，还可用同行业可比企业数。不同的比较标准能实现不同的分析评价目的。

（二）资产及其结构变动分析

企业资产结构，就是指企业的各项流动资产及各项非流动资产占企业资产总额的比重。资产代表企业所能控制的经济资源，资源配置的合理与否，是否发挥其功能，主要就是通过资产结构与变动分析进行反应。

（三）负债及所有者权益结构变动分析

负债与所有者权益结构也称作企业资本结构，即包括不同性质的筹资额占筹资总额的比例关系，也包括债务资本与股东权益资本各自的组成情况的分析。资本结构的合理与否不仅影响着企业经营活动原始收益的分配方式，而且也决定着企业承受内外部经济冲击的能力。

第四节　资产负债表质量分析

（一）资产质量分析

1. 资产质量的内涵以及资产的质量特征。

（1）资产质量的内涵。资产的质量，就是指资产在特定经济组织中，实际所发挥的效用与其预期效用之间的吻合程度。具体表现为资产的变现质量、单独增值质量、与其他资产组合增值的质量等方面。企业对资产的安排和使用程度上的差异，将直接导致企业实现利润、创造价值水平方面的差异。一般来说，资产质量的好坏，主要表现为资产的账面价值量与其变现价值量或进一步利用的潜在价值量之间的差异。

（2）资产质量上的分类。一般来说，资产质量的好坏，主要表现为资产的账面价值量与其变现价值量或进一步利用的潜在价值量之间的差异。资产按其质量可分为以下三类。

①按照账面价值是否等金额实现可分为企业的货币资金和部分金融资产。

②按照低于账面价值的金额贬值实现可分为短期债权、部分存货、部分持有至到期投资和长期投资股权、部分固定资产和纯摊销性的资产。

③按照高于账面价值的金额增值实现可分为大部分存货、部分持有至到期投资和长期股权投资、部分固定资产和生产性生物资产、账面上未体现其价值，但可以增值的表外资产。

（3）资产的质量特征。资产的质量特征，是指企业根据不同项目的资本本身所具有的属性、功用而对其设定的预期效用。资产的质量特征应从资产的营利性、变现性、周转性与其其他资产组合的增值性等几个方面进行分析。

2. 主要流动资产项目质量分析。

流动资产，是企业经营活动中的周转性资产，一般是指企业预计在一个正常营业周期或资产负债表日起 1 年内（含 1 年）变现、出售或耗用，以及为交易目的而持有的、自资产负债表日起 1 年内交换其他资产或清偿负债的能力不受限制的现金或现金等价物等。主要包括货币资金、交易性金融资产、应收票据与应收账款、预付账款、应收股利、应收利息、其他应收款、存货、1 年内到期的非流动资产等。

3. 主要非流动资产质量分析。

非流动资产是指预计不能够在一个正常营业周期中变现、出售或耗用的资产，或持有的目的不是用于交易的资产，这些资产应当归为非流动资产。对非流动资产项目的分析，主要是对可供出售金融资产、持有至到期的投资、长期股权投资、投资性房地产、固定资产、无形资产、研发支出、递延所得税资产等的具体分析。

（二）负债和所有者权益质量分析

1. 流动负债质量分析。

负债是指过去的交易、事项形成的现时义务，履行该义务预期会导致经济利益流出企业。按照会计的历史成本原则，负债仅限于那些企业承担的过去或现在已完成的经济业务所引起的、可以用货币计量的未来的经济责任。流动负债是指将在1年（含1年）或超过1年的一个营业周期内偿还的债务。企业的流动负债，一般包括短期借款、应付票据、应付账款、预收账款、应付职工薪金、应付福利费、应付股利、应交税金、其他暂收应付款项、预提费用、预计负债、1年内到期的长期负债和其他流动负债等项目。

2. 非流动负债质量分析。

非流动负债是指偿还期在1年或者超过1年的一个营业周期以上的债务，包括长期借款、应付债券、长期应付款、专项应付款和其他长期负债等项目。按照财务理论，企业的长期负债，应该形成企业的长期资产和短期资产（流动资产）中长期稳定部分的财务来源。这就是说，企业的长期负债，可能形成了企业的固定资产、无形资产、对外长期投资，也可能形成了企业的经营性流动资产。

3. 或有负债质量分析。

对或有负债的质量分析，主要应对引起或有负债的原因进行分析。从前面对或有负债，或有负债的产生有的是企业从事正常的经营活动所必须发生的（如质量保证等所引起的或有负债），有的是由于企业自身管理不善而引起的。对引起或有负债的原因进行分析，有助于区分在或有负债产生过程的主观原因和客观原因，加强内部管理，从而最大限度降低企业的或有负债。

4. 所有者权益质量分析。

所有者权益是指企业投资者对企业净资产的所有权，一般包括企业所有者投入的资本、留存利润等内容。所有者权益质量分析对企业所有者权益的质量进行分析，应该关注以下几个主要方面。

（1）企业所有者权益内部的股东持股构成状况与企业未来发展的适应性。关于这个问题，我们在前面已有讨论。请读者参见有关内容。

（2）资本公积所包含的质量信息。

5. 负债与所有者权益各项目的相互转化与财务质量。

企业的负债与所有者权益间各项目的相互转化，不会对企业的资产造成影响，但会对企业财务状况的外在表现、企业股东（所有者）与债权人对企业资产的权益对比以及企业的举债能力均有影响。

（1）负债转化为实收资本。

（2）盈余公积和资本公积转增资本。

（3）实收资本、资本公积、盈余公积弥补亏损。

（三）资产结构与资本结构的适应性分析

筹资的目的在于投资，无论从经济活动实质还是会计平衡公式，筹资（或资金来源）与投资（或资金占用）从总量上总是相等的。但是，由于不同的筹资方式与筹资渠道所产生的不同来源资金的特点与差异，以及不同资金使用或占用产生的资产的特点与差异，从筹资结构与投资结构之间的适应情况看，不同的企业、不同的时期可能产生较大的差异。虽然企业筹资结构与投资结构的适应形式千差万别，但归纳起来可以分为保守型结构、稳健型结构、平衡型结构和风险型结构四种类型。

同步练习

一、单项选择题

1. 资产是指（　　）的交易或事项形成并由企业拥有或者控制的资源，该资源预期会给企业带来经济利益。

A. 过去　B. 现在　C. 将来　D. 以上都不对

2. 以下各项中不属于流动负债的是（　　）。

A. 短期借款　B. 应付账款　C. 预付账款　D. 预收账款

3. 以下项目属于金融性资产的是（　　）。

A. 交易性金融资产　B. 应收账款　C. 应收票据　D. 其他应收款

4. 存货发生减值是因为（　　）。

A. 采用先进先出发　B. 采用加权平均法

C. 可变现净值低于账面成本　D. 可变现净值高于账面成本

5. 在正常情况下，在资产负债表上，期末值不应过高的是（　　）。

A. 应收账款　B. 其他应收款　C. 存货　D. 固定资产

6. 不随产量和销售规模变动而变动的资产项目是（　　）。

A. 货币资金　B. 应收账款　C. 存货　D. 固定资产

7. 一般地说，属于保守型资产结构的是（　　）。

A. 企业持有数量较多的流动资产，并有充裕的货币性资产

B. 企业流动资产与长期资产保持适中水平

C. 企业持有数量较多的长期资产，资金利润率较低

D. 企业持有数量较多的长期资产，资金利润率较高

8. 在物价上涨的情况下，使存货余额最高的计价方法是（　　）。

A. 加权平均法　B. 移动加权平均法

C. 先进先出去　D. 个别计价法

9. 资产负债表中固定资产项目反映的是（　　）。

A. 固定资产市值　B. 固定资产减值

C. 固定资产净值　D. 固定资产原值

10. 在下列各项资产负债表日后事项中，属于调整事项的是（　　）。

A. 自然灾害导致的资产损失　B. 外汇汇率发生较大变动

C. 对一个企业的巨额投资　D. 以确定获得或支付的赔偿

11. 会计基本恒等式是指（　　）。

A. 资产 = 权益　B. 资产 = 负债 + 所有者权益

C. 收入 - 费用 = 利润　D. 资产 + 费用 = 负债 + 所有者权益 + 收入

12. 在期末企业应当按照账面价值与（　　）孰低计量，对可收回金额低于账面价值的差额，应当计提固定资产减值准备。

A. 可收回金额　B. 原值　C. 市价　D. 重置价值

13. 资产负债表的初步分析不包括（　　）。

A. 资产分析　B. 现金流量分析　C. 负债分析　D. 所有者权益分析

14. 下列报表项目中不属于资产负债表“流动负债”的有（　　）。

A. 应付账款　B. 1 年内到期的长期借款

C. 应付利息　D. 专项应付款

15. 下列选项中，不属于资产负债表中长期资产的是（　　）。

A. 固定资产　B. 无形资产　C. 长期投资　D. 应付债券

16. 下列有关无形资产的表述中，正确的是（　　）。

A. 无形资产是指企业拥有或控制的没有实物形态的非货币性资产

B. 企业需要在每个会计期末对无形资产进行减值测试

C. 无形资产的摊销方法包括加速摊销法和直线摊销法

D. 商誉是无形资产

17. 在资产负债表日至财务报告批准报出日之间发生的事项中，属于资产负债表日后非调整事项的是（　　）。

A. 日后期间发生的产品销售

B. 日后期间发现一项自行研发的无形资产在报告年度达到预定可使用状态，但未将“研发支出”科目中可以资本化的金额进行结转

C. 日后期间发生的诉讼

D. 日后期间资本公积转增资本

18. 下列交易或事项中，属于会计政策变更的是（　　）。

A. 固定资产折旧方法由直线法改为双倍余额递减法

B. 期末存货跌价准备由单项计提改为分类计提

C. 年末根据当期产生的递延所得税负债调整本期所得税费用

D. 投资性房地产核算由成本模式改为公允价值模式

19. 资产负债表项目的质量分析不包括（　　）。

A. 交易性金融资产　B. 长期股权投资

C. 资产减值损失　D. 商誉

20. 下列选项中，属于资产负债表日后调整事项的是（　　）。

A. 资产负债表日后诉讼案件结案　B. 资产负债表日后发生重大诉讼

C. 资产负债表日后发生巨额亏损　D. 资产负债表日后发行股票

21. 应用共同比资产负债表进行分析，财务分析人员可以得到的结论是（　　）。

A. 营业收入的增长　B. 资产的增加

C. 资产利用效率的提高　D. 资产负债率的变动

22. 下列关于资产负债表相关项目的表述中，正确的是（　　）。

A. 融资租入固定资产不应视为自有的固定资产进行核算

B. 预收账款越多，表明企业产品越旺销

C. 企业涉及预计负债的事项主要包括未决诉讼、产品质量担保债务、亏损合同以及重组义务等

D. 对于无形资产，企业应当在每个会计期末后进行减值测试

23. 下列关于企业资产的表述中，正确的是（　　）。

A. 商誉需要摊销，同时在每个会计期末进行减值测试

B. 固定资产利用率和生产用固定资产的比率较低，说明固定资产总体质量较低

C. 无形资产是企业拥有或控制的没有实物形态的可辨认资产

D. 长期股权投资计提的减值准备可以进行转回

24. 企业为了回避财务风险和经营风险，持有数量较大的流动资产。该企业的资产结构属于（　　）。

A. 适中型资产结构　　B. 保守型资产结构

C. 激进型资产结构　　D. 冒险型资产结构

25. 我国商业汇票的付款期最长是（　　）。

A. 10天　　B. 90天

C. 6个月　　D. 1年

26. 下列分析内容中，不属于资产负债表趋势分析的是（　　）。

A. 比较资产负债表分析　　B. 资产负债表定比分析

C. 资产负债表环比分析　　D. 共同比资产负债表分析

27. 使用完工百分比法确认收入时，应注意的问题是（　　）。

A. 完工百分比的估计是否及时

B. 确认收入时是否遵循了谨慎性原则

C. 确认收入时是否遵循了重要性原则

D. 已经确认的收入在未来是否较为可靠

28. 资产负债表质量分析是对（　　）。

A. 财务状况质量分析　　B. 财务成果质量分析

C. 现金流量运转质量分析　　D. 产品质量分析

29. 影响应收账款坏账风险加大的因素是（　　）。

A. 账龄较短　　B. 客户群分散

C. 信用标准严格　　D. 信用期限较长

30. 如果一个企业资本扩张来源于留存收益的增长，说明的是（　　）。

A. 该企业以发行新股方式获得外部资金的加入

B. 该企业以自身获利经营活动产生了资本积累

C. 该企业以发行股票股利方式增加流通在外的股份

D. 该企业以配股方式获得资本扩张

二、多项选择题

1. 资产负债表分析的目的是（　　）。

A. 了解企业财务状况的变动情况

B. 评价企业会计对企业经营状况的反映程度

C. 修正资产负债表的数据
D. 评价企业的会计政策
E. 说明资产负债表的编制方法
2. 在下列资产负债表项目中，属于筹资活动结果的有（　　）。
A. 短期借款　B. 长期投资　C. 长期借款　D. 应收账款
E. 留存收益
3. 采取保守的固流结构政策可能出现的财务结果是（　　）。
A. 资产流动性提高　B. 资产风险降低
C. 资产流动性降低　D. 资产风险提高
E. 营利水平下降
4. 一项投资被确认为现金等价物必须同时具备的条件有（　　）。
A. 持有期限短　B. 流动性强
C. 易于转换为已知金额现金　D. 价值变动风险小
E. 收益能力强
5. 企业货币资金存量及比重是否合适的分析评价应考虑的因素有（　　）。
A. 行业特点　B. 企业融资能力
C. 资产规模与业务量　D. 货币资金的目标持有量
E. 运用货币资金的能力
6. 进行负债结构分析时必须考虑的因素有（　　）。
A. 负债规模　B. 负债成本　C. 债务偿还期限　D. 财务风险
E. 经营风险
7. 股东权益结构分析应考虑的因素有（　　）。
A. 企业控制权　B. 企业利润分配政策
C. 财务风险　D. 权益资本成本
E. 经济环境
8. 稳健的资产负债表整体结构的财务结果是（　　）。
A. 企业信誉良好　B. 资本成本较高
C. 筹资结构弹性大　D. 企业风险极大
E. 存在黑字破产可能
9. 现金等价物应具备的特点是（　　）。
A. 期限短　B. 流动性高
C. 易于转化为已知金额的现金　D. 价值变动风险很小
E. 收益性强
10. 存货期末数值会受到下列哪些因素的影响（　　）。
A. 存货计价方法　B. 存货的盘存制度
C. 存货价值的计价原则　C. 存货与固定资产的比例
E. 存货与总资产的关系
11. 通货膨胀对资产负债表的影响，主要有（　　）。
A. 高估固定资产　B. 高估负债

C. 低估净资产价值　　D. 低估存货

E. 低估长期资产价值

12. 分析企业货币资金规模的合理性，要结合企业以下因素一起分析（　　）。

A. 投资收益率　　B. 资产规模与业务量

C. 筹资能力　　D. 运用货币资金能力

E. 负债规模

13. 一般而言，其他应收账款余额特别巨大意味着（　　）。

A. 关联股东占用了上市公司的资金　　B. 变相的资金拆借

C. 隐形投资　　D. 费用挂账

E. 管理层挪用

14. 长期应付款包括（　　）。

A. 长期借款

B. 应付债券

C. 采用补偿贸易方式引进的国外设备价款

D. 应付融资租入固定资产的租赁费

E. 尚未支付的购入原材料价款

15. 影响公司变现能力的表外因素包括（　　）。

A. 未动用的银行贷款限额　　B. 未终结的诉讼案件

C. 或有负债　　D. 为他人担保项目

E. 偿债能力的声誉

16. 存货质量分析中，应当关注是否存在可变现净值低于账面价值的情况，下列属于这种情况的有（　　）。

A. 市价下跌

B. 企业使用该项原材料生产的产品成本大于产品的销售价格

C. 企业因产品更新换代，原有库存原材料已不适应新产品的需要，而该原材料的市场价格又低于其账面成本

D. 因企业所提供的商品或劳务过时使市场需求发生变化，导致市场价格逐渐下跌

E. 因消费者偏好改变而使市场需求发生变化，导致价格逐渐下跌

17. 列资产减值损失不能转回的有（　　）。

A. 存货　　B. 持有至到期投资

C. 固定资产　　D. 无形资产

E. 交易性金融资产

18. 在资产负债表日至财务报告批准报出日之间发生的下列事项中，属于调整事项的有（　　）。

A. 已证实的资产发生了减损

B. 资产负债表日前发生的诉讼结案

C. 资产负债表日后资产价格发生重大变化

D. 资本公积转增资本

E. 资产负债表日后发生重大诉讼

19. 企业涉及预计负债的主要事项包括（　　）。

A. 未决诉讼　B. 产品质量担保债务

C. 亏损合同　D. 重组义务

E. 辞退福利

20. 影响货币资金持有量的因素包括（　　）。

A. 企业规模　B. 融资能力

C. 资产结构　D. 行业特征

E. 负债结构

21. 下列各项中，风险型资本结构的特点有（　　）。

A. 权益资金较少而资产负债率较高　B. 资产负债率较低而权益资金较多

C. 流动负债较多而长期负债较少　D. 长期负债较多而流动负债较少

E. 资金成本较低而投资收益较高

22. 存货质量分析中，应当关注是否存在可变现净值低于账面价值的情况，下列属于这种情况的有（　　）。

A. 市价下跌

B. 企业使用该项原材料生产的产品成本大于产品的销售价格

C. 企业因产品更新换代，原有库存原材料已不适应新产品的需要，而该原材料的市场价格又低于其账面成本

D. 因企业所提供的商品或劳务过时使市场需求发生变化，导致市场价格逐渐下跌

E. 因消费者偏好改变而使市场需求发生变化，导致价格逐渐下跌

23. 可能增加变现能力的因素有（　　）。

A. 可动用的银行贷款指标　B. 偿债能力的声誉

C. 融资租赁　D. 担保责任引起的负债

E. 经营租赁

24. 下列选项中，正确的有（　　）。

A. 保守型的资本结构下，企业的财务风险相对较小，资本成本较低

B. 资本结构是指企业债务和所有者权益之间的比值

C. 企业在作出资本结构决策时，需重点考虑资金需要量、资本成本和风险态度

D. 行业因素既会影响企业的资产结构，也会影响企业的资本结构

E. 企业的资产结构和资本结构是资产负债表结构中最重要的结构

25. 企业发出存货的计价方法有（　　）。

A. 先进先出法　B. 加权平均法　C. 移动平均法　D. 个别认定法

E. 成本与市价孰低法

三、判断题

1. 资产负债表中某项目的变动幅度越大，对资产或权益的影响就越大。（　　）

2. 企业净资产规模与收入之间存在正比例关系。（　　）

3. 如果本期总资产比上期有较大幅度增加，表明企业本期经营卓有成效。（　　）

4. 只要本期盈余公积增加，就可以断定企业本期经营是有成效的。（　　）

5. 资产负债表结构分析通常采用水平分析法。（ ）

6. 固定资产比重越高，企业资产的流动性越小。（ ）

7. 负债结构变动一定会引起负债规模发生变动。（ ）

8. 从资产负债表垂直分析来看，负债比率增加对企业本期经营亏损。（ ）

9. 资产负债表结构分析就是指各个项目相对于总体的比例或比重，最常用的方式就是建立共同比资产负债表。（ ）

10. 企业的应收账款增长率超过销售收入增长率是正常现象。（ ）

11. 非生产用固定资产的增长速度一般不应超过生产用固定资产的增长速度。（ ）

12. 债务重组的方式包括以资产清偿债务、债务转为资本或减少债务本金、债务利息等，不论采用何种方式，都会减轻债务人的偿债压力。（ ）

13. 稳健结构的主要标志是流动资产的一部分资金来源需要由长期资金来解决。（ ）

14. 风险结构的主要标志是流动资产的一部分资金来源需要由长期资金来解决。（ ）

15. 无形资产是指企业拥有或控制的没有实物形态的可辨认的资产。（ ）

16. 流动资产的变动能力最强，所以企业的流动资产占总资产比重越高越好。（ ）

17. 资本公积转股和未分配利润送股都会摊薄每股利益。（ ）

18. 企业资本结构中，负债的比重越高，财务风险就越低，资本成本就越高。（ ）

19. 永续盘存制是更为准确的存货盘存方法，所有企业都应采用永续盘存制。（ ）

20. 存货通常是企业流动资产中价值最大的项目，应该在资产负债表分析中认真对待。（ ）

21. 资产负债表结构分析就是指各个项目相对于总体的比例或比重，最常用的方式就是建立共同比资产负债表。（ ）

22. 企业的资产质量会随着时间的推移而不断变化，研究资产质量，应强调其所处的特定历史时期和宏观经济背景。（ ）

23. 如果企业有较强的融资能力，就可以不必保持很大的货币资金数量。（ ）

24. 公允价值变动损益科目出现正值表明企业当期获得的未实现的投资收益，反之为负值表明出现的是未实现的投资损失。（ ）

25. 对于融资租入的固定资产，企业应当采用与自有固定资产相一致的折旧政策，在租赁资产使用寿命内计提折旧。（ ）

四、解答题

1. 什么是资产负债表？资产负债表的作用如何？其存在什么局限性？
2. 如何对资产负债表进行水平分析？
3. 如何对资产负债表进行结构分析？
4. 如何理解资产质量的概念？资产按照质量可以分成哪几类？
5. 货币资金的构成如何？如何对货币资金进行质量分析？
6. 如何理解金融资产的分类？如何对交易性金融资产进行质量分析？
7. 如何进行应收账款的确认？如何对应收账款和应收票据进行质量分析？
8. 如何理解存货的概念、构成？如何对存货进行质量分析？
9. 长期投资包括部些内容？如何对长期投资进行质量分析？

10. 如何对固定资产、在建工程、无形资产进行质量分析？
11. 如何分析流动负债和非流动负债？
12. 简述所有者权益项目质量的分析要点。

五、计算题

1. 流动资产变动分析和结构分析资料，如表4-1所示。

表4-1　某公司流动资产信息资料　单位：万元

项目	2015-12-31	2016-12-31
货币资金	666 93.70	147 086.00
应收票据	210.21	1 699.75
应收账款	244 017.00	338 728.00
预付货款	2 697.82	4 225.60
其他应收款	9 420.17	10 720.50
一年内到期的非流动资产	224.00	1 214.40
存货	38 926.50	51 903.90
其他流动资产	537.92	3 050.24
流动资产合计	362 727.00	558 629.00

要求：（1）对流动资产的变动情况进行分析。
（2）对流动资产结构进行分析。

2. 非流动资产分析，资料如表4-2所示。

表4-2　某公司非流动资产信息资料　单位：万元

项目	2015-12-31	2016-12-31
可供出售金融资产	3 710.00	21 690.00
长期应收款	1 486.42	1 458.08
长期股权投资	7 707.79	—
投资性房地产	—	3 140.29
长期投资	12 904.21	39 066.47
固定资产原价	31 864.00	48 169.00
累计折旧	6 488.65	10 141.50
固定资产净值	25 375.40	38 027.50
在建工程	9 173.23	4 914.68
生产性生物资产	1 811.69	790.43
固定资产合计	36 360.32	43 732.61
无形资产	10 263.30	10 238.80
商誉	18 427.30	36 622.20
长期待摊费用	4 050.24	4 230.94
无形资产及递延资产合计	32 740.84	51 091.94
递延所得税资产	5 812.07	8 674.74
其他非流动资产	4 530.83	1 118.16
非流动资产合计	92 348.30	143 684.00

要求：对非流动资产变动情况进行分析。

3. 负债分析，资料如表4-3所示。

表4-3　某公司负债信息资料

单位：万元

项目	2016年金额	2015年金额
短期借款	159 124.00	64 975.00
应付账款	131 250.11	104 348.65
应付票据	33 040.80	23 877.20
应付职工薪酬	5 280.98	1 659.07
预收账款	4 130.28	583.70
其他应付款	2 452.02	1 310.61
一年内到期的非流动负债	10 127.50	11 880.00
应交税费	6 104.53	10 577.60
未付股利	1 957.90	1 271.47
一年内到期的长期负债	10 127.50	11 880.00
其他流动负债	13 202.10	—
流动负债合计	366 671.00	220 483.00
长期负债	22 147.50	7 920.00
长期应付款	577.71	610.26
长期负债合计	22 725.21	8 530.26
负债合计	389 396.21	229 013.26

要求：（1）对负债的变动情况进行分析。

（2）进行负债结构分析。

4. 某企业所有者权益分析，资料如表4-4所示。

表4-4　某公司所有者权益信息资料

单位：万元

项目	2015-12-31	2016-12-31
少数股东权益	16 426.10	25 849.10
实收资本	46 876.90	100 265.00
资本公积	96 416.30	88 478.80
盈余公积	12 765.10	18 106.50
未分配利润	49 579.50	74 981.80
股东权益合计	222 064.00	307 681.00

要求：（1）对所有者权益的变动情况进行分析。

（2）进行所有者权益结构分析。

5. 货币资金结构分析

资料如表4-5所示。

表 4－5　某公司 2013—2015 年货币资金信息资料　单位：元

项目	2015 年	2014 年	2013 年
库存现金	888 886. 50	588 659. 61	446 084. 31
银行存款	550 286 503. 85	417 951 175. 13	448 954 945. 99
其他货币资金	28 352 301. 92	177 321 610. 41	12 372 879. 24
合计	579 527 692. 27	595 861 445. 15	461 773 909. 54

要求：对货币资金结构进行分析。

6. 存货结构分析

资料如表 4－6 所示。

表 4－6　某公司 2014—2015 年存货结构信息资料　单位：元

项目	2015 年		2014 年	
	账面价值	占存货总额%	账面价值	占存货总额%
原材料	147 386 792. 91		125 781 331. 72	
在产品	7 207 796. 23		252 224. 89	
库存商品	325 308 742. 15		476 766 014. 87	
周转材料	25 140 746. 58		25 244 324. 96	
消耗性生物资产	1 034 870 628. 69		1 076 972 864. 97	
委托加工物资	3 486 280. 15		1 738 862. 32	
合计	1 543 400 986. 71		1 706 755 623. 73	

要求：(1) 根据信息资料计算存货结构。

(2) 进行存货结构分析。

7. 固流结构分析

资料如表 4－7 所示。

表 4－7　某公司固流结构信息资料　单位：元

项目	2015－12－31	固流占比	2016－12－31	固流占比
流动资产合计	3 627 270 000. 00		5 586 290 000. 00	
固定资产合计	363 603 200. 00		437 326 120. 00	
合计	3 990 873 200. 00		6 023 616 120. 00	

要求：(1) 根据信息资料计算固流结构。

(2) 进行固流结构分析

8. 负债结构的分析评价

资料如表 4－8 所示。

表4-8　　负债结构分析信息资料　　单位：元

项目	2011年	2010年
流动负债	59 184 931 882.00	42 815 091 930.00
非流动负债	5 513 541 586.00	7 076 866 109.00
负债总计	64 698 473 468.00	49 891 958 039.00

要求：根据信息资料进行负债结构分析。

9. 资产结构和资本结构适应程度的分析评价

资料如表4-9所示。

表4-9　　资产结构和资本结构信息资料

<table>
<tr><td rowspan="2">流动资产占68.55%</td><td>临时性占用流动资产</td><td>流动负债占63.79%</td></tr>
<tr><td>非临时性占用流动资产</td><td>非流动负债占5.94%</td></tr>
<tr><td colspan="2">非流动资产占31.45%</td><td>所有者权益占30.27%</td></tr>
</table>

要求：根据资产结构和资本结构信息资料进行资产结构和资本结构适应程度的分析评价。

10. A、B、C和D是计算机行业中的著名公司，A、D公司采用先进的存货管理模式使得存货水平低下（见表4-10）。

表4-10　　共同比资产负债表信息资料　　单位:%

项目	A公司	B公司	C公司	D公司
货币资金	30.47	17.99	21.99	30.22
应收账款	17.69	16.11	17.79	7.75
存货	2.49	8.89	11.42	1.43
总资产	100	100	100	100
应付账款	42.58	13.22	39.66	15.4
长期负债	2.18	4.39	15.62	0

根据如表4-10所示材料，对以下几个方面进行分析：

（1）分析该行业中四家公司的货币资金占总资产比重；

（2）比较四家公司应收账款占总资产比重并分析可能的原因；

（3）如果存货水平过低，可能会导致什么问题？

（4）比较分析应付账款项目；

（5）比较分析长期负债项目。

案例导读

案例一：雷迪波尔业绩“五连滑”应收账款数据不合逻辑

近期，以商务休闲男装服饰为主营业务的雷迪波尔服饰股份有限公司（简称“雷迪波尔”）发布了新版招股说明书，并进入预先披露更新企业名单。根据招股书披露的相关信息看，雷迪波尔本次预计发行新股数量不超过5 000万股，募集资金约4.82亿元，分别用于营销渠道建设项目、设计研发中心扩建项目和信息系统提升建设项目。

《红周刊》记者在阅读其招股说明书时发现，近年来，该公司旗下的加盟店和直营店出现了大量关门的现象，而此也直接导致企业收入锐减，经营业绩连年下滑，企业发展前景不容乐观。与收入锐减相反的是，公司应收账款金额不但金额巨大，且报告期内还出现了逆势增长现象。而就在其中，记者发现其应收账款不合逻辑的疑点，对此，亟待公司能给予合理解答。

报告期内，公司经营业绩持续下滑

招股书显示，雷迪波尔采用轻资产运营模式，其主要以设计研发、品牌推广和产品销售为核心业务，产品生产环节外包出去。在经营模式方面，公司采用的则是加盟和自营相结合的模式。截至2015年年末，雷迪波尔共有加盟店428家，自营店92家。在招股说明书中，雷迪波尔虽然表示“通过在一二线城市的知名商场、机场设立专卖店或专柜的方式带动各级城市专卖店的经营扩张”，但实际上，在大家普遍认知中的四大一线城市——北京、上海、广州、深圳，雷迪波尔的经营店却是凤毛麟角，鲜见其踪影。资料显示，直营店在广州只有两家，上海有一家，而加盟店在四大一线城市中则一家也没有。由此来看，截至目前，雷迪波尔在消费需求最为旺盛的一线城市的布局明显不足，知名度有待进一步提升。

在经营中，品牌知名度是否“响亮”虽然很重要，但能否持续赚钱才是最为关键的，那么雷迪波尔报告期内的经营业绩情况又是如何呢？

《红周刊》记者整理迪雷波尔近期及之前披露的财务数据发现，该公司营业收入自2012年以来连续“四连滑”，而净利润更是自2011年开始出现了“五连滑”现象。尤其在2015年，不但营业收入下降幅度高达17.43%，且净利润同比下降幅度更是高达35.29%，所实现的净利润金额相比2011年，出现了比“腰斩”还低的“大腿斩”。

对于业绩的持续下降，迪雷波尔在招股说明书中解释称，“报告期内，公司经营业绩持续下降，主要是因为在宏观经济增速放缓的背景下，服装行业景气度明显下降，市场竞争加剧，行业经营环境恶化，导致包括商务休闲男装在内的服装行业下滑幅度较大”。然而，对于雷迪波尔将自己业绩下滑的主要原因完全归咎于宏观经济背景和行业景气度影响的说法，记者认为其在避重就轻，因为在报告期内，服装行业中业绩实现持续增长的公司并不在少数。

依据东方财富网给出的资料显示，在香港上市的中国利郎以商务男装为主打，该公司2015年营业收入增长了10.52%，净利润增长了12.61%，（2013年数据未提供）；在上交所上市的著名服装企业海澜之家，2014年和2015年营业收入分别增长了71.5%和28.46%，净利润分别增长了 76.30% 和 23.95%；以休闲为主打的服装品牌森马服饰 2014 年和 2015 年营业收入增幅分别为 11.80% 和 15.95%，净利润分别增长了 20.84% 和 22.94%；而以西服类产品为主打的杉杉股份，2014 年营业收入虽然下降了 9.63%，但其在 2015 年却以 17.49% 的增幅实现逆转，净利润方面更是在近两年中持续高速增长，增幅分别高达 112.26% 和 105.78%。

其实，伴随着雷迪波尔业绩“五连滑”的同时，公司店铺数量也出现了持续下滑。从招股书中公布的门店数据来看，2013 年年底，加盟店数量达到了 468 家的峰值，而到了 2015 年年底却只剩下 425 家，减少了 43 家；直营店也是自 2011 年以来在不断关门中，从期初的 127 家减少到了 2015 年底的 91 家，减少了 36 家。

显然在这几年，相比同行业中诸多公司业绩的节节攀升，雷迪波尔的业绩“五连滑”、门店数量不断缩减的窘境，应该不是仅凭一句“宏观经济与行业景气度不佳”就能解释清楚的。

家族式管理模式明显

招股书显示，雷迪波尔的实际控制人为刘长明，也是公司的发起人之一，其持有雷迪波尔 49.03% 的股权，这么看上去似乎并不算太高，然而如考虑到其他关联公司或关联股东持股，则其持股权却是居高不下的。报告书显示，持有公司 26.25% 股权的第二大股东雷迪波尔投资和持有公司 8.93% 股权的第三大股东德和治新也均为刘长明实际控制的企业。

资料显示，在雷迪波尔投资公司中，该公司的四位股东除刘长明本人持有 51% 股权外，其他三位分别是刘长明的妻子孟晓红持有 29% 的股权，刘长明的叔叔张仕国持有 15% 的股权，刘长明的表弟刘安炯持有 5% 的股权。在德和治新公司，虽然公司拥有 46 名股东，但实际上仅刘长明就持有该公司 72.72% 的股权，其表弟刘安炯也持有 16.00% 的股权。

此外，在雷迪波尔的其他股东中，有实际控制人刘长明的妻子、母亲，还有其两位叔叔以及岳父、岳母等人。从总体来看，刘长明家族直接持有以及通过控股企业控制的雷迪波尔股权比例合计高达 96.11%。

除了刘长明家族一股独大外，雷迪波尔的董事会及高级管理人员中也有很多家族成员存在。招股书显示，雷迪波尔 7 名董事会成员中，除了 3 位独立董事外，其他 4 名董事会成员分别为刘长明、刘安炯、张仕国和张斗，而其中刘安炯和张斗在该公司提供的本次公开发行前各股东之间的关联关系及关联股东的各自持股比例的表中并未出现，但实际上，刘安炯是刘长明的表弟，而张斗则是刘长明的表姐。在任职方面，刘长明为董事长、总裁，刘安炯任副董事长、副总裁，张仕国任董事，张斗担任董事、副总裁、财务总监。也就是说整个董事会中除独立董事外全部为其家族成员，而且个个身居要职。由此来看，雷迪波尔家族式企业的特点还是非常明显的。

虽然家族式企业并不是“落后生产力”的代名词，但其中存在的诸如：排外、任人唯亲、人情管理、滥用职权、缺乏激励、没有企业文化等弊端，却是被资本市场所公认的，而雷迪波尔是否存在这些弊端，我们不敢轻易去下定论，但是与同行业公司业绩表现有明显起伏相比，该公司业绩在报告期内“五连滑”的事实却是有一定问题的，而对此，谁又能否定掉家族式管理在其中的影响？

应收账款数据不合逻辑

对于发展状况良好的企业来说，应收账款规模的增加，意味着其销售额也在大幅增长，然而对于雷迪波尔来说，情况却并非如此，在雷迪波尔经营业绩出现连年下滑的背景下，公司的应收账款余额却在不断增加中。

依据招股书提供的数据，报告期内雷迪波尔的应收账款余额分别为1.17亿元、1.18亿元和1.29亿元，出现持续小幅增长，而与之对应的是，公司营业收入自2012年以来却是一直下降的，其中2014年和2015年雷迪波尔营业收入降幅均超过17个百分点，这种一升一降的表现值得推敲。

从雷迪波尔应收账款构成看，报告期内，应收加盟商货款余额占比分别为92.09%、92.13%和94.38%，因此，应收加盟商的货款应该是应收账款的主要构成部分。雷迪波尔在招股说明书中也表示："加盟业务下，公司对加盟商原则上采用'先收款后发货'方式结算。在经营过程中，公司根据加盟商经营能力、资信情况、所在市场的战略意义等分别给予其一定的信用额度。总体上看，公司通过不断加强加盟商管理和服务，确保加盟商与公司之间结算的及时性、安全性，公司应收账款质量总体良好。"然而，在雷迪波尔所谓的"先收款后发货"模式下，竟然产生了如此多的应收账款，此外，在营业收入大幅下降的情况下，应收账款还能持续增长，而这在该公司看来竟然成了"总体良好"，实在有违常理。

此外，就其回款情况看，所谓的"先收款后发货"的方式就更显得矛盾重重了，就算公司会给加盟商客户"一定的信用额度"，但加盟商至少也需要先支付一部分货款吧？由此，公司的应收账款金额应该要远远小于销售额才对，但实际情况呢？

依据雷迪波尔公布的前五大应收账款客户来看，王方能为其2015年第一大应收账款客户，其1年以内的应收账款金额为1 161.25万元，这也就意味雷迪波尔2015年即使全额赊销，对该客户实现的销售额也不应该低于这一金额，但实际上在雷迪波尔前五大客户销售名单中，公司对王方能实现的销售却只有970.62万元，销售金额竟然小于应收账款金额，这实在有点"天方夜谭"。

同样，公司2015年第二大应收账款客户李四海，应收账款余额总计为928.89万元，其中一年以内的应收账款金额为874.51万元，那么意味着当年对该客户的销售额也不该低于这一金额才合理，而结果却仍旧是不合逻辑，作为公司的2015年第四大客户，公司对李四海实现的销售额却仅为757.29万元，销售金额也是小于应收账款金额。

而在2015年第三大应收账款对象杨顺涛，雷迪波尔对其一年以内的应收账款为816.69万元，该客户同样也是雷迪波尔当年的第三大销售客户，实现收入共计816.68万元，由数据对比看，这意味着雷迪波尔不但把产品全额赊销给客户，还倒贴了100元"小费"，雷迪波尔实在是很"慷慨"。

当然，上述的现象并非只出现在2015年，2014年其第二大应收账款客户依然是"老熟人"王方能，1年以内的应收账款金额为988.72万元，当年王方能排名销售客户第五位，实现销售额为991.99万元，虽然这一次销售额超过了应收账款金额3.27万元，但在公司"先收款后发货"经营模式下，公司收到的销售款也未免太少了？

仅从公司前几大应收账款客户的收款情况，就可以看出雷迪波尔披露的应收账款数据实在疑点重重，而其所谓的"先收款后发货"的说法更是无从谈起，大客户应收账款占销售比例如此之高，说明公司存在明显的大额赊销产品行为。在企业经营中，大量赊销虽然能刺激销量，但从公司的实际经营结果来看，销量不但没有刺激起来，反而"养肥"了应收账款，使得应收账款风险不断加大，而这对公司经营而言，实在是有点得不偿失。

（资料来源：红周刊 http：//www.hongzhoukan.com）

案例二：振华化学：会计差错更正　存货依旧不靠谱

红周刊记者曾于 2017 年 4 月初撰写了《振华化学毛利率中不能不说的秘密》一文，当时记者从不同角度对振华化学的毛利率进行了全方位分析，指出不争“利”的振华化学毛利率所存在的疑点，即毛利率变动趋势与同行业公司存在明显差异的现象：在 2012—2015 年 6 月期间，红星发展与兰太实业的毛利率均是在区间内波动，而振华化学的毛利率却在逐年下降。实际上，对于该公司而言，其招股说明书中所呈现的疑点也绝非仅限于毛利率异常一项，该公司还存在实际采购金额与现金支出不匹配，亦即该公司在对其 2013 年与 2014 年的会计差错进行了更正后，依然有存货数据造假等疑点存在。

存货数据存造假嫌疑

据振华化学招股书介绍，2015 年 7 月 18 日，发行人召开的第二届监事会第二次会议审议通过“关于批准公司最近三年及一期（2012 年 1 月 1 日至 2015 年 6 月 30 日）财务会计报告的议案”“关于前期会计差错更正及对财务报表相关项目的影响的议案”。其中在后一项议案关于会计差错的更正中，振华化学表示，因公司对期末存货暂估有误，调增 2013 年期末存货 13 876 283. 83 元，调减 2013 年期末预付款项 13 876 283. 83 元；调减 2014 年期末存货 1 793 642. 74 元，调减 2014 年期末应付账款 1 793 642. 74 元。

此外，该公司在 2014 年期末的存货还调减了 3 169 815. 22 元，营业收入和母公司净利润分别调增了 3 974 250. 21 元和 463 874. 47 元。而其他的如应收账款、递延所得税资产、应交税费、归属于母公司留存收益、营业成本、营业税金及附加、资产减值损失、得税费用等也均有调增，但对于差错产生的原因该公司却未详述，只是简单地表述为“因 2014 年度收入、成本跨期”所致。

在严谨的且经审核的财务报表中，会计差错本不应该出现，即便出现了也是少量的而不应该是大面积，不过既然问题已经出现了，那就应该在修正时详细披露差错原因，分析原因产生的根源，以便于进行即时更正和避免以后再犯同样错误，然而对此，该公司却不加以解释直接进行会计差错更正，似有“蒙混过关”之嫌，这是缺乏基本责任心的表现。更值得投资人注意的是，该公司虽然对其会计差错进行了更正，但是其更正后的结果依然十分可疑。

财务报表显示，2012 年、2013 年、2014 年和 2015 年 6 月，振华化学的存货余额分别为 6 525. 85 万元、9 769. 75 万元、12 332. 43 万元和 11 215. 13 万元，从该组数据变化来看，公司存货增长速度明显过快。其 2013 年存货增幅接近 50%，远超营业收入 4. 60% 的增速；而 2014 年存货增幅则为 26. 23%，略小于营业收入 31. 06% 的增速。

在振华化学存货结构变化上，增速最快的是产成品，其中 2013 年年末公司产成品余额较 2012 年末增加约 140. 79%，2014 年年末公司产成品余额较 2013 年年末增加约 64. 97%。对于存货的飞速增加，公司给出的解释是，2013 年下半年，其第二条无钙焙烧生产线基本建设完成并投入使用，产能大幅提高，公司销售力度加强，产品销量大幅增长，因此公司相应提高了库存数量以备销售需求。然而对于这样的解释却明显缺乏说服力，从最基本的经营逻辑看，销售力度的加强所带来的效果应该是存货出现相应减少才对，而不是“翻着跟头”的增长。

我们知道，在企业生产经营过程中，生产成本是企业为生产产品或提供劳务而发生的各项生产费用，其中包括直接材料、直接人工、制造费用等，企业生产所产生的生产成本最终会体现在产成品和在产品之中。而主营业务成本则是确认销售商品、提供劳务等主营业务收入时结转的成本，企业将产品销售出去以后，已销售产品被结转的成本就是主营业务成本。

据招股书介绍，“报告期内，公司主要产品的平均产销率维持在90%以上，产销率保持在较高水平，报告期内公司的主要产品不存在滞销迹象”。照此来看，公司的产品应该很畅销，九成以上的产品，都能如期销售出去，而即使有少部分产品没能销售出去，第二年也应该可以全部卖完。这也就是说，该公司的主营业务成本中有一部分应该是由当年已售产品结转而来，还有一部分则是由上年度存货中的产成品结转而来。

以2014年为例，振华化学公布的这一年的生产成本为55 133.88万元，而期末剩余的库存中，产成品为6 725.08万元，在产品为1 859.34万元，则其库存产品中所含成本金额不会超过8 584.42万元，由此可知，该公司销售当年生产的产品结转的主营业务成本金额应该为46 549.46万元；此外，2013年存货中在产品所结转的主营业务成本金额为4 076.61万元，由此推断该公司2014年主营业务成本金额应该为50 626.07万元。而依据该公司招股说明书所介绍，其2014年的主营业务成本却是56 114.97万元，比记者推算出的结果超出近5 500万元。

此外，记者还发现该公司2013年主营业务成本也比推算结果高出近5 800万元。那么这些本该相差不大的数据，出现如此大的差额，分析其中的缘由，记者认为该公司的存货数据似有数据造假的嫌疑。

采购数据迷雾重重

除了存货数据有点不靠谱外，振华化学的采购数据也是迷雾重重。记者依然以2014年数据为例来进行分析，依据振华化学招股说明书提供的采购情况来看，2014年该公司向前五名供应商合计采购金额为24 863.97万元，占总采购金额的比例为54.47%，由此可知其总采购金额约为45 647.09万元，再算上17%的增值税，则其含税总采购金额应该为53 407.10万元。从该公司招股说明书相关备注来看，其采购总额中并不包含设备采购，而现金流量表中反映采购情况的购买商品、接受劳务支付的现金也不包含设备采购支出，单该项金额却高达57 181.49万元，超过总采购金额近3 800万元，难道说该公司当年预付款项有大额新增或者应付账款、应付票据有大额减少不成?

然而，从该公司披露的信息来看，该公司2014年预付账款中，除了预付材料款及其他外，还有不少的预付工程设备款，剔除预付的工程设备款，则其预付材料款及其他的期初金额为1 653.80万元，期末金额则为159.94万元，也就是说该项费用并没有新增，反而是减少了近1 500万元；应付票据方面主要系公司采购原材料时申请银行出具的银行承兑汇票，2014年期初金额为0，期末新增至2 022.70万元；而应付账款方面，从其披露的相关情况判断，主要是应付供应商的材料、辅料款项，即使其中包含工程款，金额也不会太高，该项金额由期初的5 698.28万元减少至期末的4 726.09万元，减少近1 000万元。照此算来，振华化学2014年采购支付的现金和因此形成的应付账款、应付票据等负债超过其含税采购金额6 300多万元。

此外，振华化学也曾表示，“公司近年来销售时客户多以银行承兑汇票进行结算，因而公司在原材料采购时亦直接将尚未兑付的应收票据背书与供应商进行结算，减少了公司直接向银行申请开具汇票的数量”，也就是说，该公司的采购支出，除了我们看得见的通过“购买商品、接受劳务支付的现金”的支出及形成的相关负债外，还有一部分是通过看不见的“票据背书”支付的采购款，那么，问题就在于，为什么实际采购支出要比其含税采购总额还要高出6 300万元以上呢？而这些超额支出的那部分采购款又到底去了哪里？

安全生产之痛

除此之外，安全生产问题也是振华化学绕不过去的话题。来自《楚天时报》的消息，2015年3月5日，振华化学发生一宗安全生产事故，导致一名工作人员死亡。死者家属曾告诉媒体记者，死者在工作时，进搅拌机里面清理渣滓，另一名工作人员误将搅拌机打开，导致了悲剧的发生。

对于该次事故，振华化学也进行了相应披露，其在招股说明书中表示：就湖北振华化学股份有限公司2015年3月5日发生的致铬酐车间反应工序操作工受伤并死亡的生产安全事故，黄石市西塞山区安全生产监督管理局于2015年5月5日分别出具《行政处罚决定书（单位）》（［西］安监管罚〔2015〕第01号），对湖北振华化学股份有限公司处以罚金200 000元；出具《行政处罚决定书（个人）》（［西］安监管罚字〔2015〕第01号），对公司董事长蔡再华处以罚金20 000元；出具《行政处罚决定书（个人）》（［西］安监管罚字〔2015〕第02号）对公司总经理柯愈胜处以罚金15 000元；出具《行政处罚决定书（个人）》（［西］安监管罚字〔2015〕第03号），对柯尊友处以罚金11 000元。

对于该事故的发生，记者并不想纠结在事故责任方问题，只是想说明的是，由此次事故的发生可以看到振华化学在生产管理上仍存在一定的安全漏洞，需要警惕，而类似的以生命为代价的血的教训，记者觉得还是越少越好。

（资料来源：红周刊 http：//www. hongzhoukan. com）

案例三：东鹏控股多计数亿元资产，采购和存货数据有异常

2016年6月，生产瓷砖和卫生陶瓷的东鹏控股成功完成私有化从港交所摘牌退市。一年后的今天，东鹏控股报送了招股说明书申报稿，拟在A股市场发行1.5亿股。

然而，对于东鹏控股股份有限公司（简称“东鹏控股”）提交的招股书，《红周刊》记者对比其中各项数据间关系，发现报告书中有很多自相矛盾之处，除营业收入中可能多计数亿元资产之外，库存商品、采购等项目中也有很大数值上的差异。

多计数亿资产

招股书披露，报告期内（2014年至2017年1—3月），东鹏控股的营业收入是持续增长的。但是，《红周刊》记者将财务报表中各期相关数据进行重新测算和对比，发现东鹏控股有数亿元资产既没有收入作为基础，也没有获得相关债权的支撑，仅2016年就很可能高估了5.13亿元的应收款项。

招股书显示，东鹏控股2016年营业收入为52.26亿元，考虑17%增值税进项税额影响，含税营业收入达到61.14亿元。在一般的会计核算中，该金额的营业收入必然有相应的现金流入及应收账款等债权与之对应。

可是，2016年的“销售商品、提供劳务收到的现金”高达65.89亿元，比含税营业收入多出了4.75亿元。如果这个金额没有问题，则从财务勾稽关系看，必然会使应收款项等债权出现减少，或是预收款项增加而提前收到现金流入。

可实际上，2016 年东鹏控股应收账款为 4.87 亿元、应收票据 1.51 亿元，合计 6.39 亿元的应收款项余额相比上年同期合计 5.56 亿元余额不但没有减少，反而增加了 0.82 亿元。与此同时，2016 年 1.87 亿元的预收款项还仅比 2015 年的 1.43 亿元增加了 0.45 亿元。综合核算后，可以看到东鹏控股有高达 5.13 亿元的债权增加及现金流入没有在营业收入中体现，难道是公司人为增加了资产？

同样的情况也出现在 2015 年。这一年公司的含税营业收入为 48.37 亿元，比同期的“销售商品、提供劳务收到的现金”50.60 亿元要少 2.23 亿元。从正常财务勾稽关系看，这将会出现应收账款等债权收回而减少，或者提前收钱而使得预收款项增加。

2015 年，东鹏控股的应收款项有 5.56 亿元（应收账款 3.96 亿元、应收票据 1.60 亿元），相比 2014 年的应收款项 4.81 亿元合计，增加了 0.75 亿元。另外，预收款项 1.43 亿元，相比 2014 年的预收款项 1.19 亿元也增加了 0.23 亿元。整体核算后可发现，公司存在 2.75 亿元的现金流入及债权增加金额并非由营业收入带来，而是凭空增加的。

与上述两年类似，2017 年 1—3 月现金流与营收及负债之间的数据勾稽关系也是不匹配的。2017 年 1—3 月含税营业收入合计为 10.31 亿元，相比同期“销售商品、提供劳务收到的现金”12.27 亿元要少 1.96 亿元，在正常情况下，这必然存在相应金额的应收款项减少或者预收款项增加。可实际上，公司应收款项 5.86 亿元仅比 2016 年年末的 6.39 亿元减少 0.53 亿元，预收款项 2.95 亿元比 2016 年年末的 1.87 亿元大增 1.08 亿元。综合核算后，可以发现公司存在 0.35 亿元的现金流入没有得到相应的营业收入或债权减少与之匹配。

亿元存货差异

除了现金流方面出现问题外，东鹏控股在存货核算上也存在数额较大的异常。招股书披露，东鹏控股主要产品有瓷砖和洁具两大类，而在瓷砖中包括了釉砖与无釉砖两小类，洁具则包括卫生陶瓷和卫浴产品。《红周刊》记者根据招股书披露的相关产品数据重新测算了库存增减情况，发现记者所推算出的理论结果与招股书中披露的数据每年均存在数千万元的差异。

以 2016 年的存货情况（如附表）为例，瓷砖中的“有釉砖”产品通过自产、外协、外购的方式共取得了 5 666.55 万平方米的可供销售数量，同时，这一年共销售了 5 495.10 万平方米，比可供销售数量少了 171.45 万平方米。这意味着，未销售部分商品将进入库存，使得存货增加相应金额。同样的道理，“无釉砖”产品在这年里通过自产、外协而取得了 2 903.54 万平方米的可供销售数量，同期销售了 3 066.51 万平方米，销售比可供销售数量多出 162.97 万平方米，这意味着该品种的库存会减少相应的金额。那么，这两种产品会使得存货出现多少金额的增减呢？

在招股书中，公司并未披露各种产品的单位成本，但通过各产品总的营业成本及其销售数量仍可推算出平均单位成本。2016 年“有釉砖”和“无釉砖”这两种瓷砖产品的营业成本合计是 27.06 亿元，而销量合计有 8 561.61 万平方米，由此可推算出这两种产品合计平均单位成本大约是 31.61 元/平方米。

在此平均单位成本的基础上，考虑到 2016 年“有釉砖”产品库存增加了 171.45 万平方米，“无釉砖”产品库存减少了 162.97 万平方米的事实，可以推算出，2016 年库存将因这两种产品数量变化增加 268.04 万元。

在另一类产品“洁具”中，“卫生陶瓷”产品 2016 年产量为 141 万件，销售了 171 万件，这意味 2016 年将消耗往年库存 30 万件，库存因此减少相应金额；同时，“卫浴产品”以自产、外协的方式取得了 292 万件，销售了 261 万件，有 31 万件未售产品将进入库存，使得存货增加相应金额。

由于“洁具”这类产品 2016 年营业成本合计数 5.51 亿元，结合“卫生陶瓷”当年销量 171 万件、“卫浴产品”销量 261 万件，可大概估算出两种产品合计平均单位成本为 127.65 元/件，进而我们可以推算出，洁具产品（卫生陶瓷、卫浴产品）将使存货增加 127.65 万元才对。

从招股书披露的信息来看，东鹏控股最主要的产品就是前述两大类 4 种产品，其他产品的收入相对极小，可忽略不计。那么，把前述两类共 4 种产品的库存增加情况及其存货增减金额综合起来，可知 2016 年的库存商品和发出商品应该只比上年末增加 395.69 万元才对。可奇怪的是，招股书中却显示 2016 年库存商品账面余额（即不考虑存货跌价准备）有 74 146.75 万元，发出商品有 1 077.48 万元，合计 75 224.23 万元金额相比 2015 年年末的 82 696.36 万元，不但没有增加，反而减少了 7 472.13 万元。如此可发现，理论测算出的结果与招股书直接披露的数据之间相差了 7 599.78 万元，即便我们考虑核算过程中的合理误差，也不应该出现如此大的差异吧！

类似的现象还出现在报告期内其他年份中，如 2015 年“有釉砖”产品的可供销售数量比当年的销量就少了 29.73 万平方米，“无釉砖”可供销售数量比当年的销量多了 196.22 万平方米。由于产销不完全相等，因此这两种情况都会使得库存出现相应的增减。

而这两种瓷砖产品在 2015 年的主营业务成本合计 20.73 亿元，“有釉砖”产品销量 3 698.01 万平方米，“无釉砖”产品销量 2 590.11 万平方米，由此可知，两种产品平均单位营业成本是每平方米 32.96 元。而由此可推算出，“有釉砖”库存应减少 980.11 万元、“无釉砖”库存应增加 6 467.69 万元。同理，通过产销差、库存增减、销量与营业成本，发现“洁具”类产品中的“卫生陶瓷”和“卫浴产品”的库存分别增加了 644.69 万元和 2 449.83 万元。

把上述 4 种产品库存增减情况加总起来，可以发现理论上的 2015 年库存金额合计要比上年增加 8 582.10 万元，这相比招股书披露的实际库存商品和发出商品合计金额增加额 2 167.80 万元要多出 6 414.30 万元。

此外，记者测算 2017 年 1—3 月数值，发现库存商品与发出商品合计增减全额与理论上测算出来的增减金额也相差了 1 917.61 万元。

整体核算下来，在报告期内，公司仅库存商品余额就累计存在超过亿元的差异，如此大的金额差异已经不是“核算中的合理误差”所能解释的了。

采购数据不合理

在发现库存商品余额存在疑点之外，《红周刊》记者分析其采购数据时，发现该公司的采购数据竟然也有很大的疑点。

报告期内，东鹏控股向前五大供应商的采购金额合计分别是 4.30 亿元、3.83 亿元、4.86 亿元和 1.02 亿元，占当年采购总额的 16.78%、15.49%、15.01% 和 9.30%，由此推算出报告期内的采购总额分别为 25.58 亿元、24.72 亿元、32.41 亿元和 10.96 亿元。

2015 年，在采购总额 24.72 亿元的基础上，考虑 17% 的增值税进项税额的影响，含税采购总额达到了 28.92 亿元，相比同期的“购买商品、接受劳务收到的现金”项的 27.42 亿元要多出1.50亿元，这意味着除了支付现金外，公司还存在一定金额的经营性负债变化。

2015年，东鹏控股存在10.98亿元的应付款项（1.25亿元应付票据和9.74亿元应付账款），相比2014年同期的8.64亿元增加了2.34亿元，与此同时，2015年预付款项余额0.41亿元比2014年的0.37亿元也多出了0.04亿元。综合考虑应付、预付款项的变化，可以发现公司在2015年有0.81亿元的新增负债未得到采购以及现金流量数据的支持。

同样的，2016年含税采购总额为37.91亿元，相比"购买商品、提供劳务收到的现金"33.22亿元多出了4.69亿元。也就在这一年，公司的应付款项合计16.39亿元（应付账款11.63亿元、应付票据4.76亿元）比2015年年末的应付款项10.98亿元增加了5.41亿元，与此同时，预付款项0.66亿元比上年的0.41亿元增加了0.25亿元。综合核算下来，当年存在0.47亿元的新增债务没有得到采购总额与现金流量金额的匹配。

更让人奇怪的是，2017年1—3月，出现的差异不但金额更大，而且与前两年的情况完全相反。在这三个月里，东鹏控股含税采购总额为12.82亿元，比同期的"购买商品、提供劳务收到的现金"8.52亿元多出了4.30亿元。同时，应付款项余额减少了2.01亿元，预付款项余额增加了5.84万元。综合核算结果是，公司存在6.32亿元的含税采购总额不知用什么来支付的情况。

那么，与采购、负债增减密切相关的固定资产购置等资本支出及其现金流量的情况如何？根据招股书，报告期内主要资本性支出合计金额有4.10亿元、3.69亿元、4.90亿元和1.04亿元，和相应期间的"购建固定资产、无形资产和其他长期资产支付的现金"3.48亿元、3.58亿元、5.47亿元、1.74亿元相比，前两年资本支出比现全流量多出0.62亿元、0.12亿元，而后面两个时间段，资本支出比现金流量少了0.57亿元、0.71亿元。

由此，2015年应该有0.12亿元的负债增加，2016年及2017年前三个月应使得负债减少0.57亿元和0.71亿元才对。而在前述采购相关分析中，采购使得2015年和2016年有0.81亿元、0.46亿元的负债减少而2017年前三个月有6.32亿元的负债增加。把资本支出与采购数据综合起来，发现2015年至2017年1—3月居然还有0.93亿元、0.11亿元和7.03亿元的差异得不到合理的解释。

（资料来源：红周刊 http：//www.hongzhoukan.com）

同步练习参考答案

一、单项选择题

1.A　2.C　3.A　4.C　5.B　6.D　7.A　8.C　9.C　10.D　11.B　12.A　13.B　14.D　15.D　16.C　17.D　18.D　19.C　20.A　21.D　22.C　23.B　24.B　25.C　26.D　27.B　28.A　29.D　30.B

二、多项选择题

1.ABCD　2.ACE　3.ABE　4.ABCD　5.ABCDE　6.ABCD　7.ABDE　8.ABC　9.ABCD　10.ABC　11.CDE　12.BCDE　13.ABCD　14.CD　15.ABCDE　16.BCDE

17. CD　18. AB　19. ABCD　20. ABDE　21. ACE　22. BCDE　23. AB　24. BCDE　25. ABCD

三、判断题

1. ×　2. ×　3. ×　4. √　5. ×　6. √　7. ×　8. ×　9. ×　10. ×　11. √　12. √　13. √　14. √　15. ×　16. ×　17. √　18. ×　19. ×　20. √　21. ×　22. √　23. √　24. ×　25. ×

四、解答题（略）

五、计算题

1. 流动资产变动分析和结构分析。

（1）对流动资产的变动情况进行分析，如表 4 – 11 所示。

表 4 – 11　　某公司流动资产水平分析表

项目	2015 – 12 – 31 金额（万元）	2016 – 12 – 31 金额（万元）	变动额金额（万元）	变动率（%）
货币资金	66 693.70	147 086.00	80 392.30	120.54
应收票据	210.21	1 699.75	1 489.54	708.61
应收账款	244 017.00	338 728.00	94 711.00	38.81
预付货款	2 697.82	4 225.60	1 527.78	56.63
其他应收款	9 420.17	10 720.50	1 300.33	13.80
一年内到期的非流动资产	224.00	1 214.40	990.40	442.14
存货	38 926.50	51 903.90	12 977.40	33.34
其他流动资产	537.92	3 050.24	2 512.32	467.05
流动资产合计	362 727.00	558 629.00	195 902.00	54.01

（2）对流动资产结构进行分析，如表 4 – 12 所示。

表 4 – 12　　某公司流动资产结构分析表

项目	2016 年金额（万元）	2015 年金额（万元）	2016 年占比（%）	2015 年占比（%）
货币资金	66 693.70	147 086.00	26.33	18.39
应收票据	210.21	1 699.75	0.30	0.06
应收账款	244 017.00	338 728.00	60.64	67.27
预付货款	2 697.82	4 225.60	0.76	0.74
其他应收款	9 420.17	10 720.50	1.92	2.60
一年内到期的非流动资产	224.00	1 214.40	0.22	0.06
存货	38 926.50	51 903.90	9.29	10.73
其他流动资产	537.92	3 050.24	0.55	0.15
流动资产合计	362 727.00	558 629.00	100.00	100.00

2. 非流动资产变动分析，如表 4 - 13 所示。

表 4 - 13 某公司非流动资产水平分析表

项目	2015 - 12 - 31 金额（万元）	2016 - 12 - 31 金额（万元）	变动额金额（万元）	变动率（%）
可供出售金融资产	3 710.00	21 690.00	17 980.00	484.64
长期应收款	1 486.42	1 458.08	-28.34	-1.91
长期股权投资	7 707.79	—	5 070.31	65.78
投资性房地产	—	3 140.29	3 140.29	0
长期投资	12 904.21	39 066.47	26 162.26	202.74
固定资产原价	31 864.00	48 169.00	16 305.00	51.17
累计折旧	6 488.65	10 141.50	3 652.85	56.3
固定资产净值	25 375.40	38 027.50	12 652.10	49.86
在建工程	9 173.23	4 914.68	-4 258.55	-46.42
生产性生物资产	1 811.69	790.43	-1 021.26	-56.37
固定资产合计	36 360.32	43 732.61	7 372.29	20.28
无形资产	10 263.30	10 238.80	-24.50	-0.24
商誉	18 427.30	36 622.20	18 194.90	98.74
长期待摊费用	4 050.24	4 230.94	180.70	4.46
无形资产及递延资产合计	32 740.84	51 091.94	18 351.10	56.05
递延所得税资产	5 812.07	8 674.74	2 862.67	49.25
其他非流动资产	4 530.83	1 118.16	-3 412.67	-75.32
非流动资产合计	92 348.30	143 684.00	51 335.70	55.59

3. 负债分析。

（1）负债变动情况分析，如表 4 - 14 所示。

表 4 - 14 某公司负债水平分析

项目	2015 - 12 - 31 金额（万元）	2016 - 12 - 31 金额（万元）	变动额金额（万元）	变动率（%）
短期借款	64 975.00	159 124.00	94 149	144.9
应付账款	104 348.65	131 250.11	269 014 620	25.78
应付票据	23 877.20	33 040.80	91 636 000	38.38
应付职工薪酬	1 659.07	5 280.98	36 219 100	218.31
预收账款	583.70	4 130.28	35 465 790	607.6
其他应付款	1 310.61	2 452.02	11 414 100	87.09
一年内到期的非流动负债	11 880.00	10 127.50	-17 525 000	-14.75
应交税费	10 577.60	6 104.53	-44 730 700	-42.29
未付股利	1 271.47	1 957.90	6 864 300	53.99

续表

项目	2015 - 12 - 31 金额（万元）	2016 - 12 - 31 金额（万元）	变动额 金额（万元）	变动率（%）
一年内到期的长期负债	11 880.00	10 127.50	-17 525 000	-14.75
其他流动负债	—	13 202.10	132 021 000	0
流动负债合计	220 483.00	366 671.00	1 461 880 000	66.3
长期负债	7 920.00	22 147.50	142 275 000	179.64
长期应付款	610.26	577.71	-325 470	-5.33
长期负债合计	8 530.26	22 725.21	141 949 530	166.41
负债合计	229 013.26	389 396.21	160 382.95	70.03

（2）负债结构分析，如表 4 - 15 所示。

表 4 - 15　　某公司负债结构分析

项目	2016 年金额（万元）	2015 年金额（万元）	2016 占比（%）	2015 占比（%）
短期借款	159 124.00	64 975.00	43.4	29.47
应付账款	131 250.11	104 348.65	35.8	47.33
应付票据	33 040.80	23 877.20	9.01	10.83
应付职工薪酬	5 280.98	1 659.07	1.44	0.75
预收账款	4 130.28	583.70	1.13	0.26
其他应付款	2 452.02	1 310.61	0.67	0.59
一年内到期的非流动负债	10 127.50	11 880.00	2.76	5.39
应交税费	6 104.53	10 577.60	1.66	4.8
未付股利	1 957.90	1 271.47	0.53	0.58
一年内到期的长期负债	10 127.50	11 880.00	2.76	5.39
其他流动负债	13 202.10	—	3.6	0
流动负债合计	366 671.00	220 483.00	100	100
长期负债	22 147.50	7 920.00	97.46	92.85
长期应付款	577.71	610.26	2.54	7.15
长期负债合计	22 725.21	8 530.26	100	100
负债合计	389 396.21	229 013.26	—	—

4. 某企业所有者权益分析。

（1）对所有者权益的变动情况进行分析，如表 4 - 16 所示。

表 4 - 16　**某公司所有者权益水平变动分析**

项目	2015 - 12 - 31 金额（万元）	2016 - 12 - 31 金额（万元）	变动额 金额（万元）	变动率（%）
少数股东权益	16 426. 10	25 849. 10	9 423. 00	57. 37
实收资本	46 876. 90	00 265. 00	53 388. 10	113. 89
资本公积	96 416. 30	88 478. 80	-7 937. 50	-8. 23
盈余公积	12 765. 10	18 106. 50	5 341. 40	41. 84
未分配利润	49 579. 50	74 981. 80	25 402. 30	51. 24
股东权益合计	222 064. 00	307 681. 00	85 617. 00	38. 56

（2）所有者权益结构分析，如表 4 - 17 所示。

表 4 - 17　**某公司所有者权益结构分析**

项目	2015 - 12 - 31 金额（万元）	2016 - 12 - 31 金额（万元）	2015 占比（%）	2016 占比（%）
少数股东权益	16 426. 10	25 849. 10	7. 4	8. 4
实收资本	46 876. 90	100 265. 00	21. 11	32. 59
资本公积	96 416. 30	88 478. 80	43. 42	28. 76
盈余公积	12 765. 10	18 106. 50	5. 75	5. 88
未分配利润	49 579. 50	74 981. 80	22. 33	24. 37
股东权益合计	222 064. 00	307 681. 00	100	100

5. 货币资金结构分析。资料如表 4 - 18 所示。

表 4 - 18　**某公司 2013 - 2015 年货币资金信息资料**　单位：元

项目	2015 年	2014 年	2013 年
库存现金	888 886. 50	588 659. 61	446 084. 31
银行存款	550 286 503. 85	417 951 175. 13	448 954 945. 99
其他货币资金	28 352 301. 92	177 321 610. 41	12 372 879. 24
合计	579 527 692. 27	595 861 445. 15	461 773 909. 54

要求：（1）对货币资金结构进行分析。

解析：从数据分析易知：近三年来货币资金约占到资产总额的 10% 左右，一般而言，货币资金的比例在 15% ~25%，此比率过高说明企业经营较保守，资金的利用率不高。某公司货币资金的占有率就这一普遍比例范围较低，说明企业资金链或许有短缺的风险，偿债能力也会较弱。具体可从以下三个方面分析：

（1）分析企业货币资金规模是否适当。

（2）分析企业货币资金收支过程中内部控制是否完善以及执行质量。

（3）分析企业货币资金构成质量。

6. 存货结构分析。

资料如表 4－19 所示。

（1）根据信息资料计算存货结构。

表 4－19　某公司 2014－2015 年存货结构

项目	2015 年		2014 年	
	账面价值（元）	占存货总额（%）	账面价值（元）	占存货总额（%）
原材料	147 386 792. 91	9. 55	125 781 331. 72	7. 37
在产品	7 207 796. 23	0. 47	252 224. 89	0. 01
库存商品	325 308 742. 15	21. 08	476 766 014. 87	27. 93
周转材料	25 140 746. 58	1. 63	25 244 324. 96	1. 48
消耗性生物资产	1 034 870 628. 69	67. 05	1 076 972 864. 97	63. 10
委托加工物资	3 486 280. 15	0. 23	1 738 862. 32	0. 10
合计	1 543 400 986. 71	100	1 706 755 623. 73	100

（2）进行存货结构分析。

在某公司 2014—2015 年的存货中，消耗性生物资产均占存货比重的 60% 以上。2014 年消耗性生物资产仍占存货比重的 63. 10%，2015 年的消耗性生物资产占存货比重的 67. 05%。根据公司行业特点，需重点分析消耗性生物资产项目。

7. 固流结构分析。

资料如表 4－20 所示。

（1）根据信息资料计算固流结构。

表 4－20　某公司固流结构信息资料

项目	2015－12－31 金额（元）	固流占比（%）	2016－12－31 金额（元）	固流占比（%）
流动资产合计	3 627 270 000. 00	90. 89	5 586 290 000. 00	92. 74
固定资产合计	363 603 200. 00	9. 11	437 326 120. 00	7. 26
合计	3 990 873 200. 00	100. 00	6 023 616 120. 00	100. 00

（2）进行固流结构分析。

①对企业而言，主要有以下三种固流结构策略可供选择。

a. 适中的固流结构策略。采取这种策略，通常使固定资产存量与流动资产存量的比例保持平均水平。在该种情况下，企业的营利水平一般，风险程度一般。

b. 保守的固流结构策略。采取这种策略，流动资产比例较高，企业资产的流动性较强，因此降低了企业的风险，但同时也会降低企业的营利水平。

c. 冒险的固流结构策略。采取这种策略，流动资产比例较低，资产的流动性较低。虽然因为固定资产占用量增加而相应提高了企业的营利水平，但同时也给企业带来了较大的风险。

②该公司的固流结构属于保守的固流结构。

8. 负债结构的分析评价。

资料如表 4 -21 所示。

表 4 -21　负债结构分析表

项目	金额（元）		结构（%）		
	2011 年	2010 年	2011 年	2010 年	差异
流动负债	59 184 931 882	42 815 091 930	63.79	58.05	5.74
非流动负债	5 513 541 586	7 076 866 109	5.94	9.59	-3.65
负债总计	64 698 473 468	49 891 958 039	69.73	67.64	2.09

可以看出，该公司本年度流动负债比重为 63.79%，较上期增长 5.74%，表明公司在使用负债资金时，以短期资金为主，并且在本年度有较大增长。流动负债对公司容易造成较大的支付压力，同时对公司资金的流动性要求很高。因此，可以看出该公司所执行的负债筹资政策虽然会增加公司的偿债压力，承担较大的财务风险，但同时也降低了公司的资金成本。

9. 资产结构和资本结构适应程度的分析评价。

解析：通过表 4 -9 可以看出，该公司上年流动资产的比重为 68.55%，流动负债的比重为 63.79%。公司的流动资产的一部分需要使用流动负债来满足，另一部分资金需要由非流动负债来满足。因此，公司的资产结构与资本结构的适应形式为稳健结构。在此结构下，可以促使公司保持相对优异的财务信誉，集团财务风险较小。

10. 答：

（1）四家公司现金所占资产比重较高，这反映了计算机行业的特征，与该行业的商业模式有关。

（2）D 公司的应收账款占总资产比重相对较低，需要结合其他资料进一步分析原因，到底是销售模式不同还是出售应收账款导致的。

（3）在进行财务分析时，发现存货水平低，在排除先进的存货管理模式这一原因外，需考虑存货采购成本以及是否产生缺货影响正常生产。

（4）A 和 C 公司应付账款所占比重较高。因 A 公司持有较高比重的现金，其支付应付账款可能不存在问题；但是 C 公司也许存在相应问题，需进一步分析现金流量。

（5）A、B 和 D 公司的长期负债占总资产比重较低，C 公司相对较高，需进一步分析 C 公司的长期偿债能力风险。

第五章　利润表分析

内容概要

一、重点、难点

1. 重点：利润表增减变动分析、结构变动分析。

2. 难点：利润表质量分析。

二、基本要求

1. 了解对利润表进行分析的目的和内容。

2. 理解企业收入分析的内容，成本费用分析的内容，利润表附注分析。

3. 掌握利润表水平分析与评价方法，利润表垂直分析与评价方法，利润表趋势分析与评价方法，利润表附表水平分析和垂直分析基本方法，产品销售利润因素分析方法，企业收入分析的基本方法，成本费用分析方法。

三、章节内容

第一节　利润表分析的目的与内容

（一）利润表分析的目的

编制利润表的主要目的是将企业经营成果的信息，提供给各种报表用户，以供他们作为决策的依据或参考。

1. 可据以解释、评价和预测企业的经营成果和获利能力。

2. 可据以解释、评价和预测企业的偿债能力。

3. 企业管理人员可据以做出经营决策。

4. 可据以评价和考核管理人员的绩效。

（二）利润表分析的内容

在明确了不同利益主体对利润表分析的目的的基础上，利润分析应依据利润表信息和相关信息来进行。本章的利润表分析主要包括以下内容：

1. 利润表增减变动分析。

2. 利润表结构变动分析。

3. 利润表质量分析。

第二节　利润表增减变动分析

利润表增减变动分析的内容分为收入变动分析和成本费用变动分析。

1. 收入增减变动分析是把企业不同时期的相关收入来对比，判断企业获利能力的强弱和持续性。

2. 成本费用增减变动分析是把企业不同时期的相关成本和费用进行对比，分析企业的成本费用的主要内容及变化趋势。

第三节　利润表结构变动分析

利润表结构变动分析，主要是在对利润表进行垂直分析的基础上，揭示各项利润及成本费用与收入的关系，以反映企业的各环节的利润构成、利润及成本费用水平。

1. 收入结构变动分析是把企业能够获得的各项收入与总收入进行对比，从而判断企业收入的主要来源，并在此基础上，进行年度之间的对比，进一步揭示企业收入的变化趋势。

2. 成本费用结构变动分析是把企业当年发生的所有成本和费用进行汇总，各种成本费用与总成本费用进行对比，从而判断各种支出的比重，分析企业支出的主要项目，并在此基础上，进行年度之间的对比，揭示企业成本费用变化的趋势。

第四节　利润表质量分析

利润质量是指企业利润的形成过程以及利润结果的合规性、效益性及公允性。高质量的企业利润，应当表现为资产运转状况良好，企业所开展的业务具有较好的市场发展前景，企业有良好的购买能力、偿债能力、交纳税金及支付股利的能力。高质量的企业利润能够为企业未来的发展奠定良好的资产基础。

1. 收入与成本费用适应性分析。

利润表质量分析就是对利润形成过程和利润结果的质量进行分析，目前我国新会计准则使用的是广义收入与费用的概念。其中，收入是指企业在日常活动中形成的、会导致所有者权益增加的、与所有者投入资本无关的经济利益总流入；费用是指企业在日常活动中发生、会导致所有者权益减少的、与向所有者分配利润无关的经济利益的总流出。

2. 收入质量分析。

企业营业收入是指企业在从事销售商品、提供劳务和让渡资产使用权等日常经营过程中取得的收入，分为主营业务收入和其他业务收入两部分。主营业务收入是指企业进行经常性业务取得的收入，是利润形成的主要来源，不同行业的主营业务收入内容差异很大，如工商企业的主营业务收入主要为企业销售商品的收入，而金融、保险、建筑、通信等行业的主营业务收入则主要为企业提供服务的收入。营业收入是企业创造利润的核心，最具有未来的可持续性，如果企业的利润总额绝大部分来源为营业收入，则企业的利润质量较高。

3. 成本费用项目质量分析。

①营业成本分析②营业税费分析③销售费用分析④管理费用的分析⑤财务费用的分析。

同步练习

一、单项选择题

1. 反映企业全部财务成果的指标是（　　）。

A. 主营业务利润　B. 营业利润　C. 利润总额　D. 净利润

2. 企业商品经营营利状况最终取决于（　　）。

A. 主营业务利润　B. 营业利润　C. 利润总额　D. 投资收益

3. 企业提取法定盈余公积金是在（　　）。

A. 提取法定公益金之后　B. 弥补企业以前年度亏损之后

C. 支付各项税收的滞纳金和罚款之后　D. 支付普通股股利之前

4. 企业用盈余公积金分配股利后，法定盈余公积金不得低于注册资本的下述比例（　　）。

A. 10%　B. 20%　C. 25%　D. 50%

5. 产生销售折让的原因是（　）。

A. 激励购买方多购商品　B. 促使购买方及时付款

C. 进行产品直传　D. 产品质量有问题

6. 计算销售量变动对利润影响的公式为（　　）。

A. 销售量变动对利润的影响 = 产品销售利润实际数 ×（产品销售量完成率 - 1）

B. 销售量变动对利润的影响 = 产品销售利润实际数 ×（1 - 产品销售量完成率）

C. 销售量变动对利润的影响 = 产品销售利润基期数 ×（产品销售量完成率 - 1）

D. 销售量变动对利润的影响 = 产品销售利润基期数 ×（1 - 产品销售量完成率）

7. 销售品种构成变动会引起产品销售利润变动，主要是因为（　　）。

A. 各种产品的价格不同　B. 各种产品的单位成本不同

C. 各种产品的单位利润不同　D. 各种产品的利润本高低不同

8. 利润表中未分配利润的计算方法是（　　）。

A. 年初未分配利润 + 本年净利润

B. 年初未分配利润 + 本年净利润 - 本年利润分配

C. 年初未分配利润 - 本年净利润

D. 本年净利润 - 本年利润分配

9. 产品质量变动会引起产品销售利润变动，是因为（　　）。

A. 各等级品的价格不同　B. 各等级品的单位成本不同

C. 各等级品的单位利润不同　D. 各等级品的利润率高低不同

10. 如果企业本年销售收入增长快于销售成本的增长，那么企业本年营业利润（　　）。

A. 一定大于零　B. 一定大于上年营业利润

C. 一定大于上年利润总额　　D. 不一定大于上年营业利润

11. 下列各项属于企业收入的是（　　）。

A. 公允价值变动净收益　　B. 营业收入

C. 投资收入　　D. 营业外收入

12. 下列各项不属于利润表分项变动情况分析内容的是（　　）。

A. 销售费用　　B. 成本费用

C. 资产减值损失　　D. 营业利润

13. 下列各项不属于与经营成果直接相关的期间费用的是（　　）。

A. 销售费用　　B. 管理费用

C. 财务费用　　D. 制造费用

14. 影响产品价格高低的最主要因素是（　　）。

A. 销售利润　　B. 销售税金

C. 产品成本　　D. 财务费用

15. 在各种产品的利润率不变的情况下，提高利润率低的产品在全部产品中所占的比重，则全部产品的平均利润率将（　　）。

A. 提高　　B. 降低　　C. 不变　　D. 无法确定

16. 反映企业所有者最终取得的财务成果的指标是（　　）。

A. 营业收入　　B. 营业利润　　C. 利润总额　　D. 净利润

17. 利润表上半部分反映经营活动，下半部分反映非经营活动，其分界点是（　　）。

A. 营业利润　　B. 利润总额

C. 主营业务利润　　D. 净利润

18. 下列各项中，属于经营活动损益的是（　　）。

A. 投资收益　　B. 补贴收入　　C. 主营业务利润　　D. 净利润

19. 下列各项属于企业主营业务收入的是（　　）。

A. 出租固定资产取得的收入　　B. 出售固定资产取得的收入

C. 转让无形资产使用权的使用费收入　　D. 销售商品

20. 净利润是利润总额减去（　　）。

A. 营业税金及附加　　B. 营业外支出

C. 所得税费用　　D. 以上都不是

21. 下列选项中，与财务费用无关的是（　　）。

A. 企业临时借入款项用于资金周转　　B. 企业购销业务中的现金折扣

C. 企业外币业务汇兑损益　　D. 固定资产建造借款

22. 下列选项中，不会影响企业利润的是（　　）。

A. 交易性金融资产公允价值变动

B. 交易性金融负债公允价值变动

C. 以公允价值模式计量的投资性房地产价值变动

D. 可供出售金融资产公允价值变动

23. 利润表共同比分析时，把利润表各项目都表达为（　　）。

A. 净利润的百分比　　B. 主营业务收入的百分比

C. 主营业务利润的百分比　　D. 营业利润的百分比

24. 销售费用的分析中，下列情况可能不合理的是（　　）。

A. 在新地域设立销售机构　　B. 向新地域派往销售人员

C. 在新产品上投入更多广告　　D. 在成熟产品上投入更多广告

25. 反映利润质量较高的事项是（　　）。

A. 利润的含金量较低　　B. 利润没有较多的现金支撑

C. 利润来源于未来持续性较强的业务　　D. 利润来源于未来具有可预测性的业务

26. 2007 年 1 月 6 日某公司以赚取差价为目的，从二级市场购入一批股票作为交易性金融资产，取得时公允价值为 525 万元，含已宣告尚未领取的现金股利 15 万元，另支付交易费用 10 万元，全部价款以银行存款支付。2007 年 12 月 31 日该股票公允价值为 530 万元。假设所得税率 25%，因交易性金融资产公允价值变动对本年净利润的影响额为（　　）。

A. －15 万元　　B. 10 万元

C. 15 万元　　D. 30 万元

27. 某公司 2005 年 12 月购入一台管理用设备，成本为 1 320 万元，预计使用 10 年，预计净残值为 120 万元，采用直线法计提折旧。2011 年 1 月 1 日，由于技术进步等因素，将原来估计的使用年限调整为 8 年，净残值调整为 60 万元，该公司的所得税税率为 25%，假设该估计变更前后折旧方法、折旧年限等均符合税法的规定，则由于上述会计估计变更对 2011 年净利润的影响金额是（　　）。

A. －75 万元　　B. －57 万元　　C. 57 万元　　D. 75 万元

28. 下列选项中，应计入营业外支出的是（　　）。

A. 赔偿金　　B. 诉讼费

C. 排污费　　D. 广告费

29. 营业成本质量分析中，需要注意的内容是（　　）。

A. 存货发出的方法　　B. 产品成本的计算方法

C. 制造费用占营业成本的比例变化情况　　D. 制造费用的分配方法

30. 下列选项中，不会影响利润总额的是（　　）。

A. 销售费用　　B. 资产减值损失　　C. 增值税　　D. 财务费用

二、多项选择题

1. 利润表结构分析方法有（　　）。

A. 比较利润表分析　　B. 定比利润表分析

C. 共同比利润表分析　　D. 利润总额构成表分析

E. 行业利润表分析

2. 在进行营业收入分析时，应注意的情况有（　　）。

A. 企业营业收入确认的具体标准　　B. 企业营业收入的品种构成

C. 企业营业收入的区域构成　　D. 企业营业收入中来自于关联方的比重

E. 行政手段造成的收入占企业收入的比重

3. 企业的收入从狭义上讲应包括（　　）。

A. 利息收入　　B. 其他业务收入　　C. 股利收入　　D. 主营业收入

E. 营业外收入

4. 销售净收入是指从销售收入中扣除（　　）。

A. 销售退回　B. 现金折扣　C. 数量折扣　D. 商业折扣

E. 销售折让

5. 下列项目属于期间费用的有（　　）。

A. 税费及附加　B. 制造费用　C. 财务费用　D. 销售费用

E. 管理费用

6. 利润表综合分析应包括的内容有（　　）。

A. 收入分析　B. 成本费用分析

C. 利润额的增减变动分析　D. 营业利润分析

E. 利润结构变动分析

7. 企业的利润来源包括（　　）。

A. 主营业务收入　B. 其他业务收入

C. 投资收益　D. 营业外收支

E. 资产价值变动损益

8. 销售费用结构分析主要分析以下指标（　　）。

A. 销售费用变动率　B. 销售费用变动额

C. 销售费用构成率　D. 百元销售收入销售费用

E. 百元销售收入销售费用增长率

9. 财务费用项目分析的内容包括（　　）。

A. 借款总额　B. 利息支出

C. 利息收入　D. 汇总收益

E. 汇兑损失

10. 下列选项中，应计入管理费用的有（　　）。

A. 职工教育经费　B. 违约金支出　C. 印花税　D. 无形资产摊销

E. 捐赠支出

11. 在下列各项中，属于利润分析的内容有（　　）。

A. 利润表水平分析　B. 利润表结构分析

C. 利润表行业分析　D. 利润表分项分析

E. 利润表分部分析

12. 甲股份有限公司 2010 年实现净利润 8 500 万元。该公司 2010 年发生和发现的下列交易或事项中，会影响其年初未分配利润的有（　　）。

A. 发现 2008 年少计管理费用 4 500 万元

B. 发现 2009 年少提财务费用 0. 10 万元

C. 为 2008 年售出的设备提供售后服务发生支出 550 万元

D. 因客户资信状况明显改善，将应收账款坏账准备计提比例由 10% 改为 5%

E. 发现 2008 年对外投资的长期股权投资误用成本法核算

13. 通过营利能力分析可以获取的信息包括（　　）。

A. 分析企业赚取利润的能力　B. 分析企业的偿债能力

C. 评价内部管理者的业绩　　D. 评价企业面临的风险

E. 分析利润的质量

14. 下列关于利润表分析的说法，正确的有（　　）。

A. 利润表的趋势分析可以分析单一项目在连续期间的变化

B. 利润表的趋势分析可以从整体角度把握各项目之间的关系

C. 利润表的结构分析可以分析利润产生的过程和结构

D. 利润表的结构分析可以分析利润的来源及构成

E. 共同比报表可以分析利润表结构随时间的变化情况

15. 与财务费用的发生直接相关的内容包括（　　）。

A. 企业借款融资　　B. 企业购销业务中的现金折扣

C. 企业外币业务汇兑损益　　D. 企业股权融资

E. 应收账款收账政策

16. 企业的利润来源包括（　　）。

A. 主营业务收入　　B. 其他业务收入

C. 投资收益　　D. 营业外收支

E. 资产价值变动损益

17. 在进行营业收入分析时，应注意的情况有（　　）。

A. 企业营业收入确认的具体标准　　B. 企业营业收入的品种构成

C. 企业营业收入的区域构成　　D. 企业营业收入中来自于关联方的比重

E. 行政手段造成的收入占企业收入的比重

18. 与财务费用的发生直接相关的内容包括（　　）。

A. 企业借款融资　　B. 企业购销业务中的现金折扣

C. 企业外币业务汇兑损益　　D. 企业股权融资

E. 应收账款收账政策

19. 甲公司应收乙公司货款 800 万元。经磋商，双方同意按 600 万元结清该笔货款。甲公司已经为该笔应收账款计提了 100 万元坏账准备。假设甲、乙公司重组前利润总额与股份总数相等，则债务重组日，该事项对甲、乙公司的影响分别为（　　）。

A. 甲公司营业外支出增加 100 万元，乙公司营业外收入增加 200 万元

B. 甲公司营业外支出增加 200 万元，乙公司营业外收入增加 200 万元

C. 甲公司利润总额减少 100 万元，乙公司利润总额增加 200 万元

D. 甲公司资本公积减少 100 万元，乙公司资本公积增加 200 万元

E. 甲公司每股收益小于乙公司的每股收益

20. 甲股份有限公司 2010 年实现净利润 8 500 万元。该公司 2010 年发生和发现的下列交易或事项中，会影响其年初未分配利润的有（　　）。

A. 发现 2008 年少计管理费用 4500 万元

B. 发现 2009 年少提财务费用 0.10 万元

C. 为 2008 年售出的设备提供售后服务发生支出 550 万元

D. 因客户资信状况明显改善，将应收账款坏账准备计提比例由 10% 改为 5%

E. 发现 2008 年对外投资的长期股权投资误用成本法核算

三、判断题

1. 每股收益越高，必然每股股利也越高。（　）

2. 息税前利润是指没有扣除利息和所得税前的利润，即等于利润总额与利息支出之和。（　）

3. 主营业务收入并不能很好地代表总资产、流动资产和固定资产的周转额，以此为依据计算出来的周转率意义不大。（　）

4. 企业的利润取决于收入和费用金额的计量。（　）

5. 收入一定表现为企业资产的增加。（　）

6. 税率的变动对产品销售利润没有影响。（　）

7. 在不考虑其他项目时，将净利润调整为本期所有者权益变动额，应该在净利润基础上，减去股东分配的利润。（　）

8. 价格变动的原因是多种多样的，但是，概括地说，价格变动无非有质量差价和供求差价两种。（　）

9. 管理费用的支出水平与企业规模相关，对管理费用有效的控制可以体现企业管理效率的提高，任何项目的控制或减少都会对企业发展有利。（　）

10. 按我国现行会计制度规定，企业当期实现的净利润即为企业当期可供分配的利润。（　）

11. 企业成本总额的增加不一定意味着利润的下降和企业管理水平的下降。（　）

12. 当期单位产品销售成本与单位生产成本的差异主要受期初和期末存货成本变动的影响。（　）

13. 直接材料成本不只受材料的单位耗用量和单价两个因素的影响。（　）

14. 全部销售成本分析是从产品类别角度找出各类产品成主要产品销售成本的构成内容及结构比重。（　）

15. 利润质量是指企业利润的形成过程及利润结果的合规性、真实性、效益性及公允性。（　）

16. 营业利润是企业营业收入与营业成本费用及税金之间的差额，它既包括产品销售利润，又包括其他业务利润，并在二者之和的基础上减去管理费用与财务费用。（　）

17. 对管理费用支出项目进行控制或减少都会有利于企业的发展。（　）

18. 收入是指企业在日常活动中形成的、会导致所有者权益增加的经济利益的总流入。（　）

19. 营业外收支是企业偶发性的利得和损失，而且在未来没有持续性，因而在分析利润状况时应当将其从利润总额中剔除。（　）

20. 销售成本变动对利润有着直接影响，销售成本降低多少，利润就会增加多少。（　）

21. 一般而言，“其他应付款”主要用于隐藏潜亏、高估利润，而“其他应收款”主要用于隐瞒收入，低估利润。（　）

22. 如果某一分部的对外营业收入总额占企业全部营业收入总额的50%及以上，则不需编制分部报表。（　）

23. 利润表附表反映了会计政策变动对利润的影响。 （ ）

24. 价格因素是影响产品销售利润的主观因素。 （ ）

四、解答题

1. 利润表包含哪些内容？分析的作用是什么？
2. 站在债权人的角度，分析利润表的目的是什么？
3. 利润表分析的增减变动法如何实施？
4. 利润表分析的结构法如何实施？
5. 如何理解利润表的质量？
6. 我国关于收入的会计准则对收入的确认与计量是如何规定的？
7. 营业收入的质量分析应关注哪些内容？
8. 成本费用分析的内容有哪些？
9. 营业成本的质量分析应当关注哪些内容？
10. 企业利润质量下降有哪些特征？

五、计算题

1. 利润表分析。

资料如表5－1所示。

表5－1　某公司利润表信息资料　单位：元

科目	2016年度	2015年度
一、营业收入	2 780 166 085.93	3 447 461 385.12
减：营业成本	2 086 932 230.19	2 510 090 070.53
营业税金及附加	91 233 349.64	120 012 418.81
销售费用	78 091 474.11	83 184 303.90
管理费用	248 618 710.18	291 162 918.60
财务费用	104 731 143.23	74 695 921.83
资产减值损失	－378 657.20	5 365 568.96
加：公允价值变动净收益	－17 492 225.05	－5 810 376.93
投资收益	272 013 222.63	317 289 195.00
其中：对联营企业和合营企业的投资权益	40 618 243.71	52 114 447.27
二、营业利润	425 458 833.36	674 429 000.56
营业外收入	198 034 021.23	100 827 127.63
减：营业外支出	39 527 994.20	45 277 800.41
其中：非流动资产处置净损失	38 163 078.71	44 875 850.37
三、利润总额	583 964 860.39	729 978 327.78
减：所得税	110 447 043.67	130 995 784.85
四、净利润	473 517 816.72	598 982 542.93
归属于母公司所有者的净利润	422 492 962.14	530 039 770.84
少数股东损益	51 024 854.58	6 8942 772.09

要求：（1）根据利润表信息资料进行水平分析。

（2）根据利润表信息资料进行结构分析。

2. 收入类项目结构分析。

资料如表 5－2 所示。

表 5－2　某公司收入类项目信息资料　单位：元

指标名称	2015－12－31	2016－12－31
营业收入	1 768 400 000.00	2 860 510 000.00
投资收益	913 468.00	682 419.00
营业外收入	18 163 100.00	32 960 800.00
收入合计	1 787 476 568.00	2 894 153 219.00

要求：根据收入类信息资料进行收入类结构分析。

3. 营业利润分析。

资料如表 5－3 所示。

表 5－3　营业利润信息资料　单位：元

项目	2016 年	2015 年
一、营业收入	80 710 806 825	65 133 211 929
减：营业成本	65 305 481 200	53 673 308 285
二、营业毛利	15 405 325 625	11 459 903 644
营业税金及附加	409 671 413	240 258 910
销售费用	2 734 685 800	1 989 253 850
管理费用	6 924 350 722	5 739 519 384
财务费用	946 142 398	356 213 834
资产减值损失	152 267 682	478 384 869
加：公允价值变动收益	27 478 820	－6 736 280
投资收益	691 426 587	644 970 798
其中：对联营企业和合营企业的投资收益	668 033 745	611 793 661
三、营业利润	4 957 113 017	3 294 507 315

要求：根据营业利润信息资料进行营运利润水平分析。

4. 表 5－4 是 A 公司 2008 年及 2009 年的利润表。

表 5－4　利润表　单位：元

项目	2015 年度	2016 年度
一、营业收入	100 500	120 500
减：营业成本	73 500	100 000
营业税金及附加	500	750
营业费用	2 000	2 500

续表

项目	2015 年度	2016 年度
管理费用	5 340	9 000
财务费用	100	200
加：投资收益	1 600	1 800
二、营业利润	20 660	9 850
加：营业外收入	380	364
减：营业外支出	5 600	3 300
三、利润总额	15 440	6 914
减：所得税费用	5 095	2 282
四、净利润	10 345	4 632

A 公司董事长认为，2016 年销售收入上升而利润下降不是正常情况，同时管理费用大幅增加也属非常情形，需要进行分析解释。

要求：

（1）编制结构百分比财务报表。

（2）简要评述两年的各项变动，并分析其变动原因。

案例导读

案例一：智莱科技未来发展或受制于大客户，营收和成本数据存在异议

近几年来，“双 11”网上购物狂欢让很多人挥金如土，大量激增的快递使得很多人充分体验到“小卖部代收”和“快递收发柜自取”的便捷，而作为一家一直专业从事自动寄存柜及系统领域的技术开发、生产、销售及市场服务的企业，深圳市智莱科技股份有限公司（简称“智莱科技”）近年的主要业务之一就包括了生产快递收发柜。

2017 年 10 月 27 日，生产快递收发柜的智莱科技报送了新版招股说明书（申报稿），拟发行不超过 2 500 万股 A 股，募集资金计划投入“新增年产 8 万台（2 万套）智能快件箱产能扩建项目”等项目。对于此版招股书，《红周刊》记者在阅读后发现，公司所披露的持续增长营收数据背后，隐藏着相关财务数据勾稽关系的异常。

大客户依赖现象明显

招股书披露，智莱科技在经营中存在严重依赖大客户的现象，报告期内向前五大客户的销售额占营业收入的比重居高不下，分别达到了 56.00%、82.03%、92.17% 和 91.45%。其中，大客户深圳市丰巢科技有限公司（丰巢科技）自 2015 年开始就一直占据着智莱科技第一大客户的位置，智莱科技对其销售占比从 2015 年的 46.46% 激增到 2017 上半年的 70.13%. 形成了高度的单一大客户依赖情况。与此同时，在 2015 年开始登上智莱科技前五大客户榜的 Amazon（亚马逊），智莱科技向其销售额占比也由最初的 14.80% 激增到 2016

年的 35.84%。

正是对大客户的高度依赖，也使得智莱科技的营业收入随着大客户产品需求多少的变化而变化。比如，在丰巢科技和 Amazon 的产品需求下，营业收入构成中智能快件箱收入占比得到提升，而自动寄存柜的销售额和占比则大幅下滑。在区域收入变化上，2014 年华南地区的收入占比只有 12.72%，但是 2015 年之后提升到 51% 以上，而原本在 2014 年占据收入一半的华东地区的收入占比从 52.73% 大幅下滑到仅仅 2.18%。对此变化，公司在招股书中解释称："主要由于丰巢科技向本公司采购金额大幅增加所致，分别达到 11 015.45 万元和 20 125.51 万元和 16 973.16 万元。"很显然，这种解释说明公司为配合大客户丰巢科技对快递箱铺设的需要，必须要对自己的区域销售结构进行调整，包括了对人、财、物的调派与管理等，然而，如此一来不仅增加了相应的运营成本，同时也有可能导致公司失去此前在相关地区所占有的市场份额。

需要警惕的是，在激烈的市场竞争中，假如以后大客户丰巢科技和 Amazon（2016 年对这两家公司的销售额占比合计达到 84.79%）在经营中找到了比智莱科技更优惠的供应商，不排除他们会大幅减少向智莱科技的采购，而如此一来又很可能会导致智莱科技的营业收入出现大幅下滑，这对于目前经营业绩主要依靠单一大客户的智莱科技而言是不愿意看到的。而更为现实的是，在目前尚未看到有大的新增客户出现前，一旦公司上市募投的项目达产且产能翻倍下，此前已经进行过大量采购的丰巢科技和 Amazon 届时还能否有能力帮助智莱科技消化掉大幅新增的产能呢？

有虚增营收嫌疑

除大客户依赖问题外，智莱科技在报告期内还有虚增营收的嫌疑。

招股书披露，2015 年，智莱科技的营业收入为 23 707.86 万元，考虑 17% 的增值税销项税额影响（其中内销占比 79.42%，而外销收入免收增值税），当年含税营业收入达到了 26 908.75 万元，相较同期 21 526.20 万元"销售商品、提供劳务收到的现金"项要多出 5 382.55 万元，从财务勾稽关系看，意味着当年将有 5 000 多万元经营性债权新增。

可事实上，当年资产负债表中的预收款项 283.61 万元仅比上年末新增了 180.62 万元，而应收账款余额也仅新增 5 286.79 万元。应收和预收相互对冲后，2015 年经营性债权新增了 5 106.18 万元，与前述营收与现金流入产生的 5 382.55 万元理论债权相比，存在 276.38 万元的差额，进而意味着当年存在近 200 多万元的含税营收不知从何而来的现实。

如果说 2015 年出现的差异相对较小，还在可接受的误差范围之内，那么 2016 年和 2017 年上半年的偏差就显得非常明显了。

2016 年，智莱科技营业收入由 2015 年的 23 707.86 万元提升至 41 111.92 万元，考虑公司有 71.50% 的营收是内销收入，其受 17% 增值税销项税额影响，由此可推算出公司 2016 年含税营业收入达到了 46 109.07 万元。相比现金流量表中"销售商品、提供劳务收到的现金"项的 45 989.96 万元多出了 119.11 万元。从财务勾稽关系看，当年将新增 119.11 万元经营性债权。

可事实上，根据招股书披露，智莱科技 2016 年应收账款为 8 408.86 万元，相比上年末的 9 244.49 万元减少了 835.63 万元；预收款项 588.41 万元，相比上年末新增 304.80 万元。综合核算后可知，2016 年的经营性债权不仅没有新增 119.11 万元，相反还减少了 1 140.43 万元，这又是怎么回事？

2017年1—6月面临类似的现象。招股书披露，上半年营业收入为24 202.24万元，考虑82.32%内销收入的增值税进项税因素影响，含税营业收入达到了27 589.20万元，相比同期“销售商品、提供劳务收到的现金”项的21 901.09万元多出5 688.11万元。这意味着，除收现部分外，还有5 688.11万元的营业收入将会形成经营性债权新增。

资产负债表中，智莱科技上半年应收票据为4 025万元、应收账款为8 757.46万元，合计相比2016年年末应收款项余额新增了4 373.60万元。同期，预收账款新增了1 253.67万元。综合考虑应收、预收新增变化，上半年经营性债权实际上仅新增了3 119.93万元，这与上文提到的理论新增5 688.11万元债权要相差2568.18万元，进而也就意味着，公司在2017年上半年存在2 568.18万元含税收入不知从何而来的现象。

原材料消耗数据异常

除营业收入方面存在问题外，从原材料的采购与生产耗用角度看，智莱科技的成本核算上也存在异常，特别是在2016年和2017年1—6月，随着营业收入的增加，其原材料采购及使用的异常差额还在扩大中。

在营业成本中，2015年直接材料的金额为11 570.85万元，这是确认销售而转入成本的原材料金额；而存货中未确认销售的在产品、产成品、发出商品中所包含的原材料金额并未直接披露，鉴于产品成本结构的稳定性且成品占大多数，这里可以直接材料占营业成本的比例78.22%为标准去测算三类品种在存货中所包含的原材料金额。

2015年，存货中在产品、产成品和发出商品合计为2 643.69万元，相比2014年年末的699.41万元新增了1 944.28万元。考虑直接材料占成本的比例，可推算出三类品种在存货新增金额中所包含的原材料合计为1 520.82万元。在此基础上，结合前述营业成本中的直接材料金额，可推算出2015年里生产所耗用的原材料理论值应为13 091.67万元。

招股书披露，2015年主要原材料的采购金额为12 081.99万元，理论上的生产耗用的13 091.67万元原材料要比当年采购的原材料要多消耗1 009.68万元，即公司在2015年还需要消耗掉上年的库存原材料1 009.68万元，使得存货中的材料将减少相应金额。

然而事实上，招股书显示的2015年年末存货中原材料金额为2 083.33万元，相比2014年年末的2 429.89万元仅减少了346.56万元。如此一来，也这意味着公司存在663.12万元原材料消耗量没有计入生产成本中。

2016年和2017年1—6月的情况同样如此，且这种差异金额还有进一步扩大的趋势。资料显示，2016年营业成本中的直接材料金额为22 574.72万元，占营业成本的79.09%。年末存货中的在产品、产成品、发出商品的金额合计11 627.92万元，比上年增加8 984.23万元，以直接材料在营业成本中的占比计算，这三类品种的增加额中包含了7 105.63万元的原材料。这进一步推算出，公司在2016年的生产中需要使用29680.35万元原材料。

招股书披露，2016年主要原材料的采购金额为25 114.99万元，比生产中理论使用的29 680.35万元原材料要少4 565.36万元，这就意味着，公司除了用掉当年采购来的原材料之外，还需要消耗4 565.36万元上年留下的库存。

然而从招股书披露的存货数据来看，2016年年末存货中的原材料金额不但没有减少，相反还由2015年末的2 083.33万元增加到2 381.19万元，新增了297.86万元。结合上述理论消耗值，则意味着在2016年的生产中，公司存在4 863.22万元原材料使用不知从何而来的现象。

2017 年 1—6 月，因库存中在产品、产成品、发出商品合计 10 849.39 万元要比年初数值减少了 778.53 万元，以直接材料占成本的比例 75.53% 计算，意味着三类品种中的原材料需要减少 588.02 万元，结合营业成本中的直接材料 8 453.53 万元可推算出，上半年生产所使用的原材料为 7 865.51 万元，相比同期主要原材料采购金额 10 705.95 万元要少 2 840.44 万元，这意味着上半年的库存原材料将会新增 2 800 多万元才合理。可实际上，存货中期末原材料 3 553.40 万元比年初的金额只新增了 1 172.21 万元，两者之间仍存在 2 000 多万元的空差。

（资料来源：红周刊 http：//www.hongzhoukan.com）

案例二：球冠电缆利润表现有水分，数千万营收来源不明

宁波球冠电缆股份有限公司（简称"球冠电缆"）是一家从事电缆研发、生产、销售的专业企业，主要产品为 500KV 及以下级别电线线缆。2017 年 7 月 14 日，该公司公告了招股说明书申报稿，拟发行不超过 4000 万股 A 股。

在《球冠电缆存千万元原材料采购差异，如果忽视就犯错误了》一文中，《红刊财经》记者曾就球冠电缆原材料采购中存在的问题，以及原材料库存差异等做了详细分析，如今在做进一步梳理时，记者又发现该公司在营业收入等方面也存在一定的问题。

会计差错追溯调整是"亡羊补牢"？

就在报送招股说明书等 IPO 申报文件的几个月之前（2017 年 3 月 31 日），作为曾经的新三板挂牌公司，球冠电缆发布了《关于公司前期会计差错更正及相关会计科目追溯调整的公告》，表示对两年多以前（2014 年）金额为 1 426.47 万元的销售收入是"收入确认差错事项"，对 2014 年和 2015 年的相关损益科目做了追溯调整。

在公告中，公司表示，出现该会计差错事项，是因为当时客户已办理到货检查的相关手续，但客户因工程延期要求将货物暂存于公司，并按合同支付了货款。不过，公司当年就已经确认了上述业务的收入。现在，基于更审慎的原则判断，风险并未完全转移，应将当时确认的收入进行调整。

因此，2014 年度调减收入 1 426.47 万元，2015 年度因上述货物部分发运交付于客户现场，调增收入 225.71 万元。同时，对 2014 年年末留存收益调减了 149.87 万元，调增 2015 年的年末留存收益 113.11 万元。

由于出现了会计差错事项的追溯调整，原年报中的数据和招股书中的相应数据也出现差异，为此，球冠电缆在 2017 年 7 月 12 日还公告了由注册会计师出具的"首次公开发行股票并上市申报文件与在全国股份转让系统披露的定期报告差异的专项说明"。此次公告内容，虽然只是球冠电缆"IPO 冲刺"过程中的一个"小插曲"，但"陈年旧账"在目前时点被翻出来重新做调整，这是"亡羊补牢"，还是另有所图？

净利润表现存水分

招股书披露，报告期内（2014 年，2015 年和 2016 年），球冠电缆的营业收入和净利润表现均不够稳定，出现一定幅度的波动。2015 年时，公司营业收入曾达到 15.22 亿元，而在 2016 年时则下滑至 12.80 亿元，比 2014 年的 13.01 亿元营收还低。

与营收表现相似，净利润在报告期内也是明显波动的。数据显示，报告期内，公司净利

润分别为3 751.60万元、6 955.21万元和5 772.68万元。其中，在营收最低的2016年，其净利润要远远超过2014年水平。

需要注意的是，这里所提到的净利润还包括了政府补助等营业外收入的影响。据招股书披露，报告期内球冠电缆获得的政府补助分别达到了1 354.56万元、776.62万元和1 002.63万元，这些数值意味着每年至少有17%～35%的净利润需要政府的支持。

我们知道，对于政府补助一项，在企业经营中，这项补助是不可能长期存在。每年近千万元的补助，对于球冠电缆而言，这会让投资者对企业的价值评估存在一定程度上的偏差，一旦其正式上市后，各种政府补助被取消，该公司的经营业绩很可能会出现“变脸”现象，导致二级市场很多投资者因股价的异动而受损。

高估的营业收入

除了前述问题外，红刊财经记者梳理招股书过程中还发现，球冠电缆近两年的营业收入与现金流量、应收款项、预收款项之间的财务数据勾稽关系，也存在一定的不匹配现象。

招股书披露，球冠电缆2016年营业收入为128 017.64万元，考虑17%增值税因素的影响，则含税营业收入达到了149 780.64万元，而同期的“销售商品、提供劳务收到的现金”是143 340.78万元，由此，该年度含税营业收入比现金流量多6 439.86万元。这就意味着，这6 000多万元的营收未收到现金，在一般的财务逻辑关系中，这必然使得应收款项增加相应的金额，或预收项款减少相应的金额，抑或两者综合而得到。

不过，在2016年，球冠电缆应收款项金额合计51 240.35万元（应收票据3 457.01万元、应收账款47 783.34万元），相比2015年年末的50 464.15万元仅增加了776.20万元。同时，公司有预收款项4 478.54万元，比2015年3 942.04万元也增加了536.50万元。两项合计发现负债方面仅增加了239.7万元，与前述6 439.86万元相对比，公司仍存在6 200.16万元含税营业既没有获得现金流入，也没有应收款项和预收款项的相应金额的支持。

相似的情况还出现在2015年。该年度的营业收入是报告期内最高的152 150.28万元，考虑17%的增值税销项税额因素，含税营业收入为178 015.83万元，这比“销售商品、提供劳务收到的现金”项的164 152.59万元要多出13 863.24万元，也就是说，多出来的这部分差额是含税收入没有收到现金流入。按一般的财务数据勾稽关系，这将使得同期的应收款项和预收款项增减相应的金额。

实际情况是，在“合并资产负债表”中，2015年球冠电缆应收票据为384.78万元、应收账款为50 079.37万元，两者合计50 464.15万元，相比2014年的44 503.42万元要增加5 960.73万元，与13 863.24万元差额相比仍少了7 902.51万元。那么，这是不是预收款项出现了相应的减少额呢？

事实上，资产负债表披露，2015年年末预收款项为3 942.04万元，相比2014年年末的5 664.69万元，仅减少了1 722.65万元。这意味着，公司仍存在6 179.86万元含税营收没有获得现金流数据或资产负债数据的支持。

报告期内，公司连续两年都存在数千万元的含税营业收入不知用什么支付的情况，这不由让人质疑公司刻意美化自己的经营表现，有虚增营收的嫌疑。

（资料来源：红周刊 http：//www.hongzhoukan.com）

案例三：洪汇新材营业收入存疑

近日，主要从事特种氯乙烯共聚物的研发、生产和销售的无锡洪汇新材料科技股份有限公司（简称“洪汇新材”），进入证监会预先披露更新名单，开始为正式上发审会审核做准备。

然而，对于该家公司，记者在翻阅其招股说明书发现，近年来该公司经营业绩不仅出现快速下滑，主要产品更是出现了亏损，甚至其公布的营业收入还缺乏现金流支撑，有财务造假的嫌疑。

存在营业收入虚增嫌疑

正常情况下，企业的营业收入应该包括两部分，即现金收入部分和应收款项部分，企业的产品销售出去后，一部分货款将会以现金形式收回来，反映在现金流量表的“销售商品、提供劳务收到的现金”之中，另一部分则会形成应收账款或应收票据，在企业后续经营活动中陆续收回。因此，企业营业收入与现金流入金额以及应收款项部分存在一定的逻辑关系。

根据招股书提供的信息可知，洪汇新材在2012—2015年6月分别实现营业收入高达3.11亿元、2.91亿元、3.06亿元和1.45亿元，而反映相关现金流入情况的“销售商品、提供劳务收到的现金”项目却分别仅有2.84亿元、2.43亿元、2.19亿元和1.14亿元，这说明其应收款项部分应该有较快速度的增长，然而记者在经过仔细分析后发现，事实似乎并非如此。

我们知道，现金流量表中，销售商品、提供劳务收到的现金不仅包括产品销售的现金流入，还包含增值税部分，以及预收账款部分。因此，我们核算的营业收入，应该包含增值税部分，而在洪汇新材的主营业务收入中，由于一部分来自产品出口国外实现的销售收入，另一部分则为在国内实现的销售收入，依据相关法律，国内销售所产生的销项税率为17%，而其出口部分则不收销项税。因此，依据招股书提供的国内销售额数据和相关的税率，记者核算出洪汇股份这几年含税营业收入分别为33 450.64万元、31 467.87万元、33 325.91万元、15 858.12万元。

截至2015年6月30日，洪汇新材实现的含税营业收入金额约为1.59亿元，而该年度销售商品、提供劳务收到的现金为1.14亿元，其中预收账款较2014年年末减少了近14万元，另外，据招股书介绍，2015年6月，公司背书用于支付供应商货款的票据金额为565.67万元，照此推算，则该公司的应收账款和应收票据的增加金额应该在3 900万元左右，而实际上，2015年6月相比2014年年底，应收账款仅增加了600多万元，应收票据也仅增加了500多万元，整体看，营收相比推算结果少了近2 800万元。

同样，在2014年年底，该公司含税营业收入金额约为3.33亿元，销售商品、提供劳务收到的现金为2.19亿元，其中预收账款减少134.90万元，同时，该年度背书用于支付供应商货款的票据共计511.43万元，照此推算，该公司应收账款和应收票据本年度的增加金额应该在1.08亿元左右，但从财务数据来看，该公司的应收账款相比2013年不但没有增加，相反还减少了155.53万元，而应收票据也比2013年仅增加了680.84万元。整体来看，营收相比推算结果少了近1.03亿元。类似地，根据推算结果，2013年营收也同样存在数千万元差额。

也就是说，从 2013 年至 2015 年 6 月（2012 年数据不便核算），该公司每年均有数千万至上亿元的营业收入既没有形成应收账款，也没有现金流支撑，成了“无源之水”，这些数据的差异让记者有理由怀疑该公司存在虚增营业收入的行为。

利润增速下降明显

从洪汇新材的财务报表来看，报告期内不仅营业收入波动较大，且净利润也呈现出大幅度下降的趋势。其中 2012 年营业收入为 3.11 亿元，而到了 2013 年却下降到了 2.91 亿元，下降幅度为 6.42%，相应地净利润也由 2012 年的 5 881.46 万元下降到 2013 年的 4 145.88 万元，降幅 29.51%；2014 年营业收入虽然增长了 5.10%，达到了 3.06 亿元，但净利润却反向出现 25.50% 的降幅，实现净利润 3 088.59 万元。

从该公司净利润下降变化看，这与其毛利率变化息息相关。在 2012—2014 年，不仅主营业务综合毛利率出现整体下降，分别为 33.42%、28.16%、23.35%，且主营产品的毛利率也出现明显的下滑。其中，占其营业收入三成到四成的二元系列产品的毛利率下滑尤为严重，2014 年毛利率还出现负增长。数据显示，这 3 年的毛利率分别为 11.42%、2.65%、-1.73%。同样，另外两类产品羧基三元系列产品和羟基三元系列产品的毛利率也出现不同幅度的下降，羧基三元系列产品毛利率在这 3 年里分别为 39.19%、35.62%、35.55%、羟基三元系列产品分别为 46.99%、44.46%、43.93%。

连续两年净利润和毛利率的持续下滑，特别是主要产晶毛利率出现负增长的情况，实在让人为洪汇新材未来的营利能力感到担忧。

“意外之财”占比依然不低

除了毛利率下滑对净利润的影响外，洪汇新材业绩对税收优惠和政府补助的依赖也不得不提。据招股书介绍，报告期内，2012 年 11 月 5 日，公司获得“高新技术企业资格”（证书编号：GF201232001059），认定有效期为三年，所得税税率由 25% 调整为 15%。2015 年 1—6 月，根据国家税务总局《关于高新技术企业资格复审期间企业所得税预缴问题的公告》（国家税务总局公告 2011 年第 4 号），该公司已办妥所得税优惠备案手续。根据无锡市锡山地方税务局《税务事项告知书》（锡山地税一〔2015〕661 号），仍按 15% 暂缴期间企业所得税。据此，洪汇新材从 2012 年开始获得的所得税优惠金额分别为 730.51 万元、461.28 万元、356.94 万元和 275.40 万元。

除此之外，洪汇新材还受到当地政府的鼎力相助，每年都以各种原因获得为数不少的政府补助，在 2012 年至 2015 年 6 月，公司收到的补助金额分别为 1 409.73 万元、729.42 万元、347.97 万元和 49.97 万元。要知道，不论是税收优惠还是政府补助，都可以赤裸裸地进入企业利润，而无须付出成本，而仅仅上述两项，报告期内就分别占到其净利润比例的 36.39%、28.72%、22.82% 和 15.60%。虽然随着经营业绩的下降，其税收优惠和政府补助也在逐年下降，但这两项“意外之财”对其业绩的影响仍然不算小。

税收优惠与政府补助本身并不具备可持续性，企业一旦对此形成依赖，就绝非企业之福，A 股历史上有多家上市公司都获得大量补贴，但上市后随着补贴的减少，业绩也就开始变脸。而洪汇新材的政府补贴一旦出现大幅减少，则其业绩也将会出现明显降幅，这从近两年公司利润下降情况看，补贴的减少也是其近两年净利润持续下滑的重要原因之一。

（资料来源：红周刊 http：//www.hongzhoukan.com）

案例四：营业收入与承兑汇票数据“打架”金鸿顺造假？

此前《红周刊》刊登了题为《异常的职工薪酬或成金鸿顺粉饰业绩的“狐狸尾巴”》的文章，分别从直接人工和直接材料的角度，对金鸿顺异常的主营业务成本进行了分析，经过分析我们发现，该公司披露的成本数据并不合理，因此，该公司的业绩可能存在造假的嫌疑。

当然，业绩造假，既有可能采取虚减成本的手段，也有可能是虚增了收入，亦或是两者兼有。既然上期我们已经分析了金鸿顺成本中存在诸多不合理之处，那么今天我们就从收入情况入手，来分析一下该公司的营业收入是否合理。

多出来的营业收入

金鸿顺的主要产品为汽车零部件，报告期内，这一主要产品占到了其营业收入的九成以上，另外还有一部分模具的收入，每年仅有数千万元，再算上每年两三千万元的其他业务收入，就构成了金鸿顺的全部营业收入。报告期内，金鸿顺营业收入表现并不优异，甚至出现大幅下跌的情况，然而，即使这样不尽人意的营业收入，其中仍有可能含有“水分”。为了清楚地说明问题，我们先以 2016 年为例，通过与现金流量表数据的对比，来分析一下该公司所披露的营业收入是否合理。

招股说明书披露的 2016 年金鸿顺的营业收入为 90 105.88 万元，这其中并不包含增值税销项税部分。由于现金流量表中的金额是含税金额，因此如果算上该公司 17% 的增值税，则其含税收入合计为 105 423.88 万元。

知道了收入，那我们来了解一下其现金流入金额，根据公司披露的现金流量表，反映该公司现金流入情况的“销售商品、提供劳务收到的现金”2016 年全额为 98 769.36 万元，而该科目中，除了包含当年营业收入所收到的现金外，还涉及预收款项。经核算，该公司当年预收款项新增金额为 356.88 万元。扣除这部分金额影响后，再与营业收入对比，则该公司 2016 年实现的含税营业收入比当年“销售商品、提供劳务收到的现金”高出 7 011.40 万元。

当然，在正常情况下高出的这部分金额应该与应收账款和应收票据当年理论上的新增金额相当，那么实际情况又如何呢？根据金鸿顺提供的数据，其 2016 年期末的应收账款和应收票据金额分别为 22 655.50 万元和 3 714.24 万元，而期初金额则分别为 21 822.95 万元和 4 175.75 万元，由此可知，当年该公司的应收账款虽然有所增加，但增加金额并不大，而应收票据更是出现了减少的情况，两项合计，当年共计仅仅新增了 371.05 万元。这一结果令人很意外，显然与我们上文推算出的 7 011.40 万元的理论新增金额差距很大，两者相差达 6 640.35 万元，这意味着该公司 2016 年有相同金额的营业收入似乎是有名无实。而类似的情况，2015 年也存在。

招股书披露的 2015 年金鸿顺营业收入为 85 423.14 万元，因此，包含增值税的收入则为 99 945.07 万元。在现金收入方面，当年销售商品、提供劳务收到的现金为 97 760.95 万元，而当年预收款项减少了 2 061.61 万元，考虑这一因素后 2015 年含税收入比“销售商品、提供劳务收到的现金”仅多出了 122.51 万元，差距并不大。因此，从理论上来说，当年应收票据和应收账款应该略有增加，增加金额不大才对。

而令人吃惊的是，当年该公司的应收账款和应收票据的期末金额，相比期初金额不但没有增加，还有所减少，两项减少金额合计达1 409.29万元。如果考虑前述122.50万元理论上的新增金额，那么该公司当年就有1 531.79万元的营业收入，既没有以现金方式收回，也没有形成应收票据和应收账款。

连续两年，金鸿顺有数千万元的营业收入，既没有以现金方式收回来，又没有形成应收账款和应收票据的新增，就这么有名无实的出现了，那么这多出来的数千万元营业收入又是怎么回事呢？

承兑汇票是不是答案？

营业收入超出现金收入和相应债权数千万元是件很奇怪的事情，但是也并不是绝对就有问题，如果这其中涉及承兑汇票，这种情况就有可能存在了。比如企业货款被以承兑汇票方式支付后，再通过背书转让方式支付给供应商就可能形成收入与现金不匹配的情况。那么金鸿顺这部分异常的营业收入是不是以这种方式实现的呢？从招股说明书来看，似乎还真有这么一回事。

据招股说明书介绍：公司应收票据主要为银行承兑汇票。公司为提高资金使用效率，对于未到期的应收票据，采用票据贴现提前回流资金及票据背书转让方式结算材料、设备及工程等采购款，报告期内未发生过票据到期无法收回款项而产生坏账损失的情况。

金鸿顺在招股说明书中还给出了银行承兑汇票的具体数据，其中2016年，该公司背书转让出去的金额相比往年大幅提升，当年金额高达7 025.33万元。如果其披露的背书转让数据真实的话，那6 640.35万元营业收入的缺口倒是可以解释，但是超出这一金额数百万元的资金又该如何解释呢？而承兑汇票背书转让问题本身也并没有这么简单，俗话说"一个萝卜一个坑"，有支出就该有去向，那我们就来看看这7 025.33万元背书转让承兑汇票的去向是否合理。

金鸿顺招股书中所解释的票据背书转让主要是用来结算"材料、设备及工程等采购款"，那我们来分析一下，看他材料、设备及工程等采购款的情况又是如何？

我们先来看看其采购原材料的情况。据招股说明书提供的数据，2016年金鸿顺向采购金额在500万元以上的原材料供应商进行的不含税采购金额合计为40 178.22万元，占当年原材料采购总额比例为75.24%，也就是说其当年原材料不含税的采购总额为53 400.08万元，而如果算上17%的进项税，则其含税采购总额应该为62 478.09万元。

理论上来说，如果该公司真的存在大额的承兑汇票背书采购的话，那么其实际需要支出的现金和当年新增的负债就要比采购总额低，而且与采购总额之间的差额应该与背书采购金额差不多才合理，那实际情况又如何呢？

在金鸿顺合并报表的现金流量表中，反映企业采购支出的购买商品、接受劳务支付的现金2016年为63 016.28万元，当然，这其中还包含16.20万元预付款项的新增金额，扣除预付款项后，该公司为采购支出的现金超过其62 478.09万元含税采购总额的521.99万元。这也就意味着当年应付账款和应付票据应该有所减少，而减少金额应该为这521.99万元支出溢出与当年以承兑汇票背书采购材料金额之和。

然而，根据财报来看，金鸿顺2016年应付票据和应付账款的期末金额分别为2 664.28万元和12 059.52万元，而期初金额则分别为3 397.51万元和7 805.92万元。计算后不难发现，该公司当年的应付票据确实有所减少，不过减少金额仅为733.23万元，而应付账款则不但没有减少，反而是增加了4 253.59万元，两项合并计算，负债新增了3 520.36万元。

这就很奇怪了，负债出现大额新增，再考虑上文521.99万元的支出溢出，那么2016年金鸿顺实际支出金额和相应负债合计要比其含税采购全额还要高出4 042.35万元，即使没有承兑汇票背书转让支付采购款，其支出都已经溢出了，那么再算上其当年7 025.33万元的承兑汇票背书支付，那岂不是更无法解释了？因此，如果其披露的采购数据无误，就不应该存在承兑汇票背书采购材料的情况。

接下来我们再来看看其承兑汇票背书采购了“设备及工程采购款”的情况。

根据该公司现金流量表来看，2016年其“购建固定资产、无形资产和其他长期资产支付的现金”为8 533.36万元，如果企业采取承兑汇票支付“设备及工程采购款”采购，那么其金额应该也体现在固定资产的增加之中。那我们来看看金鸿顺2016年固定资产、在建工程以及无形资产等几个项目的变化。

其中该公司固定资产、在建工程和无形资产2016年期末金额合计为38 552.55万元（该公司没有其他长期资产），期初的合计金额则为34 189.87万元，可知以上三项当年新增金额为4 362.68万元。我们再来看看其固定资产折旧的情况，根据招股说明书披露，该公司2016年的累计折旧为4 513.97万元，也就是说该公司当年资产新增和折旧支出的金额共计应该为8 876.65万元，这相比其当年为购建固定资产、无形资产和其他长期资产支付的现金也仅高出了300多万元，即使其“设备及工程采购款”不存在负债，那么其以承兑汇票背书形式支出的采购款也超不过这300多万元，那么其所披露的7 025.33万元的承兑汇票背书支付又怎么支付出去呢？因此，如果其披露的资产及现金流数据属实，那么其承兑汇票背书支付去向就很不合理了。

更进一步来看，如果其披露的背书转让数据不实，那么其营业收入就存在很大的虚增嫌疑了。

（资料来源：红周刊 http：//www. hongzhoukan. com）

同步练习参考答案

一、单项选择题

1. C　2. A　3. B　4. C　5. D　6. C　7. D　8. B　9. A　10. D　11. B　12. D　13. D　14. C　15. B　16. D　17. A　18. C　19. D　20. C　21. D　22. D　23. B　24. D　25. C　26. C　27. A　28. A　29. A　30. C

二、多项选择题

1. CE　2. ABCDE　3. BD　4. ADE　5. CDE　6. CDE　7. ABCDE　8. CD　9. BCDE　10. ACD　11. ABDE　12. ABE　13. AC　14. ADE　15. ABC　16. ABCDE　17. ABCDE　18. ABC　19. ACE　20. AE

三、判断题

1. √　2. √　3. ×　4. ×　5. ×　6. ×　7. √　8. √　9. ×　10. ×　11. √　12. √

13. √　14. ×　15. √　16. ×　17. ×　18. ×　19. √　20. ×　21. ×　22. ×　23. ×　24. ×

四、解答题（略）

五、计算题

1. 利润表分析。

（1）根据利润表信息资料进行水平分析，如表5-5所示。

表5-5　某公司利润表水平分析表

科目	2016年度（元）	2015年度（元）	变动额（元）	变动率（%）
一、营业收入	2 780 166 085.93	3 447 461 385.12	-667 295 299.19	-19.36
减：营业成本	2 086 932 230.19	2 510 090 070.53	-423 157 840.34	-16.86
营业税金及附加	91 233 349.64	120 012 418.81	-28 779 069.17	-23.98
销售费用	78 091 474.11	83 184 303.90	-5 092 829.79	-6.12
管理费用	248 618 710.18	291 162 918.60	-42 544 208.42	-14.61
财务费用	104 731 143.23	74 695 921.83	30 035 221.40	40.21
资产减值损失	-378 657.20	5 365 568.96	-5 744 226.16	-107.06
加：公允价值变动净收益	-17 492 225.05	-5 810 376.93	-11 681 848.12	201.05
投资收益	272 013 222.63	317 289 195.00	-45 275 972.37	-14.27
其中：对联营企业和合营企业的投资权益	40 618 243.71	52 114 447.27	-11 496 203.56	-22.06
二、营业利润	425 458 833.36	674 429 000.56	-248 970 167.20	-36.92
营业外收入	198 034 021.23	100 827 127.63	97 206 893.60	96.41
减：营业外支出	39 527 994.20	45 277 800.41	-5 749 806.21	-12.70
其中：非流动资产处置净损失	38 163 078.71	44 875 850.37	-6 712 771.66	-14.96
三、利润总额	583 964 860.39	729 978 327.78	-146 013 467.39	-20.00
减：所得税	110 447 043.67	130 995 784.85	-20 548 741.18	-15.69
四、净利润	473 517 816.72	598 982 542.93	-125 464 726.21	-20.95
归属于母公司所有者的净利润	422 492 962.14	530 039 770.84	-107 546 808.70	-20.29
少数股东损益	51 024 854.58	68 942 772.09	-17 917 917.51	-25.99

①净利润或税后利润分析。净利润是指企业所有者最终取得的财务成果，或可供企业所有者分配或使用的成果。该公司2016年度实现净利润473 517 816.72元，比上年减少了125 464 726.21元，减少幅度为-20.95%。从水平分析看，净利润的增长主要是因为利润总额较去年减少146 013 467.39元，减少幅度为-20.00%所导致的；由于所得税费用比去年减少20 548 741.18元，二者相抵，使本期净利润减少125 464 726.21元。

②利润总额分析。利润总额是反映企业全部财务成果的指标，它不仅反映企业的营业利

润，而且反映企业的营业外收支状况。该公司利润总额减少 146 013 467. 39 元，减少幅度为 -20. 00%，关键原因是营业利润较上年减少了 248 970 167. 20 元，减少幅度为 -36. 92% 所导致的；同时营业外收入有一定幅度的增加。营业外收入增加了 97 206 893. 60 元，增长率为 96. 41%，同时营业外支出有较小幅度的减少，营业外支出减少了 5 749 806. 21 元，减少幅度为 -12. 70%，两者的综合作用使利润总额减少 146 013 467. 39 元。

③营业利润分析。营业利润是指企业营业收入与营业成本、期间费用、资产减值损失、资产变动净收益之间的差额。它反映了企业本期自身生产经营的财务成果。本期营业利润较 2015 年减少了 248 970 167. 20 元，减少幅度为 36. 92%。主要原因在于该公司本期营业收入下降了 667 295 299. 19 元，下降幅度为 19. 36% 以及财务费用本期增加了 30 035 221. 40 元，增长幅度为 40. 21% 所导致的。同时，营业成本、管理费用相应的减少，多方面因素综合作用，使本期营业利润减少了 248 970 167. 20 元。

（2）根据利润表信息资料进行结构分析，如表 5 -6 所示。

表 5 -6　　某公司利润表结构分析表

科目	2016 年度（元）	2015 年度（元）	比重（%）	
			2016 年度	2015 年度
一、营业收入	2 780 166 085. 93	3 447 461 385. 12	100. 00	100. 00
减：营业成本	2 086 932 230. 19	2 510 090 070. 53	75. 07	72. 81
营业税金及附加	91 233 349. 64	120 012 418. 81	3. 28	3. 48
销售费用	78 091 474. 11	83 184 303. 90	2. 81	2. 41
管理费用	248 618 710. 18	291 162 918. 60	8. 94	8. 45
财务费用	104 731 143. 23	74 695 921. 83	3. 77	2. 17
资产减值损失	-378 657. 20	5 365 568. 96	-0. 01	0. 16
加：公允价值变动净收益	-17 492 225. 05	-5 810 376. 93	-0. 63	-0. 17
投资收益	272 013 222. 63	317 289 195. 00	9. 78	9. 20
其中：对联营企业和合营企业的投资权益	40 618 243. 71	52 114 447. 27	1. 46	1. 51
二、营业利润	425 458 833. 36	674 429 000. 56	15. 30	19. 56
营业外收入	198 034 021. 23	100 827 127. 63	7. 12	2. 92
减：营业外支出	39 527 994. 20	45 277 800. 41	1. 42	1. 31
其中：非流动资产处置净损失	38 163 078. 71	44 875 850. 37	1. 37	1. 30
三、利润总额	583 964 860. 39	729 978 327. 78	21. 00	21. 17
减：所得税	110 447 043. 67	130 995 784. 85	3. 97	3. 80
四、净利润	473 517 816. 72	598 982 542. 93	17. 03	17. 37
归属于母公司所有者的净利润	422 492 962. 14	530 039 770. 84	15. 20	15. 37
少数股东损益	51 024 854. 58	68 942 772. 09	1. 84	2. 00

①本期的利润表中主营业务成本所占比重上升 2. 26%，同时其期间费用的比重也相应增加。但是受到投资的影响，本期的营业利润下降了 4. 26%，营业外收入比重增加了 4. 2%。在营业外收入中包含着政府补贴，但是依旧使得营业的利润下降了，表明大众交通在 2011 年期经营状况退步。

②从整体来看，本期大众交通公司营利并不乐观，企业期间费用平均在上升，成本所占的比重也同样在上升，表明企业在经营的时候在收入减少的情况下还其成本费用竟然在增加，只能说大众交通在本年期成本和收入比例并不理想。

2. 收入类项目结构分析，如图5－7所示。

表5－7　某公司收入类项目结构分析表

项目	2015－12－31金额（元）	占比（%）	2016－12－31金额（元）	占比（%）
营业收入	1 768 400 000.00	98.83	2 860 510 000.00	98.84
投资收益	913 468.00	0.05	682 419.00	0.02
营业外收入	18 163 100.00	1.02	32 960 800.00	1.14
收入合计	1 787 476 568.00	100.00	2 894 153 219.00	100.00

从表5－7中我们可以看到，企业营业收入从2015年到2016年有一个平稳的发展态势，特别是2016年，企业的营业收入占到了总收入的98.84%，说明企业的经营处于良好的成长发展期内。企业投资收益2016年占收入总额0.02%，说明该公司对外投资而获得的股利和利润减少，对被投资公司的已投资和再投资需要谨慎。营业外收入逐年增加，由1.02%增加到了1.14%。

3. 营业利润分析。

如表5－8所示。

表5－8　营业利润水平分析表

项目	2016年（元）	2015年（元）	增减额（元）	增减（%）
一、营业收入	80 710 806 825	65 133 211 929	15 577 594 896	23.92
减：营业成本	65 305 481 200	53 673 308 285	11 632 172 915	21.67
二、营业毛利	15 405 325 625	11 459 903 644	3 945 421 981	34.43
营业税金及附加	409 671 413	240 258 910	169 412 503	70.51
销售费用	2 734 685 800	1 989 253 850	745 431 950	37.47
管理费用	6 924 350 722	5 739 519 384	1 184 831 338	20.64
财务费用	946 142 398	356 213 834	589 928 564	165.61
资产减值损失	152 267 682	478 384 869	－326117 187	－68.17
加：公允价值变动收益	27 478 820	－6736 280	34 215 100	507.92
投资收益	691 426 587	644 970 798	46 455 789	7.20
其中：对联营企业和合营企业的投资收益	668 033 745	611 793 661	56 240 084	9.19
三、营业利润	4 957 113 017	3 294 507 315	1 662 605 702	50.47

解析：营业利润增减变动水平分析评价应包括以下几个方面：

①营业利润分析。公司2016年度实现营业利润为4 957 113 017元，比2015年增长了1 662 605 702元，增长率为50.47%，有大幅度明显的增长。从表5－8来看，公司营业利润的增长主要是营业毛利比2015年度增长了3 945 421 981元，增长幅度为34.43%引起的，

同时投资收益比2015年增长了46 455 789元，增长幅度为7.20%；资产减值损失比2015年减少了326 117 187元，减少幅度为68.17%；公允价值变动损益比2015年度增长34 215 100元，增长幅度高达507.92%，均是导致营业利润增长的有利因素。由于营业税金比2015年增加了169 412 503元，增长幅度高达70.51%；销售费用比2015年增加了745 431 950元，增长幅度为37.47%；管理费用上涨了1 184 831 338元，上涨幅度为20.64%；财务费用比2015年度增长了589 928 564元，增长幅度为165.61%，都是导致营业利润下降的不利因素。增减因素相抵，导致营业利润增长了1 662 605 702元。说明集团自身生产经营业务所取得的财务成果较2015年相比有大幅度明显的提高。

②营业毛利分析。该公司营业毛利比2015年增加了3 945 421 981元，增长率为34.43%，有大幅度增长。最关键的因素是营业收入大幅度增长，公司营业收入增加了15 577 594 896元，增长率为23.92%；但同时营业成本较2015年度相比增长了11 632 172 915元，增长率为21.67%，对营业毛利造成不利影响。增减相抵导致营业毛利增加了3 945 421 981元。

4. 答：

（1）见表5－9。

表5－9　　结构百分比财务报表

项目	2015年度	2016年度
一、营业收入	100%	100%
减：营业成本	73.13%	82.99%
营业税金及附加	0.50%	0.62%
营业费用	1.99%	2.07%
管理费用	5.31%	7.47%
财务费用	0.01%	0.17%
加：投资收益	1.59%	1.49%
二、营业利润	20.56%	8.17%
加：营业外收入	0.38%	0.30%
减：营业外支出	5.57%	2.74%
三、利润总额	15.36%	5.74%
减：所得税费用	5.07%	1.89%
四、净利润	10.29%	3.84%

（2）从百分比财务报表可以看出，利润减少主要是几个原因，首先是营业成本的上升，2015年营业成本占营业收入的73.13%，而2016年上升到82.99%，同时其他费用也有一定程度的上升，尤其管理费用上升了2个百分点，可能是上游产品物价上涨，导致营业成本上升，应该通过对成本的分析，提升技术等其他途径来降低成本。

第六章　现金流量表分析

内容概要

一、重点、难点

1. 重点：现金流量表的结构分析。
2. 难点：现金流量与利润综合分析。

二、基本要求

1. 了解现金流量表分析的目的和内容。

2. 理解资产负债表、利润表与现金流量表的关系，经营活动现金净流量与企业成长阶段的关系及其规律，现金流量与利润的相互关系分析的作用，经营活动现金净流量与净利润关系。

3. 掌握现金流量分析的各种方法，经营活动现金净流量与净利润的项目对应分析，现金流量与利润的相互关系的比率分析。

三、章节内容

第一节　现金流量表分析的目的与内容

现金流量表是以收付实现制为基础编制的，反映企业在一定时期的现金流入和现金流出动态状况的报表。

（一）现金流量表分析的目的

现金流量表是反映企业一定会计期间现金和现金等价物流入和流出的报表。编制现金流量表的目的是为会计信息使用者提供企业一定会计期间内现金和现金等价物流入和流出的信息，以便于会计信息使用者了解和评价企业获取现金和现金等价物的能力，并据以预测企业未来期间的现金流量。通过现金流量表分析，会计报表使用者可以达到以下目的：

1. 评价企业利润质量。

2. 分析企业的财务风险，评价企业风险水平和抗风险能力。

3. 预测企业未来的现金流量。

（二）现金流量表分析的内容

现金流量表是以现金为基础编制的，其中的现金包括库存现金、银行存款、其他货币资金和现金等价物。根据企业业务活动的性质和现金流量的来源，现金流量表将企业一定期间产生的现金流量分为三类：经营活动现金流量、投资活动现金流量和筹资活动现金流量。

第二节　现金流量表增减变动分析

（一）经营活动现金流量增减变动分析

企业的现金流量主要是由日常的经营活动产生，通过分析企业的经营活动现金流量可以发现企业现金流量的持续性和企业业务活动的健康性。

（二）投资活动的现金流量增减变动分析

投资活动的现金流量增减分析是利用本年与上年的相应投资活动产生的现金流入和现金流出相比较，算出增减的绝对量和相对数，从而来说明投资活动现金流量变化的状况。

（三）筹资活动现金流量增减变动分析

筹资活动现金流量增减变动分析是利用本年与上年的相应筹资活动产生的现金流入和现金流出相比较，算出增减的绝对量和相对数，从而来说明筹资活动现金流量变化的状况，进而反映企业资本的来源及融资的代价。

第三节　现金流量表结构变动分析

现金流量表结构分析，是分别计算企业全部现金流入量和现金流出量的总和，然后用各种现金流量与总现金流量对比，以计算各种现金流量占总现金流量的比重，目的在于揭示现金流入量和现金流出量的结构情况，从而抓住企业现金流量管理的重点。

（一）经营活动现金流量结构变动分析

经营活动的现金流量结构变动分析主要是计算经营活动的现金流入量与总现金流入量（经营活动、投资活动和筹资活动三类现金流入量的总和）的比值和经营活动的现金流出量与总现金流出量（经营活动、投资活动和筹资活动三类现金流出量的总和）的比值，便于从中分析出企业经营状况的好坏。

（二）投资活动现金流量结构变动分析

投资活动的现金流量结构变动分析主要是计算投资活动的现金流入量与总现金流入量（经营活动、投资活动和筹资活动三类现金流入量的总和）的比值和投资活动的现金流出量与总现金流出量（经营活动、投资活动和筹资活动三类现金流出量的总和）的比值，便于从中分析出企业投资状况的优劣。

（三）筹资活动现金流量结构变动分析

筹资活动的现金流量结构变动分析主要是计算筹资活动的现金流入量与总现金流入量（经营活动、投资活动和筹资活动三类现金流入量的总和）的比值和筹资活动的现金流出量与总现金流出量（经营活动、投资活动和筹资活动三类现金流出量的总和）的比值，便于从中分析出企业筹资状况的优劣。

第四节 现金流量表的质量分析

（一）经营活动、投资活动、筹资活动现金流量适应性分析

所谓现金流量的质量，是指企业的现金流量能够按照企业的预期目标进行顺畅运转的质量。具有较好质量的现金流量应当具有如下特征：

1. 企业现金流量的结构与状态体现了企业的发展战略的要求。

2. 在稳定发展阶段，企业经营活动的现金流量应当与企业经营活动所对应的利润（即同口径核心利润）有一定的对应关系，并能为企业的扩张提供现金流量的支持。

3. 筹资活动现金流量能够适应经营活动、投资活动对现金流量的需求，且无不当融资行为。

（二）经营活动现金流量质量分析

企业经营活动现金流量是企业现金的主要来源，而且其在未来的可持续性也最强，所以对该部分内容的分析是现金流量分析的重点。

1. 经营活动现金流量整体质量分析。

（1）经营活动现金净流量大于零。一般而言，企业经营活动现金净流量大于零意味着企业生产经营比较正常，具有“自我造血”功能，且经营活动现金净流量占总现金净流量的比率越大，说明企业的现金状况越稳定，支付能力越有保障。但是企业在日常经营活动中不仅有导致现金流出的付现成本，还会发生一些非付现成本和费用，这些成本费用在生产经营过程中短期内不涉及现金支付，如固定资产折旧、无形资产摊销等，但是从长期来看，只要企业维持简单再生产，这些项目的现金流出迟早会发生。所以在企业当期经营活动现金净流量大于零的基础上，还要考虑其是否能补偿当期发生的这部分非付现成本（非现金消耗性成本）。具体又可以细分为这样三类情形：

第一种，经营活动产生的现金净流量大于零但不足以补偿当期的非现金消耗性成本。这意味着企业通过正常的商品购、产、销所带来的现金流入量，不但能够支付因经营活动而引起的货币流出，而且有余力补偿一部分当期的非现金消耗性成本。

此时，企业虽然在现金流量的压力方面还比较不错，但是，如果这种状态持续，则从长期来看，企业经营活动产生的现金流量也不可能维持企业经营活动的货币“简单再生产”。因此，如果企业在正常生产经营期间持续出现这种状态，对于企业经营活动现金流量的质量仍然不能给予较高评价。

第二种，经营活动产生的现金净流量大于零并恰能补偿当期的非现金消耗性成本。

这意味着企业通过正常的商品购、产、销所带来的现金流入量，不但能够支付因经营活动而引起的货币流出，而且还有余力补偿全部当期的非现金消耗性成本。

在这种状态下，企业在经营活动方面的现金流量方面的压力已经解脱。如果这种状态持续，则从长期来看，企业经营活动产生的现金流量刚好能够维持企业经营活动的货币“简单再生产”。但是，从总体上看，这种维持企业经营活动的货币“简单再生产”的状态，仍然不能为企业扩大投资等发展提供货币支持。企业的经营活动为企业扩大投资等发展提供货币支持，只能依赖于企业经营活动产生的现金流量的规模继续加大。

第三种，经营活动产生的现金净流量大于零并在补偿当期的非现金消耗性成本后仍有剩余。这意味着企业通过正常的商品购、产、销所带来的现金流入量，不但能够支付因经营活

动而引起的货币流出、补偿全部当期的非现金消耗性成本，而且有能力支付现金股利，或者为企业的投资等活动提供现金流量的支持。

在企业当期经营活动产生的现金流量净额在补偿当期的非现金消耗性成本后仍有剩余的条件下，其是否能够支付现金股利，还取决于企业当年的股利分配政策。因此，必须结合企业现金股利分配政策对企业经营活动现金流量的充分性进行评价。

从上面的分析可以看出，企业经营活动产生的现金净流量，仅仅大于零是不够的。企业经营活动产生的现金流量要想对企业作出较大贡献，至少应该在上述第二种状态下运行。

（2）经营活动现金净流量等于零。企业经营活动的现金净流量等于零，意味着企业通过正常的商品购、产、销所带来的现金流入量，恰恰能够支付因上述经营活动而引起的货币流出。

在企业经营活动产生的现金净流量等于零时，企业的经营活动现金流量处于“收支平衡”的状态。企业正常经营活动不需要额外补充流动资金，企业的经营活动也不能为企业的投资活动以及筹资活动贡献资金。

需要注意的是，在企业的成本消耗中，有相当一部分属于按照权责发生制原则的要求而确认的摊销成本，如无形资产摊销、待摊费用摊销、固定资产折旧等，以及应计成本，如对预提费用的处理等（这两类成本通称为非现金消耗性成本）。显然，在经营活动产生的现金净流量等于零时，企业经营活动产生的现金净流量是不可能为这部分非现金消耗性成本的资源消耗提供货币补偿的。因此，从长期来看，经营活动产生的现金净流量等于零的状态，根本不可能维护企业经营活动的货币“简单再生产”。因此，如果企业在正常生产经营期间持续出现这种状态，企业经营活动现金流量的质量仍然不高。

（3）经营活动产生的现金净流量小于零。经营活动产生的现金净流量小于零，意味着企业通过正常的商品购、产、销所带来的现金流入量，不足以支付因经营活动而引起的货币流出。企业正常经营活动所取得的现金支付，只有通过这样几种方式解决：①消耗企业现存的货币积累；②挤占本来可以用于投资活动的现金，推迟投资活动的进行；③在不能挤占本来可以用于投资活动的现金的条件下，进行额外贷款融资，以支持经营活动的现金需要。

在没有贷款融资渠道的条件下，只能采用拖延债务支付或加大经营活动引起的负债规模来解决。从企业的成长过程分析，在企业从事经营活动的初期，由于在生产阶段的各个环节都处于磨合状态，设备、人力资源的利用率相抵较低，材料的消耗量相对较高，导致企业的成本消耗较高。同时，为了开拓市场，企业有可能投入较大资金，采用各种手段将自己的产品推向市场，包括采用渗透法定价、加大广告支出、放宽收款期等，从而有可能使企业在这一时期的经营活动现金净流量表现为入不敷出的状态。

如果是由于上述原因导致的经营活动现金净流量小于零，我们应该认为这是企业在发展过程中不可避免的正常状态。但是，如果企业在正常生产经营期间仍然出现这种状态，应当认为企业经营活动现金流量的质量不高。如果这种局面长期内不能改变，企业的现金缺口将越积累越大，必须通过再融资或挤占本应投资的长期资金来维持流动资金的需求，如果自身的资金积累消耗殆尽，又难以从外部取得资金，则企业将陷入财务危机状态。

2. 经营活动现金流量项目的质量分析。

（1）销售商品、提供劳务收到的现金。该项目反映企业本期销售商品、提供劳务收到的现金，以及前期销售商品、提供劳务本期收到的现金，包括销售收入和应向购买者收取的增值税销项税额，以及本期预收的款项，减去本期销售本期退回的商品和前期销售本期退回的商品支付的现金。企业销售材料和代购代销业务收到的现金，也在该项目中反映。

它是企业现金产生的源泉，其数额不仅取决于当期销售商品、提供劳务取得收入数额，还取决于企业的信用政策，这两个因素在未来期间都具有很强的持续性，分析人员应重点关注该项目。

（2）收到的税费返还。该项目反映企业收到返还的增值税、营业税、所得税、消费税、关税和教育费附加返还费等各种税费，体现了企业在税收方面销售政策优惠所获得的已缴税金的回流金额。财务分析人员应该关注企业享受的税收优惠在未来可持续的时间，以及哪些税收项目享受优惠。

（3）收到其他与经营活动有关的资金。该项目反映企业收到的罚款收入、经营租赁收到的租金等其他与经营活动有关的现金流入，金额较大的应当单独列示。这部分内容往往具有一定的偶然性，在分析时不应过多关注，如果该项目金额较大，还应观察剔除该项目后企业经营活动净现金流量的情况。

（4）购买商品、接受劳务支付的现金。该项目反映企业本期购买商品、接受劳务实际支付的现金包括增值税进项税额，以及本期支付前期购买商品、接受劳务的未付款项和本期预付款项，减去本期发生的购货退回收到的现金。该项目是企业正常生产经营活动中支付现金的主要部分，在未来的持续性较强，分析人员应关注企业该项目的内容和构成。

（5）支付给职工以及为职工支付的现金。该项目反映企业本期实际支付给职工的工资、奖金、各种津贴和补贴等职工薪酬，但是应由在建工程、无形资产负担的职工薪酬以及支付的离退休人员的职工薪酬除外。分析人员应关注项目内容，注意企业是否将不应纳入其中的部分包含在内，同时该项目也可以在一定程度上反映企业生产经营规模的变化。

（6）支付的各项税费。该项目反映企业本期发生并支付的、本期支付以前各期发生的以及预交的教育费附加、矿产资源补偿费、印花税、房产税、土地增值税、车船税、预交的营业税等税费，计入固定资产价值、实际支付的耕地占用税、本期退回的增值税、所得税等税费除外。通过该项目，分析人员可以得到企业真实的税负状况。

（7）支付的其他与经营活动有关的现金。该项目反映企业支付的罚款支出、支付的差旅费、业务招待费、保险费、经营租赁支付的现金等其他与经营活动有关的现金流出，金额较大的应当单独列示。

（三）投资活动现金流量质量分析

1. 投资活动现金流量整体质量分析。

投资活动是指企业对外的股权、债权投资，以及对内的非货币性资产如固定资产、无形资产等的投资。投资活动对当期经营成果的影响一般较小，但是直接影响企业未来期间的损益。当然，该部分内容也合算以前期间的投资在本期处置所导致的现金流入状况，该部分事项会影响企业当期损益，同时投资的回收也说明企业经营规模的下降以及战略的调整。

对投资活动现金流量的分析，主要应关注投资活动的现金流出量与企业发展战略之间的吻合程度及其效益。

（1）投资活动现金净流量大于或等于零。投资活动产生的现金净流量大于或等于零的情况可以得出两种相反的结论：一种说明企业投资收益显著，尤其是短期投资回报收现能力较强；另一种说明企业因为财务危机，同时又难以从外部筹资，而不得不处置一些长期资产，以补偿日常经营活动的现金需求。如果是后者，分析人员应进一步研究企业的财务状况以及以后期间是否会演化为财务危机。

（2）投资活动现金净流量小于零。投资活动现金净流量小于零的结果也有两种解释：一种可能是企业投资收益状况较差，投资没有取得经济效益，并导致现金的净流出；另一种可能是企业当期有较大的对外投资，因为大额投资一般会形成长期资产，并影响企业今后的生产经营能力，所以这种状况下的投资活动现金净流量小于零对于企业的长远发展是有利的。具体说来，投资活动现金净流量小于零意味着企业在购建固定资产、无形资产和其他长期资产、权益性投资以及债权性投资等方面所支付的现金之和大于企业在收回投资，分得股利或利润，取得债券利息收入，处置固定资产、无形资产和其他长期资产而收到的现金净额之和。企业上述投资活动的现金流量，处于入不敷出的状态。企业投资活动所需资金的缺口，可以通过以下几种方式解决：消耗企业现存的货币积累；挤占本来可以用于经营活动的现金，削减经营活动的现金消耗；利用经营活动积累的现金进行补充；在不能挤占本来可以用于经济活动的现金的条件下，进行额外贷款融资，以支持经营活动的现金需要；在没有贷款融资渠道的条件下，只能采用拖延债务支付或加大投资活动引起的负债规模来解决。

从投资活动的目的来分析，企业的投资活动主要有三个目的：

第一，为企业正常生产经营活动奠定基础，如购建固定资产、无形资产和其他长期资产等；

第二，为企业对外扩张和其他发展性目的进行权益性投资和债权性投资；

第三，利用企业暂时不用的闲置资金进行短期投资，以求获得较高的投资收益。

在这三个目的中，前两种投资一般都应与企业的长期规划和短期计划相一致。第三种投资在很多情况下则是企业的一种短期理财安排。因此，面对投资活动的现金流量小于零的企业，我们首先应当考虑的是：在企业的投资活动符合企业的长期规划和短期计划的条件下，这种现象表明了企业经营活动发展和企业扩张的内在需要，也反映了企业在扩张方面的努力和尝试。

2. 投资活动现金流量项目的质量分析。

（1）收回投资收到的现金。该项目反映企业出售、转让或到期收回除现金等价物以外的交易性金融资产、长期股权投资而收到的现金，以及收回持有至到期投资本金而收到的现金，但持有至到期投资收回的利息除外。分析人员应当注意企业是否将原本划分为持有至到期投资的资产在其未到期之前出售，如果存在此种情况，应注意企业是否存在现金流量吃紧的问题。此外如果企业处置了长期股权投资，应确定处置的意图是什么，是因为被投资企业的收益下滑，还是因为企业调整了未来期间的战略。

（2）取得投资收益收到的现金。该项目反映企业因股权性投资而分得的现金股利，从子公司、联营企业或合营企业分回利润而收到的现金，以及因债权性投资而取得的现金利息收入，但股票股利除外。

（3）处置固定资产、无形资产和其他长期资产收回的现金净额。该项目反映企业出售、报废固定资产、无形资产和其他长期资产所取得的现金包括因资产毁损而收到的保险赔偿收入，减去为处置这些资产而支付的有关费用后的净额，但现金净额为负数的除外。虽然本项目一般是偶发事件，在未来不具有可持续性，但是分析人员应关注本项目，关注的主要内容是企业处置这些长期资产的目的，以及这些资产在企业总体经营活动中的地位和作用。如果企业处置的是正在使用的固定资产或无形资产，应确定企业是因为调整未来经营方向，缩减当期经营规模，准备转产，还是因为企业当前遇到了现金流危机，需要变现部分长期资产来应急，如果是后者，应引起分析人员的高度警惕。

（4）处置子公司及其他营业单位收到的现金净额。该项目反映企业处置子公司及其他营业单位所取得的现金减去相关处置费用后的净额。与上一个项目相同，分析人员应关注企业处置子公司的目的，并确定这种行为对企业的长远影响。

（5）购建固定资产、无形资产和其他长期资产支付的现金。该项目反映企业购买、建造固定资产、取得无形资产和其他长期资产所支付的现金及增值税税款、支付的应由在建工程和无形资产负担的职工薪酬现金支出，但为购建固定资产而发生的借款利息资本化部分、融资租入固定资产所支付的租赁费除外。该项目金额的增大表示企业对经营规模或经营方向进行了调整，这对企业未来期间的利润和经营现金流量都会造成影响。另外，不同经营周期的企业在该项目上发生的金额也不同，一般处于初创期和成长期的企业投资较多，该项目发生金额较大，而在衰退期的企业通常投资较少，甚至会卖出长期资产，缩小经营规模。

（6）投资支付的现金。该项目反映企业取得的除现金等价物以外的权益性投资和债权性投资所支付的现金以及支付的佣金、手续费等附加费用。分析人员应当关注企业在本部分的支付金额是否来自于闲置资金，是否存在挪用主营业务资金进行投资的行为。

（7）取得子公司及其他营业单位支付的现金净额。该项目反映企业购买子公司及其他营业单位购买出价中以现金支付的部分，减去子公司或其他营业单位持有的现金和现金等价物后的净额。

（四）筹资活动现金流量质量分析

1. 筹资活动现金流量整体质量分析。

对筹资活动产生的现金流量的质量进行分析，主要应关注筹资活动的现金流量与经营活动、投资活动现金流量之和的适应程度等。

（1）筹资活动产生的现金净流量大于零。筹资活动产生的现金净流量大于零，意味着企业在吸收权益性投资、发行债券以及借款等方面所收到的现金之和大于企业在偿还债务、支付筹资费用、分配股利或利润、偿付利息、融资租赁所支付的现金以及减少注册资本等方面所支付的现金之和。在企业处于发展的起步阶段，需要大量资金，企业经营活动的现金流量小于零的条件下，企业对现金流量的需求，主要通过筹资活动来解决。因此，分析企业筹资活动产生的现金流量大于零是否正常，关键要看企业的筹资活动是否已经纳入企业的发展规划，是企业管理层以扩大投资和经营活动为目标的主动筹资行为还是企业因投资活动和经营活动的现金流出失控、企业不得已的筹资行为。

（2）筹资活动产生的现金流量小于零。筹资活动产生的现金流量小于零，意味着企业在吸收权益性投资、发行债券以及借款等方面所收到的现金之和小于企业在偿还债务、支付筹资费用、分配股利或利润、偿付利息、融资租赁所支付的现金以及减少注册资本等方面所支付的现金之和。这种情况的出现，或者是由于企业在本会计期间集中发生偿还债务、支付筹资费用、分配股利或利润、偿付利息、融资租赁等业务，或者是因为企业经营活动与投资活动在现金流量方面运转较好、有能力完成上述各项支付。但是，企业筹资活动产生的现金流量小于零，也可能是企业在投资和企业扩张方面没有更多作为的一种表现。

投资活动与筹资活动属于企业的理财活动。在任何期间，企业均有可能因这些方面的活动而引起现金流量的变化。不过，处于开创初期的企业，其理财活动引起大的现金流量变化较大，占企业现金流量变化的比重也较大。另外，理财活动也意味着企业存在相应的财务风险。例如，企业对外发行债券，就必须承担定期支付利息、到期还本的责任。如果企业不能履行偿债责任，有关方面就会对企业采取法律措施。又如，企业购买股票，就可能存在着股票跌价损失的风险，等等。因此，企业的理财活动越多，财务风险也可能越大。

2. 筹资活动现金流量项目的质量分析。

（1）吸收投资收到的现金。正常情况下，企业的资金需求主要通过自身经营现金流入解决，但是当企业处于初创、成长阶段，或者企业遇到经营危机时，仅仅依靠经营现金流入是不够的，此时企业应通过外部筹资满足资金需求。因此企业筹资活动现金流量一般会大于零，但是分析人员应注意分析企业筹资活动现金流量大于零是否正常，企业的筹资活动是否已经纳入企业的发展规划，是企业管理层的以扩大投资和经营活动为目标的主动筹资行为，还是因投资活动和经营互动的现金流出失控导致的不得已的筹资行为。

（2）取得借款收到的现金。该项目反映企业举借各种短期、长期借款而收到的现金。

（3）偿还债务支付的现金。该项目反映企业以现金偿还债务的本金。该项目与“取得借款收到的现金”结合起来，可以观察企业债务使用的方法，例如是否存在借新债还旧债，并由此使用短期资金用于长期投资的行为。同时结合企业经营活动现金流量，可以观察企业日常经营所需流动资金是自己创造，还是一直靠借款维持，如果是后者，则这样借入的现金质量不高。

（4）分配股利、利润或偿付利息支付的现金。该项目反映企业实际支付的现金股利、支付给其他投资单位的利润或用现金支付的借款利息，债券利息。

（5）收到其他与筹资活动有关的现金、支付其他与筹资活动有关的现金。该项目反映企业除上述前4类项目外，收到或支付的其他与筹资活动有关的现金流入或流出，包括以发行股票，债券等方式筹集资金而由企业直接支付的审计和咨询费用，为购建固定资产而发生的借款利息资本化部分，融资租入固定资产所支付的租赁费，以分期付款方式购建固定资产以后各期支付的现金等。

总体来说，对于一个健康的正处于发展成长阶段的公司来说，经营活动现金净流量一般应大于零，投资活动的现金净流量应小于零，筹资活动的现金净流量应正负相间。

同步练习

一、单项选择题

1. 反映净收益质量的主要标志是（　　）。

A. 经营活动现金流量　　B. 投资活动现金流量

C. 筹资活动现金流量　　D. 现金及现金等价物净额

2. 下列选项中，能使经营活动净现金流量小于净利润的是（　　）。

A. 无形资产摊销　　B. 计提坏账准备

C. 存货增加　　D. 收回应收账款

3. 企业处于高速成长阶段时，投资活动现金流量往往是（　　）。

A. 流入量大于流出量　　B. 流出量大于流入量
C. 流入量等于流出量　　D. 不一定

4. 投资活动中的对内投资部分体现了大进大出的情况，一般说明企业正在试图进行（　　）。

A. 规模扩张　　B. 资产更新优化　　C. 规模收缩　　D. 债务重组

5. 企业采用间接法确定经营活动现金流量时，应该在净利润的基础上（　　）。

A. 加上投资收益　　B. 减去预提费用的增加
C. 减去固定资产折旧　　D. 加上投资损失

6. 下列财务活动中不属于企业筹资活动的是（　　）。

A. 发行债券　　B. 分配股利
C. 吸收权益性投资　　D. 构建固定资产

7. 下列选项中，属于经营活动产生的现金流量是（　　）。

A. 购置固定资产收回的现金净额　　B. 分配股利所支付的现金
C. 借款所收到的现金　　D. 购买商品支付的现金

8. 现金流量表的编制基础是（　　）。

A. 权责发生制　　B. 应计制　　C. 永续盘存制　　D. 收付实现制

9. 通过现金流量表分析，会计报表使用者可以达到的主要目的是（　　）。

A. 分析企业营利能力　　B. 评价企业利润质量
C. 分析企业经营风险　　D. 预测企业未来投资保持率

10. 对于一个健康的、正在成长的公司来说，下列说法正确的是（　　）。

A. 经营活动现金净流量应当是正数　　B. 投资活动现金净流量应当是正数
C. 筹资活动现金净流量应当是负数　　D. 现金及现金等价物净增加额应当是负数

11. 现金流量表中的三大类别是（　　）。

A. 现金流入、现金流出和流入流出净额
B. 期初余额、期末余额和当期发生额
C. 投资活动现金流量、经营活动现金流量和筹资活动现金流量
D. 营业收入、净利润和营业活动现金流量

12. 下列选项中，属于健康成长公司的是（　　）。

A. 经营活动现金净流量大于0，投资活动现金净流量大于0
B. 经营活动现金净流量小于0，投资活动现金净流量小于0
C. 经营活动现金净流量小于0，投资活动现金净流量大于0
D. 经营活动现金净流量大于0，投资活动现金净流量小于0

13. 现金流量表中的“销售商品、提供劳务收到的现金”项目大于利润表中的“主营业务收入”项目，则下列描述正确的是（　　）。

A. 本年销售货款在当年全部变现
B. 本年销售货款在当年全部变现、以前年度销售也在本年收回
C. 本年销售企业信用政策过于宽松
D. 现金比率将小于流动比率

14. 下列各项中，属于“购建固定资产、无形资产和其他长期资产支付的现金”的是

（ ）。

A. 应由在建工程负担的职工薪酬现金支出

B. 应计入固定资产的借款利息资本化部分

C. 融资租入固定资产所支付的现金

D. 以分期付款方式购建固定资产以后各期支付的现金

15. 下列选项中，属于“支付给职工以及为职工支付的现金”的是（ ）。

A. 应由在建工程负担的职工薪酬　B. 应由无形资产负担的职工薪酬

C. 支付给生产工人的退休工资　D. 支付给管理人员的工资

16. 便于分析企业经营活动产生的现金流量来源和用途的是（ ）。

A. 比较现金流量表分析　B. 采用直接法编制的现金流量表

C. 现金流量表结构分析　D. 采用间接法编制的现金流量表

17. 下列各项中，可以引起现金流量净额变动的事项是（ ）。

A. 用银行存款支付一笔管理费用　B. 用银行存款购买一个月到期的债券

C. 将现金存入银行　D. 用固定资产抵偿债务

18. 将利润调整为经营活动现金流量时，不需要调整的项目是（ ）。

A. 资产减值准备　B. 固定资产折旧

C. 无形资产摊销　D. 以银行存款进行交易性金融资产的投资

19. 下列选项中，不在“销售商品、提供劳务收到的现金”项目中反映的是（ ）。

A. 应收账款的收回　B. 预收销货款

C. 向购买方收取的增值税销项税额　D. 收到返还的增值税

20. 间接法编制现金流量表的起点是（ ）。

A. 净利润　B. 主营业务收入

C. 主营业务利润　D. 营业利润

21. 现金流量表取得投资收益收到的现金不包括（ ）。

A. 从子公司收到的现金股利　B. 从联营企业收到的现金股利

C. 持有债券取得的利息　D. 取得的股票股利

22. 下列说法正确的是（ ）。

A. 只要经营活动的现金流量大于零，说明企业能满足扩大再生产的需要

B. 经营活动的现金流量等于零，说明企业收支平衡始终能维持简单再生产

C. 经营活动的现金流量小于零，说明企业已经陷入财务危机状态

D. 经营活动现金流量的可持续性最强，是现金流量分析的重点

23. 收回投资收到的现金中不包括（ ）收回持有至到期投资利息收到的现金应计入“取得债券利息所收到的现金”项目中。

A. 出售现金等价物以外的交易性金融资产收到的现金

B. 收回持有至到期投资本金收到的现金

C. 收回持有至到期投资利息收到的现金

D. 出售股权投资收到的现金

24. 现金流量表可用于（ ）。

A. 分析经营风险　B. 分析资产质量

C. 预测未来的现金流量　　D. 预测未来利润与现金流量的差异

25. 下列各项中，不属于现金流量表分析目的的是（　　）。

A. 了解企业资产的变现能力　　B. 了解企业现金变动情况和变动原因

C. 判断企业获取现金的能力　　D. 评价企业营利质量

二、多项选择题

1. 现金流量表中"现金"可能包括的内容有（　　）。

A. 库存现金　　B. 银行存款　　C. 短期证券　　D. 发行债券

E. 发行股票

2. 属于筹资活动现金流量的项目有（　　）。

A. 短期借款增加　　B. 资本净增加　　C. 增加长期投资　　D. 偿还长期债券

E. 取得债券利息收入收到的现金

3. 从净利润调整为经营活动现金流量，应调增的项目有（　　）。

A. 流动负债减少　　B. 财务费用

C. 不减少现金费用　　D. 非流动资产增加

E. 投资损失

4. 下列活动中，属于经营活动产生的现金流量有（　　）。

A. 销售商品收到的现金　　B. 分配股利支出的现金

C. 提供劳务收到的现金　　D. 出售设备收到的现金

E. 缴纳税款支出的银行存款

5. 从经营活动现金流量调整为净利润，应调减的项目有（　　）。

A. 流动负债减少　　B. 投资损失

C. 不减少现金的经营性费用　　D. 非现金流动资产的减少

E. 固定资产折扣

6. 属于筹资活动现金流量的项目有（　　）。

A. 短期借款的增加　　B. 支付给职工的现金

C. 或有收益　　D. 分配股利所支付的现金

E. 取得债券利息收入

7. 下列项目中，属于现金流入项目的有（　　）。

A. 经营成本节约额　　B. 回收垫支的流动资金

C. 建设投资　　D. 固定资产残值变现收入

E. 营业收入

8. 下列选项可能导致资产负债表"货币资金"项目期末余额，不等于现金流量表"现金及现金等价物"期末余额的有（　　）。

A. 以交易为目的的股票投资

B. 银行定期存款

C. 三个月内到期的短期债券投资

D. 申请开立银行承兑汇票时支付的保证金

E. 银行活期存款

9. 下列选项中，可能导致净利润和经营活动净现金流量不一致的有（　　）。

A. 不减少现金的经营性费用　　B. 付现经营性费用

C. 非现金流动资产的减少　　D. 从银行提取备用金

E. 现金投资收益

10. 下列选项中，可能导致“营业收入”和“销售商品，提供劳务收到的现金”两个项目不一致的有（　　）。

A. 应付账款增加　　B. 应收账款增加

C. 应付票据增加　　D. 应收票据增加

E. 预收账款增加

11. 现金流量结构分析的目的有（　　）。

A. 了解现金主要来自哪里

B. 了解各类现金的变动及其差异

C. 了解现金主要用往何处

D. 了解影响现金变动的因素及其变动程度

E. 了解现金及现金等价物净增加额的构成情况

12. 下列关于现金流量表分析的表述，错误的有（　　）。

A. 企业承担经营风险与财务风险的能力都与企业现金流量状况直接相关

B. 经营活动现金净流量越大，说明企业的现金状况越稳定，支付能力越有保障

C. 当经营活动的现金流量为正数，其流入与流出比率一定大于1

D. 对于任何公司而言，经营活动现金净流量一般大于零，投资活动的现金净流量应小于零，筹资活动的现金净流量应正负相间

E. 现金流量表是分析利润质量的依据

13. 企业筹资活动产生的现金流量小于零，可能意味着（　　）。

A. 企业在本会计期间大规模偿还债务

B. 企业经营活动与投资活动在现金流量方面运转较好，有能力偿还债务、分配利润等

C. 企业当期进行了增资扩股

D. 企业在投资和企业扩张方面没有更多的作为

E. 企业无法取得新的借款

14. 下列选项中，对企业未来具有较强持续性影响的有（　　）。

A. 销售商品、提供劳务收到的现金

B. 收到的其他与经营活动有关的现金

C. 购买商品、接受劳务支付的现金

D. 处置固定资产、无形资产和其他长期资产收回的现金净额

E. 取得投资收益收到的现金

15. 通过现金流量表分析，会计信息使用者可以（　　）。

A. 评价企业利润质量

B. 评价企业财务风险

C. 预测企业未来现金流量

D. 评价企业获取现金和现金等价物的能力

E. 了解利润与现金流量之间差异的大小和原因

16. 下列关于现金流量表的表述和分析中，正确的有（　　）。

A. 现金流量表分析可以评价企业的利润质量

B. 出售厂房所得现金可以增加经营活动现金流入

C. 投资活动现金流量小于零可以解释为企业投资收益状况较差，没有取得经济效益，并导致现金的净流出或企业当期有较大的对外投资，分析人员应注意区分原因

D. 动过定比趋势分析，可以了解企业连续期间的现金流量变动趋势、变动方向和变动速度

E. 现金流量分析包括现金流入结构分析、现金流出结构分析以及现金流入流出结构分析

17. 现金流量表中经营活动支付的各项税费包括（　　）。

A. 印花税　　B. 房产税　　C. 土地增值税　　D. 教育费附加

E. 车船使用税

18. 现金流量表解读的主要内容包括（　　）。

A. 现金流量表正确性分析　　B. 现金流量表趋势分析

C. 现金流量表结构分析　　D. 现金流量表质量分析

E. 现金流量表比率分析

19. 以净利润为起点计算经营活动现金净流量应相加的科目有（　　）。

A. 资产减值准备　　B. 固定资产折旧与无形资产摊销

C. 投资收益　　D. 经营性应收项目增加

E. 经营性应付项目增加

20. 利用趋势分析法进行现金流量表分析时，如果期初项目为零，处理方法可能包括（　　）。

A. 剔除该项目　　B. 结合比率分析法进行分析

C. 结合比较现金流量表逐项进行分析　　D. 结合定比报表逐项进行分析

E. 结合其他报表数据进行分析

三、判断题

1. 企业所在的经营周期、发展战略以及市场环境等因素均影响现金净流量大小。（　　）

2. 经营活动产生的现金流量大于零，说明企业营利。（　　）

3. 采用间接法编制的现金流量表便于分析企业经营活动产生的现金流量的来源和用途。（　　）

4. 利息支出将对筹资活动现金流量和投资活动现金流量产生影响。（　　）

5. 现金净流量越大，说明企业的财务状况越好。（　　）

6. 计提坏账准备将引起经营活动现金净流量的增加。（　　）

7. 筹资活动现金净流量小于零，表示企业在本会计期间集中发生偿还义务、支付筹资费用、进行利润分配、偿付利息等业务。（　　）

8. 企业活动净现金流量大于零，说明其回笼现金的能力很强。（　　）

9. 固定资产折旧的变动不影响当期现金流量的变动。（　　）

10. 一般而言，对于一个正常发展的企业，经营活动现金流入和流出比率应大于1，投资活动现金流入和流出比率应小于1，筹资活动现金流入和流出比率随着企业资金余缺的程度围绕1上下波动。（　　）

11. 企业分配股利必然引起现金流出量的增加。（　　）

12. 会计政策、会计估计变更与前期差错更正必须分析其对企业现金流量表的影响。（　　）

13. 企业支付所得税将引起经营活动现金净流量的增加。（　　）

14. 现金流量净增加或净减少，不一定表明企业的财务状况与经营成果好与坏。（　　）

15. 票据贴现所获取的现金应记入"销售商品、提供劳务所收到的现金"项目。（　　）

16. 在现金流量表中，固定资产购建过程中发生的增值税，应在经营活动中的"支付的各项税费"中反映。（　　）

17. 在现金流量表中，利息收入和利息支出反映为投资活动的现金流量，股利收入和股利支出反映为筹资活动的现金流量。（　　）

18. 如果发现有的企业账面利润很高，而经营活动的现金流量不充足，甚至出现负数，应格外谨慎的判断企业的经营成果。（　　）

19. 现金流量表中的经营活动，是指企业投资活动和筹资活动以外的交易和事项——销售商品或提供劳务，处置固定资产，分配利润等产生的现金流量均包括在经营活动产生的现金流量中。（　　）

20. 每股经营现金流量反映了每股流通在外的普通股所产生的现金流量。该指标越高越为股东们所接受。（　　）

四、解答题

1. 站在投资人的角度，现金流量表分析的目的是什么？
2. 现金流量表的内涵及编制基础是什么？
3. 现金流量的分类及其所包含的项目有哪些？
4. 现金流量表分析的增减变动法如何实施？
5. 现金流量表分析的结构法如何实施？
6. 现金流量表结构分析的意义何在？
7. 如何理解现金流量表的质量？

五、计算分析

1. 现金流量表水平分析。资料如表6－1所示。

表6－1　现金流量表水平分析信息资料　单位：元

项　目		2016年	2015年
经营活动	现金流入	4 098 866 531.70	3 965 911 347.16
	现金流出	3 415 974 067.54	3 080 363 938.97
	现金流量净额	682 892 464.16	885 547 408.19

续表

项目		2016年	2015年
投资活动	现金流入	1 002 463 278.59	693 684 073.45
	现金流出	1 491 154 703.70	1 270 552 146.80
	现金流量净额	-488 691 425.11	-576 868 073.35
筹资活动	现金流入	4 843 000 000.00	2 757 500 000.00
	现金流出	4 762 547 765.45	2 442 520 038.30
	现金流量净额	80 452 234.55	314 979 961.70
	汇率变动对现金的影响	-171 319.59	1 626.06
	现金及现金等价物净增加额	274 481 954.01	623 660 922.60

要求：对现金流量表进行水平分析。

2. 现金流量表流入结构分析。资料如表6-2所示。

表6-2　现金流入结构分析信息资料　单位：元

现金流入项目	2016年	2015年	2014年
经营活动	4 098 866 531.70	3 965 911 347.16	4 343 228 246.19
投资活动	1 002 463 278.59	693 684 073.45	954 672 495.07
筹资活动	4 843 000 000.00	2 757 500 000.00	4 131 900 000.00
现金流入量合计	9 944 329 810.29	7 417 095 420.61	9 429 800 741.26

要求：对现金流量表流入结构分析。

3. 现金流量表流出结构分析。资料如表6-3所示。

表6-3　现金流出信息资料　单位：元

现金流出项目	2016年	2015年	2014年
经营活动	3 415 974 067.54	3 080 363 938.97	3 205 694 183.99
投资活动	1 491 154 703.70	1 270 552 146.80	803 404 702.53
筹资活动	4 762 547 765.45	2 442 520 038.30	5 234 414 844.56
现金流入量合计	9 669 676 536.69	6 793 436 124.07	9 243 513 731.08

要求：对现金流量表流出结构分析。

4. 现金流量净额结构分析。资料如表6-4所示。

表6-4　现金流量净额信息资料　单位：元

现金流净额项目	2016年	2015年	2014年
经营活动	682 892 464.16	885 547 408.19	1 137 534 062.20
投资活动	-488 691 425.11	-576 868 073.35	151 267 792.54
筹资活动	80 452 234.55	314 979 961.70	-1 102 514 844.56
现金流净额合计	274 653 273.60	623 659 296.54	186 287 010.18

要求：对现金流量净额结构进行分析。

5. A 公司 2013 年，2014 年与 2015 年有关现金流量资料，如表 6－5 所示。

表 6－5　　单位：万元

	2013 年	2014 年	2015 年
经营活动现金流入	1 500	1 650	1 800
经营活动现金流出	1 200	1 140	1 080
投资活动现金流入	250	180	230
投资活动现金流出	180	220	250
筹资活动现金流入	230	470	490
筹资活动现金流出	86	340	420

要求：

①根据上述资料，以 2013 年为基年，进行现金流量的定比趋势分析，填写表 6－6 空格。

表 6－6

	2013 年	2014 年	2015 年
经营活动现金净流量	100		
投资活动现金净流量	100		
筹资活动现金净流量	100		

②结合表 6－6 对 A 公司现金流量的趋势变化进行简要的分析评价。

6. A 公司 2015 年经营活动产生的现金流量净额为 300 000 元，投资活动产生的现金流量净额为－300 000 元，筹资活动产生的现金流量净额为 7 000 元，2016 年经营活动产生的现金流量净额为－100 000 元，投资活动产生的现金流量净额为 200 000 元，筹资活动产生的现金流量净额为 2 000 元。

要求：

（1）计算 A 公司 2015 年和 2016 年现金及现金等价物净额；

（2）对 A 公司 2015 年和 2016 年的现金流量状况作简要分析。

7. 某公司简化的现金流量表如表 6－7 所示。

表 6－7　　单位：万元

主表项目	金额	补充资料项目	金额
经营活动现金净流量	+900	净利润	C
投资活动现金净流量	－470	+（－）调整项目总额	－600
筹资活动现金净流量	－230	经营活动现金净流量	B
汇率变动对现金流量的影响	0	现金的期末余额	320
现金及现金等价物净增加额	A	减：现金的期初余额	D
		现金净增加额	E

要求：

（1）计算表中 A、B、C、D、E 五项数据，并填在表格相应位置；

（2）从现金净流量的组成说明该公司的现金流量状况；

（3）推断该公司所处的发展周期；

（4）说明该公司利润的质量。

案例导读

案例一：伟康医疗现金流数据异常 千万元经营性负债消失

江苏伟康洁婧医疗器械股份有限公司（简称“伟康医疗”）是一家生产鼻氧管、吸痰管、吸引管、导尿管、引流袋等一次性医用耗材的企业，2017 年 9 月底报送了招股说明书（申报稿），拟在 A 股上市。

招股书中，伟康医疗自称是高新技术企业，对此说法，《红周刊》记者在梳理其披露的相关信息时发现，该公司近 3 个会计年度（2014—2016 年）研发费用合计总额 1 368.50 万元，仅占营业收入合计总额 57 803.80 万元的 2.37%，此外，伟康医疗也只是在 2015 年和 2016 年营业收入才超过 2 亿元。

根据《高新技术企业认定管理办法》规定，企业只有满足“最近一年销售收入在 2 亿元以上的企业，近三个会计年度的研究开发费用总额占同期销售收入总额的比例不低于 3%”的规定才能被认定为高新技术企业，而就伟康医疗近三个会计年度的研发费用总额占营业收入总额的 2.37% 比例看，显然是不符合《高新技术企业认定管理办法》要求的。让人疑惑的是，伟康医疗是通过什么手段成为高新技术企业的呢（2015—2017 年）？

当然，有关高新技术企业资质问题并不是本文讨论的重点，本文着重探讨的是伟康医疗库存、现金流和负债上的异常现象。

库存数据异常

招股书显示，报告期内伟康医疗的库存商品和发出商品的合计金额分别是 908.36 万元、1 142.99 万元、1 113.61 万元和 1 307.94 万元，其增减情况分别有 234.63 万元、－29.38 万元和 194.33 万元，表面上看似乎看不出什么异常，但如果将库存商品、发出商品与产销情况作对比，库存增减的异常便悄然显现。

在招股书中，公司一共披露了 13 种主要产品的产销情况，整体上看，产量和销量都很大，但期末库存较少，而且呈现单位价值低且数量多的特点。《红周刊》记者发现，虽然单独看每一种产品，各自对库存的影响都不大，但是加总之后，则差异就非常明显了。

以主要产品“吸引管”为例，在报告期内，其产量分别有 1 268.78 万支、2 339.92 万支、2 655.59 万支、1 572.51 万支，而销量分别有 1 149.34 万支、2 256.80 万支、2 503.56 万支和 1 450.27 万支，由此可知，“吸引管”产品的产量比销量多了 119.44 万支，83.12 万支、152.03 万支和 122.24 万支。在正常情况之下，这部分生产了而还没卖出去的产品将进入库存，使得库存商品（包括发出商品）增加相应的金额。

根据招股书，报告期内“吸引管”产品的单位成本分别是每支 1.88 元、1.52 元、1.47 元和 1.60 元。结合单位成本和产销量之差，就可知道这种产品在报告期内对库存增减金额的影响，也就是使得库存分别增加了 224.55 万元、126.34 万元、223.48 万元和 195.58

万元。

用同样的方法，“换药包”产品在报告期内的产量为 261.19 万个、265.01 万个，311.25 万个和 143.97 万个，而相应期间的销量分别有 222.95 万个、264.24 万个、303.28 万个和 139.04 万个，由此得知产销之差有 38.24 万个、0.77 万个、7.97 万个和 4.93 万个，再结合单位成本每个 3.50 元、2.54 元、2.73 元和 2.76 元，最后也能测算出这种产品对库存的影响金额分别有 133.84 万元、1.96 万元、21.76 万元和 13.61 万元。

同样的，通过 13 种产品的产量、销量、单位成本数据，得出各产品对库存增减金额的影响之后加总起来，可以知道合计使得库存商品（含发出商品）的增减金额分别增加了 636.40 万元、162.47 万元，269.11 万元和 217.82 万元。

可让人奇怪的是，伟康医疗在招股书中披露，报告期内库存商品有 890.53 万元、592.42 万元、630 万元和 688.37 万元，同时，发出商品有 17.83 万元、550.57 万元、483.61 万元和 619.57 万元。由此可知，包括发出商品在内的库存商品在报告期内的增减情况是 234.63 万元、-29.38 万元、194.33 万元。

把测算结果和招股书披露的数据作对比，发现 2016 年的库存金额理论上应当增加 269.11 万元，可实际的披露结果却是减少了 29.38 万元，竟然存在 298.49 万元的差异。而在此之前的 2015 年和此后的 2017 年 1—6 月也有差异，或许这是核算误差和非主要产品的影响所致，但不管怎么说，2016 年出现了这么大的差额，还是需要公司予以相应解释的。

诡异的现金流

伟康医疗的库存增减金额存在无法解释的异常情况，那么与之紧密相关的营业收入、收款方面是否也存在值得探讨的地方呢？

招股书披露，伟康医疗 2015 年的营业收入有 20 102.63 万元，考虑约有一半是内销收入，另一半是增值税免抵退的出口收入，因此，含税营业收入大约有 21 811.35 万元。而这年的“销售商品、提供劳务收到的现金”为 22 012.25 万元，相比之下，含税营业收入比收到的现金要少 200.89 万元。这就是说，公司在 2015 年的销售不但都收回了现金，而且还有额外的现金流入，从财务勾稽关系看，多流入的现金一般情况下是资产负债表中应收账款的减少或者是预收款项新增所致。

实际上，2015 年的应收账款余额 3 444.35 万元（没有应收票据）相比 2014 年年末的 3 977.34 万元确实是减少了，只不过，减少的 532.99 万元远远超过了前述的 200.89 万元的金额。而与此同时，预收款项余额也从 2014 年年末的 329.94 万元大幅增加至本期的 1 338.49 万元，新增 1 008.56 万元。应收和预收的双双变化，使得现金流入了 1 541.55 万元，即便是考虑了前述 200.89 万元的差额，仍有 1 340.66 万元的现金流入不知去向。

2016 年的情况与 2015 年类似，这一年营业收入为 21 490.78 万元，考虑约有一半是包含 17% 税率的内销收入，其含税营业收入达 23 317.45 万元，相比同年的“销售商品、提供劳务收到的现金”22 882.52 万元要多出 434.97 万元。意味着 2016 年的销售仍有 400 多万元未以现金方式收回，需要形成相同金额的经营性债权。

资产负债表中，2016 年应收账款余额为 3 708.96 万元，应收票据余额为 10.55 万元，合计数跟 2015 年年末合计 3 444.35 万元相比，新增 275.17 万元，这个结果与前述的 434.97 万元差额对冲，仍有 159.8 万元债权未被体现，按理说这很可能是其预收款项出现了减少。可事实上，2016 年年末的预收款项余额 2 160.39 万元相较 2015 年年末的 1 338.49

万元不仅没有减少，相反还新增了821.90万元。如此变化的结果是，含税营业收入和现金流量之间的差额进一步扩大到981.70万元，这又是为什么呢？

消失的负债

在招股书中，伟康医疗虽然没有直接披露报告期内的采购总额，但根据主要原材料的采购金额及其占采购总额的比例还是可以测算出报告期内的采购总额，而将测算出的采购总额与应付账款等项目数据作进一步对比，《红周刊》记者发现，公司存在大额应付账款莫名减少的现象。

报告期内（2014年至2017年1—6月），伟康医疗对主要原材料的采购金额为4 764.44万元、5 903.60万元、5 725.99万元和3 623.54万元，占同期采购总额的68.77%、73.94%，70.73%和76.83%，由此可推算出，报告期内各期采购总额分别为6 928.08万元、7 984.31万元、8 095.56万元和4 716.31万元。考虑17%增值税率的影响，各期的含税采购总额应分别达到8 105.85万元、9 341.64万元、9 471.81万元和5 518.08万元。在这样的采购规模下，伟康医疗用于采购的现金支出，以及所承担的经营性负债会呈现怎样的结果？

2015年，伟康医疗用于采购的"购买商品、接受劳务支付的现金"有9 328.25万元，与同期的含税采购总额9 341.64万元金额相近，仅相差13.40万元，由此可以看出在这一年中，公司的采购支出基本上都支付了现金，经营性负债不会出现明显变化。

但事实上，该公司2015年年末应付账款余额4 547.52万元（没有应付票据）相比2014年年末的5 804.41万元减少了1 256.89万元；115.89万元预付款项余额也相比2014年年末的159.12万元出现43.23万元的减少。整体核算，可以发现在现金流量一定的情况下，公司在这一年中存在超过千万元的经营性负债减少的现象，仅从财务勾稽关系看，这是非常奇怪的。

2016年也出现了相似的情况。这一年的含税采购总额9 471.81万元与"购买商品、接受劳务支付的现金"9 326.13万元相比，现金支付存在145.68万元缺口，意味着，公司应该有一定经营性负债增加。

可实际上，2016年年末的应付账款余额却由2015年年末的4 547.52万元减少到当期的3 624.03万元（没有应付票据），不增反减，减少了923.49万元，而预付款项余额虽有变化，但减少额度也仅有7.73万元。综合来看，伟康医疗在2016年同样存在超过千万元的应付账款莫名减少的情况。

在现金流量表中"购买商品、接受劳务支付的现金"项数值一定的情况下，公司连续两年出现超过千万元经营性负债减少的现象，这难道是伟康医疗在这两年中出现了大量固定资产、无形资产、在建工程等非流动性资产的购置，从而导致其资产负债表中相关项目数值出现大幅减少？

招股书中，公司并没有披露报告期内非流动资产的具体增减金额，仅披露了"重大资本性支出"的情况，分别为787.85万元，1 115.13万元、3 098.55万元和963.94万元，而同期"购建固定资产、无形资产和其他长期资产支付的现金"项则分别为1 395.45万元、4 752.98万元、4 415.42万元和955.44万元。两组数据对比可见，2015年和2016年的重大资本性支出比同期现金支付要少3 637.85万元和1 316.87万元，这种情况意味着这两年非但不会形成负债，反而会导致经营性负债减少。对冲过后发现，相较2016年数据的接近，

2015 年却仍有数千万元的差异不能得到解释。

（资料来源：红周刊 http：//www. hongzhoukan. com）

案例二：九圣禾营利能力“外强中干”，现金流数据存在异常

九圣禾种业股份有限公司（简称“九圣禾”）是一家主营业务为玉米种子、小麦种子、棉花种子等主要农作物种子的研发、生产加工、销售和技术服务的企业，近日公司报送并公告了最新版本的招股说明书申报稿，这是其继 2015 年 7 月之后第二次报送申报稿。

最新招股书披露，公司拟首次公开发行 A 股不超过 4 767 万股，募资约 2. 28 亿元用于玉米种子加工建设项目、优质棉种加工生产线建设项目、玉米商业化育种体系建设项目、营销网络及服务体系建设项目。

对于该家拟 IPO 公司，记者在查看其招股书过程中发现，其不仅存在营利能力“外强中干”现象，且库存数据和现金流数据也有一定异常。

营利能力“外强中干”

招股书披露，报告期内（2014 年、2015 年和 2016 年），九圣禾营业总收入分别是 32 786. 53 万元、46 720. 47 万元和 47 764. 98 万元，保持着持续增长态势，特别是 2015 年营收增长势头最为明显，同比增幅达到了 42. 5%。

需要注意的是，就在公司营收持续增长的情况下，其净利润表现却有异常波动，3 年中净利润分别达到 3 390. 44 万元、2 139. 66 万元和 2 934. 48 万元。其中，在营收同比增幅达 42. 5% 的 2015 年，其净利润竟然下滑了 36. 89%，而在营收同比增长仅 2. 24% 的 2016 年，其净利润增幅又高达 37. 15%。

当然，如果考虑报告期内扣除非经常性损益因素的影响，其扣非后的净利润仅剩下了 2 289. 34 万元、1 070. 64 万元和 1 703. 15 万元，占扣非前净利润的 67. 52%、50. 04% 和 58. 04%，下降明显。特别是 2015 年，1 070. 64 万元的扣非净利润与同期的 46 720. 47 万元营业总收入相比，反差极为明显。如此悬殊的数据对比，不由让人对九圣禾的营业收入的真实性产生怀疑，其持续增长的营收是否真实？

《红周刊》记者在随后通过对招股书披露的相关数据进行核算后，发现九圣禾披露的财务数据确实存在着一些让人难以理解之处，如在库存商品与营业收入方面，从一般财务数据逻辑考虑就存在不匹配的现象。

高估库存商品

九圣禾的库存商品有小麦种子、玉米种子、棉花种子以及少量的其他商品。招股书披露，报告期内库存商品各年年末的余额分别为 3 833. 23 万元、8 872. 10 万元和 10 010. 38 万元。仅从各年末余额看，不仅 2015 年库存商品出现 131. 45% 的大幅增长，2016 年也有较大幅度的增加。与此同时，从细分品类的库存商品变化看，其库存也大致呈现出同样的增长趋势。不过，需要注意的，如果分类核算各产品的库存变化后再汇总叠加，则可发现分类核算的汇总金额与招股书直接披露的库存商品金额之间存在着较大的差异。

首先分析一下小麦种子的库存数据，可以发现小麦种子是九圣禾库存商品中占比较大的一类产品，其 2016 年的产量是 62 078. 70 吨，同期销量是 61 138. 88 吨，由此发现，当年小麦种子有 939. 82 吨成品没有卖出去，在正常情况下，这部分成品将会进入库存商品成为存

货的一部分。考虑该年度小麦种子的单位成本每千克3.35元，以此核算，该年度生产而没卖出去进入库存的小麦种子价值为314.84万元。

同理，2015年小麦种子产量为60 099.63吨，卖出了53 878.79吨，剩下的6 220.84吨进入了库存，当年小麦种子的单位成本是每千克3.19元，由此推算当年会有1 984.45万元的小麦种子进入了库存商品。2014年小麦种子产量46 797.02吨、销量48 472.21吨，由于产量少于销量1 675.19吨，这就意味着，除了卖出当年生产的新种子之外，公司还消耗了往年相应数量的库存，考虑同期单位成本是每千克3.10元，因此，2014年年末的小麦种子库存应该比上年减少519.31万元。

我们接着分析玉米种子库存金额的变化。玉米种子在库存商品中占比也较大。2016年玉米种子产量有10 026.29吨，销量10 315.44吨，销量比产多出了289.15吨，这意味着公司除了卖完当年生产的新鲜玉米种子外，还要消耗部分往年库存，即按当年每千克9.36元的单位成本考虑，往年的玉米种子库存应当要减少270.64万元。

2015年，九圣禾一共生产了13 225.38吨玉米种子，卖出了14 796.06吨，销量比产量多出1 570.68吨，这意味着以当年每千克8.52元的单位成本计算，2015年库存的玉米种子要比上年减少1 338.22万元。2014年，玉米种子的产量5 275.93吨比销量4 588.21吨多出了687.72吨，这多出来的部分以每千克8.02元的单位成本计算，进入库存的玉米种子有551.55万元。

同样再分析一下棉花种子库存金额的变化。棉花种子相对于前述的小麦种子、玉米种子来说，产量和销量都较少，但也是九圣禾三大产品之一。2016年棉花种子产量为4 736.80吨，销量为4 938.48吨，销量比产量多出了201.68吨，以当时每千克7.20元的单位成本计算，这意味着2016年的库存棉花种子要比上一年减少145.21万元。

同理，2015年棉花种子产出5 722.00吨，卖出5 178.04吨，未卖出的543.96吨按当年的7.96元/公斤的单位成本核算，2015年库存棉花种子要比上年增加432.99万元。2014年的产量4 373.26吨比销量3 805.35吨多出567.91吨，以当年每千克7.24元的单位成本计算，2014年库存棉花种子要比上年新增411.17万元。

综合上述三类种子各年度库存商品增减情况，可以发现这三类种子库存商品在2014年和2015年分别增加了443.41万元和1 079.22万元，而在2016年则要减少101.01万元。

当然，除了上述三类种子外，报告期内还有少量的其他库存商品，各年年末余额分别为365.42万元、505.26万元和339.30万元，这意味着，其他库存商品在2015年年末增加了139.84万元，2016年年末则减少了165.96万元。

整体核算四大类细分品种的库存商品在报告期内增减的情况，可以发现2014年库存商品应该增加443.41万元（招股书未披露2013年的其他库存商品的数据，只包括三类主要产品的增减情况），2015年增加1 219.04万元，2016年减少267.06万元。

让记者感到奇怪的是，从招股书中披露的报告期内库存商品余额3 833.23万元、8 872.10万元和10 010.38万元来看，2015年库存商品要比2014年增加5 038.87万元，而2016年则比2015年要增加1 138.28万元。这个结果与记者通过细分品种分类计算并加总后的理论库存结果相差很大，差额竟然分别达到了3 819.83万元和1 405.34万元。那么，如此大的差距是什么原因所致的？

（资料来源：红周刊 http：//www.hongzhoukan.com）

案例三：晶丰明源收账能力突出，难掩销、购、存三方数据异常现实

2017 年 10 月 13 日，上海晶丰明源半导体股份有限公司（简称“晶丰明源”）首次公告了招股说明书（申报稿），拟在上交所公开发行不超过 1 540 万股 A 股，募集资金计划用于“通用 LED 照明驱动芯片开发及产业化项目”“智能 LED 照明芯片开发及产业化项目”和补充流动资金。

招股书披露，在公司营业收入于 2015 年和 2016 年分别同比增长 5.89% 和 59.86% 的同时，这两年应收款项（即应收票据和应收账款的合计）也同比增长了 188.34% 和 43.48%，2015 年债权的同比增速明显大幅高于营收增速，说明公司在该年的销售政策是明显有所放松的。

与销售政策明显放松相比，晶丰明源的应收账款账龄结构让人瞩目，约有 99% 应收账款账龄集中在半年以内，这与同行业上市公司士兰微和富满电子有较大部分应收账款账龄超过 1 年的现实相比，晶丰明源仅有不到 1% 的应收账款账龄在 1 年以上，高效率的收款能力实在让人称赞。

也就在其高效的收款效率光环下，《红周刊》记者在进一步分析晶丰明源招股书披露营业收入、库存和采购数据时发现，公司实际披露的营收、采购、库存方面的数据变动与理论核算数据变动结果存在明显差异，不排除其存在虚增收入，甚至连环虚构库存和采购的可能。

虚增营业收入

从晶丰明源招股书披露的数据来看，报告期内营业收入出现了连续增长，然而在考虑财务数据间的勾稽关系后，可以发现晶丰明源报告期内每年都有超过亿元的营业收入无法获得现金流量和债权数据的支持。

如在 2016 年，公司的营业收入为 57 088.11 万元，考虑 17% 增值税销项税额影响后，含税营业收入达到了 66 793.09 万元。在正常的会计核算上，66 793.09 万元含税收入必然等同于同期“销售商品、提供劳务收到的现金”和应收账款、应收票据等债权的增减。

“合并现金流量表”中，2016 年“销售商品、提供劳务收到的现金”为 47 001.98 万元，考虑到预收款项对现金流量的影响，即预收款项余额减少的 29.07 万元影响，当年公司收到的现金合计为 47 031.05 万元，由此可推算出，2016 年还有 19 762.04 万元未获得现金支付的含税营收需要体现在当年债权余额的增加上。

可实际上，2016 年年末应收账款余额为 8 155.78 万元（这年仅计提坏账准备 86.26 万元），应收票据余额为 4 688.64 万元，合计金额 12 844.42 万元，相比 2015 年年末余额合计仅新增了 3 892.21 万元，这个结果与前述理论上新增 19 762.04 万元债权值相比，有 15 869.83 万元的偏差，即意味着公司在 2016 年经营中，存在 15 869.83 万元含税营业收入是凭空而来的情况。

同样的情况还出现在 2015 年和 2017 年 1—3 月。其中，2015 年含税营业收入 41 783.08 万元，“销售商品、提供劳务收到的现金”有 23 631.37 万元，预收款项减少了 86.92 万元，综合来看，与营收相关的现金流入量仅有 23 718.30 万元，理论上这将有 18 064.78 万元债权新增。可实际上，2015 年应收款项合计 8 952.22 万元，仅比 2014 年同期新增了 5 847.51 万元，与前述理论值相比，两者之间仍存在 12 217.27 万元差额，即意味着公司在 2015 年也存在 12 217.27 万元含税营业收入莫名增加的情况。

2017 年 1—3 月也是如此。一季度含税营业收入 17 911. 71 万元，要比相关现金流入量 9 654. 20 万元（已经考虑了所减少的 92. 05 万元预收款项）多出 8 257. 51 万元，考虑应收款项比年初新增 1 161. 48 万元的因素，同样推导出 2017 年一季度有 7 096. 03 万元的含税营业收入异常增加的情况。

整体来看，晶丰明源在报告期内连续出现大额营收莫名增加的情况，且合计金额已经高达 3. 52 亿元，这对于报告期内每年年收入不过 3 亿～5 亿元的企业而言，并不是一个小数目，而如此大的数据偏差，实在令人担忧其营收数据的合理性。

大额库存去向不明

在公司存在数亿元营业收入莫名增加的嫌疑下，《红周刊》记者进一步通过对比晶丰明源产销情况、单位成本和库存情况，发现其每年年末库存成品的金额也有异常之处。

招股书披露，晶丰明源产品有“通用 LED 驱动芯片”和“智能 LED 驱动芯片”两大类，其中前者的销售为公司创造了大部分的营业收入。在 2015 年时，“通用 LED 驱动芯片”的产量有 115 180. 03 万粒，销售了 110 388. 38 万粒，意味着产量中有 4 791. 65 万粒的未销售产品在年末进入了库存，使得库存成品出现相应增加。根据招股书披露的 2015 年“通用 LED 驱动芯片”单位成本 0. 231 1 元/粒核算，4 791. 65 万粒的未销售产品理论上将使得库存商品新增 1 107. 35 万元。同样的逻辑测算出，未销售出去的“智能 LED 驱动芯片”（生产了 11 492. 98 万粒，销售了 10 108. 81 万粒，产销差有 1 384. 17 万粒）根据单位成本 0. 2142 元/粒核算，也将使得库存商品新增 296. 49 万元。两项产品未销售部分的价值将使得 2015 年晶丰明源的库存商品新增 1 403. 84 万元。

可让记者惊讶的是，招股书所披露的 2015 年年末公司有产成品 1 473. 13 万元、发出商品 95 万元，合计仅比 2014 年新增了 151. 99 万元。很显然，该数据与前述理论库存新增 1 403. 84 万元要少 1 251. 85 万元。

同样的方法进一步分析 2016 年和 2017 年 1—3 月的产成品库存变化情况，可以发现其理论库存新增金额与招股书披露的库存新增金额同样都存在很大差异。如 2016 年“通用 LED 驱动芯片”产销之差有 -1 778. 12 万粒，单位成本是 0. 184 9 元/粒，“智能 LED 驱动芯片”产销之差 395. 90 万粒，单位成本为 0. 200 8 元/粒，综合核算后，理论库存商品应当减少了 249. 28 万元才对，可实际上招股书中披露的库存商品、发出商品合计相比上一年减少了 767. 44 万元。在 2017 年 1—3 月，理论库存金额新增应有 1 292. 90 万元，可实际库存金额新增却比理论金额要少 298. 79 万元。

整体来看，招股书所披露的报告期内库存金额变动相比记者核算出的理论金额变动少了 2 068. 80 万元，如此大的偏差，令人怀疑该公司为虚增收入而故意做高销量的嫌疑。

采购数据异常

当然，除了《红周刊》记者分析出的晶丰明源存在营收和库存数据上的异常，其采购方面的数据真实性也是让人生疑的。

以 2015 年为例，晶丰明源向前五大供应商合计采购了 25 392. 11 万元，占采购总额的比重的 89. 05%，由此推算出这一年的采购总额为 28 514. 44 万元，在此基础上如考虑 17% 的增值税进项税额影响，则含税采购总额应为 33 361. 90 万元。

同期，晶丰明源 2015 年“购买商晶、接受劳务支付的现金”为 19 371. 28 万元，考虑这一年新增的 285. 76 万元预收款项因素，可以推算出与采购相关的现金流出为 19 085. 852

万元，在与33 361.90万元含税采购金额对冲后，理论上公司应当存在14 276.38万元的含税采购总额因没有付现而应当形成相应的新增债务。

可实际上，资产负债表中的数据显示，晶丰明源在2015年年末应付账款余额为4 382.64万元，应付票据余额为1 375万元，合计金额相比2014年同期应付款项余额合计6 052.48万元而言，不但没有增加，相反还略微减少了294.84万元。很显然，该结果与前述理论上应当新增14 276.38万元债务的推断是相反的，即意味着晶丰明源在2015年存在14 571.22万元的含税采购不知是如何获得的现象。

以同样的逻辑去推理2016年和2017年1—3月的采购情况，可以发现这两年每年也均有大额无理由采购情况的出现。其中在2016年，晶丰明源向前五大供应商的采购金额是38 713.46万元，占采购总额85.88%，再加上17%的增值税进项税额，推算出的这一年含税采购总额应为52 741.91万元，同期，现金流量表中“购买商品、接受劳务支付的现金”项的29 998.76万元和本期确认收入而结算的预收款项（即减少额）为141.96万元，即三者之间对冲后可推导出，当年将有22 601.19万元债务新增。然而在资产负债表中，公司应付账款和应付票据的合计相比2015年新增债务仅有8 046.37万元，即意味着公司有14 554.82万元的含税采购总额是莫名增加的。而至于2017年1—3月的采购情况，虽然从时间来看仅仅只有3个月，但最终推导的结果却是，公司依然存在7 803.37万元的含税采购莫名增加的现象。在报告期内，公司连续出现采购数据莫名新增的现象，这种现象实在让人难以理解。

（资料来源：红周刊 http：//www. hongzhoukan. com）

同步练习参考答案

一、单项选择题

1. A　2. C　3. B　4. B　5. D　6. D　7. D　8. D　9. B　10. A　11. C　12. A　13. B　14. A　15. D　16. B　17. A　18. D　19. D　20. A　21. D　22. D　23. C　24. C　25. A

二、多项选择题

1. ABC　2. AD　3. BCE　4. ACE　5. BCDE　6. AD　7. ABDE　8. BCD　9. ACE　10. BDE　11. ACE　12. ABDE　13. ABD　14. AC　15. BCDE　16. ACDE　17. ABCDE　18. BCD　19. ABE　20. AC

三、判断题

1. √　2. ×　3. ×　4. ×　5. ×　6. √　7. ×　8. ×　9. ×　10. √　11. ×　12. ×　13. ×　14. √　15. ×　16. ×　17. ×　18. √　19. ×　20. √

四、解答题（略）

五、分析题

1. 现金流量表水平分析。

如表6-8所示。

表6-8 现金流量表水平分析

项目		2016年（元）	2015年（元）	变动额（元）	变动率（%）
经营活动	现金流入	4 098 866 531.70	3 965 911 347.16	132 955 184.54	3.35
	现金流出	3 415 974 067.54	3 080 363 938.97	335 610 128.57	10.90
	现金流量净额	682 892 464.16	885 547 408.19	-202 654 944.03	-22.88
投资活动	现金流入	1 002 463 278.59	693 684 073.45	308 779 205.14	44.51
	现金流出	1 491 154 703.70	1 270 552 146.80	220 602 556.90	17.36
	现金流量净额	-488 691 425.11	-576 868 073.35	88 176 648.24	-15.29
筹资活动	现金流入	4 843 000 000.00	2 757 500 000.00	2 085 500 000.00	75.63
	现金流出	4 762 547 765.45	2 442 520 038.30	2 320 027 727.15	94.99
	现金流量净额	80 452 234.55	314 979 961.70	-234 527 727.15	-74.46
	汇率变动对现金的影响	-171 319.59	1 626.06	-172 945.65	-10 635.87
	现金及现金等价物净增加额	274 481 954.01	623 660 922.60	-349 178 968.59	-55.99

（1）现金流量表是财务报表中对资产负债表和利润表的补充。首先，让我们看到经营活动中的现金流量，经营活动的现金流入和流出在2016年中都有上升，但是流出量增加10.9%远大于流入量的3.35%。这使得该公司在经营活动中的现金流量净额呈下降趋势，降低了22.88%。表示了创造现金能力降低了。

（2）该公司现金流量表中投资活动我们看到他对外长期投资引起的现金流出量大于现金流入量，代表着当期该公司对外投资呈现扩张的态势。2014年开始该公司的现金流量净额逐步降低，说明了该公司在寻求企业扩张的突破口。针对这一情况该公司在2015年期负债融资来解决这资金缺口。

（3）在筹资活动中，我们看到2015年期无论是现金流入量还是流出量都有所增加，并且增加量偏大，达到75.63%及94.99%。表示企业筹资能力较好，并且结合投资活动的现金流出的增长，表示企业投资经营扩张，有新的投资机会，有助提高营利能力。

（4）从总体来看该公司2016年期的现金流量表，属于比较稳定的情况，因为2015年世博会的举办，对于该公司正好是新的投资机会。所以相对的在筹资、投资方面都在向着企业扩张的方面前进。但是经营活动中现金流量的支出在比流入更快的速度增长，体现着企业经营能力有所降低。

2. 现金流量表流入结构分析。

如表6-9所示。

表 6-9 现金流入结构分析表

现金流入项目	2016 年		2015 年		2014 年	
	金额（元）	比重（%）	金额（元）	比重（%）	金额（元）	比重（%）
经营活动	4 098 866 531.70	41.22	3 965 911 347.16	53.47	4 343 228 246.19	46.06
投资活动	1 002 463 278.59	10.08	693 684 073.45	9.35	954 672 495.07	10.12
筹资活动	4 843 000 000.00	48.70	2 757 500 000.00	37.18	4 131 900 000.00	43.82
现金流入量合计	9 944 329 810.29	100.00	7 417 095 420.61	100.00	9 429 800 741.26	100.00

（1）该公司在本期的现金流入结构表中我们看到，2014 年来，无论是经营还是投资、筹资在 2015 年比重都有大的波动。但是跳出 2015 年来看，本期的经营收入减少较为严重，投资活动和筹资活动的流入比重却都有增长，表明企业可能在寻找新的契机扩大企业。

（2）但是从数字上我们看到企业在投资活动中的流入量增大幅度很大，这种投资收入可能是处置固定资产的现金流入。

3. 现金流量表流出结构分析。

如表 6-10 所示。

表 6-10 现金流出结构分析

现金流出项目	2016 年		2015 年		2014 年	
	金额（元）	比重（%）	金额（元）	比重（%）	金额（元）	比重（%）
经营活动	3 415 974 067.54	35.33	3 080 363 938.97	45.34	3 205 694 183.99	34.68
投资活动	1 491 154 703.70	15.42	1 270 552 146.80	18.70	803 404 702.53	8.69
筹资活动	4 762 547 765.45	49.25	2 442 520 038.30	35.95	5 234 414 844.56	56.63
现金流入量合计	9 669 676 536.69	100.00	6 793 436 124.07	100.00	9 243 513 731.08	100.00

（1）我们看到从所占比重的角度上来说，经营活动的现金流量的支出与 2014 年来相比较比重增加了，相对因现金流入的减少，很明显看到公司 2016 年的经营活动情况并不乐观。

（2）投资活动现金流出量变化值的让人注意，2015 年在投资流入这么小的比重下，投资活动现金流出量却在增加，而且达到 10% 的比重增加量。不过 2016 年期的投资活动流入量的增加量小于流出量的增加量，这显示出了投资是否合理的情况。

（3）公司的筹资情况一直较为良好，比重都是偏高，可以说该公司在筹资能力方面是比较乐观的。但是筹资活动的平均比重都比较大，公司可能是采取金融型或证券型的资金战略，主要依靠资本投资和对外借款来取得资金来源。

4. 现金流量净额结构分析。

如表 6-11 所示。

表 6-11 现金流量净额信息资料

现金流净额项目	2016 年		2015 年		2014 年	
	金额（元）	比重（%）	金额（元）	比重（%）	金额（元）	比重（%）
经营活动	682 892 464.16	248.64	885 547 408.19	141.99	1 137 534 062.20	610.64
投资活动	-488 691 425.11	-177.93	-576 868 073.35	-92.50	151 267 792.54	81.20
筹资活动	80 452 234.55	29.29	314 979 961.70	50.51	-1 102 514 844.56	-591.84
现金流净额合计	274 653 273.60	100.00	623 659 296.54	100.00	186 287 010.18	100.00

（1）让我们通过现金流量的净额结构分析来看该公司的整体情况。在净额表中我们看到三种活动的波动都很大。经营活动在结合现金流入和流出后，该公司的经营情况在2014年还是很不错的状况但是2015年却下降了很大的幅度，随后在2016年开始慢慢地在回升。

（2）该公司的投资情况确实不容乐观。这三年中是逐年递减，在2016年本期的净额比重达到了-177.93%，虽然可能大众交通正在扩张企业的规模，但是依旧值得我们注意该公司的综合情况，会不会有投资过度的情况造成经营活动的资金来不及补投资支出的部分，这样反而会造成企业的情况恶化。

（3）在筹资活动的折现中我们看到企业的筹资能力在2015年的时候因为金融环境好更加容易的筹到资金，从负比重增加到了50.51%随后在2016年期又开始下降。我们看到经营活动所占比重比较大，这是好现象。

（4）因为该公司的经营活动净额为正数、投资活动净额为负数、筹资活动金额为正数，企业经营状况良好。企业在稳定状态的前提下通融资扩大企业规模，企业处于高速扩张期。

5. 答：

（1）如表6-12所示。

表6-12

	2013年	2014年	2015年
经营活动现金净流量	100	170	240
投资活动现金净流量	100	-57.14	-28.57
筹资活动现金净流量	100	90.28	48.61

（2）经营活动现金净流量呈上升趋势，能够为企业进一步扩充或未来的战略发展提供资金支持；投资活动现金净流量呈下降趋势，且2014年和2015年的现金流入低于现金流出，说明企业加大了投资支出；随着经营活动带来现金净流量的增加，筹资活动现金净流量呈下降趋势，说明企业能够根据资金余缺程度进行筹资。

6. 答：

（1）2015年现金及现金等价物净额为300 000-300 000+7 000=7 000（元）

2016年现金及现金等价物净额为-100 000+200 000+2 000=102 000（元）

（2）2015年，经营活动现金流量净额为300 000元，说明企业本年现金状况稳定，投资活动亏损300 000元，数额相当大，可能本年企业投资收益状况差，或则企业当期有较大的数额投资，可能在以后取得大的投资回报，而2016年投资活动现金流量净额为200 000元，也说明了应该是2015年进行了大数额的投资。但是2016年，经营活动亏损了100 000元，这是个严重的现象，应该拿投资收益进行改善。同时企业的筹资活动现金流量净额在减少。

7. 答：

（1）①现金及现金等价物净增加额

A=经营活动现金净流量+投资活动现金净流量+筹资活动现金净流量+汇率变动对现金流量的影响

A=900-470-230+0=200（元）

②经营活动现金净流量B=经营活动现金净流量

B = 900（元）

③净利润 C + 调整项目总额 = 经营活动现金净流量

C = 900 + 600 = 1 500（元）

④现金及现金等价物净增加额 A = 现金净增加额 E

E = 200（元）

⑤现金的期末余额 - 现金的期初余额 D = 现金净增加额 E

D = 320 - 200 = 120（元）

（2）该公司经营活动产生的现金净流量为正数，说明经营活动有一定回笼现金的能力；投资活动的现金流量净额为负数，说明该公司有可能增加了投资的力度，扩大经营规模方面占用了一定的资金；筹资活动的现金流量净额为负数，其原因有可能是企业放慢了筹资的速度。

（3）投资活动的现金流量净额为负数，说明该公司有可能处于成长期。

（4）该公司的经营活动现金流量占净利润的60%，说明实现的净利润中有60%的现金流作保障，说明利润的质量较高。

第七章 所有者权益变动表分析

内容概要

一、重点、难点

1. 重点：当期净利润与当期所有者权益变动额之间的关系。
2. 难点：会计政策变更与前期差错更正在所有者权益变动表中的列示及分析。

二、基本要求

1. 理解各种股利政策对所有者权益变动的影响原理，能够通过所有者权益变动表对当期项目变动的主要原因予以披露和分析，进而具备一定的实际操作能力。

2. 理解当期净利润与当期所有者权益变动额之间的关系，会计政策变更与前期差错更正在所有者权益变动表中的列示及分析。

3. 掌握所有者权益变动表的内涵、分析内容及方法。

三、章节内容

第一节 所有者权益变动表分析的目的与内容

（一）所有者权益变动表分析的目的

所有者权益是指所有者享有的对企业净资产的剩余权益，数量上等于企业全部资产减去全部负债后的余额。所有者权益是企业自有资本的来源，其数量的多少、内部结构变动等都会对企业的财务状况和经营发展趋势带来影响。因此，所有者权益变动表是报表使用者十分关注的主要报表之一。

所有者权益变动表是反映企业在某一特定日期（如年度、季度或月度）内，所有者权益各组成部分当期增减变动情况的报表。所有者权益变动表分析的目的主要体现在以下几个方面：

1. 可以分析会计期间构成所有者权益各个项目的变动规模与结构，了解其变动趋势，反映公司净资产的实力，提供保值增值的重要信息。

2. 可以从全面收益角度报告更全面、更有用的财务业绩信息，以满足报表使用者投资、信贷及其他经济决策的需要。

3. 可以反映会计政策变更的合理性及会计差错更正的幅度，具体报告由于会计政策变更和会计差错更正对所有者权益的影响数额。

4. 可以了解由于股权分置、股东分配政策和再筹资等财务政策对所有者权益的影响。

（二）所有者权益变动表分析的内容

1. 所有者权益变动表的格式。

2. 所有者权益变动表的项目及列报方法。

所有者权益变动表包括实收资本（或股本）、资本公积、库存股、盈余公积、未分配利润的期初余额、本期增减变动项目与金额及其期末余额等。

3. 所有者权益变动表分析的内容。

所有者权益变动表的分析，包括如下内容：

（1）所有者权益变动表增减变动分析。

（2）所有者权益变动表结构变动分析。

（3）股利政策对所有者权益变动的影响分析。

第二节 所有者权益变动表增减变动分析

（一）所有者权益变动表增减变动分析的概念

所有者权益变动表增减变动分析就是利用水平分析法将所有者权益各个项目的本期数与基准进行对比（可以是上期数等），揭示公司当期所有者权益各个项目的水平及其变动情况，解释公司净资产的变动原因，借以进行相关决策的过程。

（二）所有者权益变动表增减变动项目分析

所有者权益变动表的主要项目分析，是将组成所有者权益的主要项目进行具体剖析对比，分析其变动原因、是否有非法人为操控的异动迹象等。所有者权益变动表的主要项目，可以从以下公式具体理解：

本期所有者权益变动额 = 净利润 + 直接计入所有者权益的利得 - 直接计入所有者权益的损失 + 会计政策和会计差错更正的累积影响 + 股东投入资本 - 向股东分配利润 - 提取盈余公积

1. 直接计入所有者权益的利得与损失分析。

2. 会计政策变更的分析。

3. 前期差错更正的分析。

第三节 所有者权益变动表结构变动分析

所有者权益变动表结构变动分析是指利用垂直分析法对所有者权益各个项目变动占所有者权益变动总额的比重予以计算，并进行分析评价，揭示企业当前所有者权益各个项目的比重及其变动情况，解释企业净资产构成的变动原因，为相关决策提供一定的依据。

第四节 股利政策对所有者权益变动的影响分析

股利政策是指在法律允许的范围内，根据本企业具体情况制订企业是否发放股利、发放多少股利以及何时发放股利的方针及对策。股利政策既要保持相对稳定，又要符合公司财务目标和发展目标。

（一）现金股利对企业所有者权益的影响

现金股利（即派现）是指企业以现金向股东支付股利的形式，是企业最常见、最易被投资者接受的股利支付方式。

发放现金股利会导致企业现金流出，减少企业的资产和所有者权益规模，降低企业内部筹资的总量，既影响所有者权益内部结构，也影响整体资本结构。一般而言，企业派现决策的动机如下：

1. 消除不确定性动机。

投资者对股利和资本利得有不同的偏好，大多数投资者认为，现金股利是在本期收到的实惠，而未来的资本利得则具有很大的不确定性，企业通过派现将消除投资者期望收益的不确定性，树立良好的市场形象。

2. 传递优势信息动机。

根据股利传播信息论，在非完善资本市场中，派现常常被管理者作为用来传递企业未来前景的信息。当管理者对企业未来发展前景看好时，就会通过一定的派现向市场传递企业的绩优信息，从而提高企业的股票价格。

3. 减少代理成本动机。

将剩余的现金流量以股利的形式发放给股东，可以降低经营者控制企业资源的能力，从而降低因所有者和经营者之间的冲突而产生的代理成本。

4. 返还现金动机。

每个企业都会走向成熟期，在这个阶段，企业很难找到投资收益率超过投资者要求的必要收益率的项目，这时就应该考虑向投资者派现，以稳定投资者的心态。

（二）股票股利对企业所有者权益的影响

股票股利（即送股），是指企业以股票形式向投资者发放股利的方式。送股方式的具体做法是：在企业注册资本尚未足额时，以股东认购的股票作为股利支付，也可以发行新股支付股利。实际操作过程中，有的企业增发新股时，预先扣除当年应分配股利，减价配售给老股东；也有的企业发行新股时进行无偿增资配股，即股东不需要缴纳任何现金和实物即可以取得企业发行的股票。

1. 股票股利对所有者权益的影响。

股票股利是一种比较特殊的股利形式，它不直接增加股东的财富，不会导致企业资产的流出或负债的增加，不影响企业的资产、负债及所有者权益总额的变化，所影响的只是所有者权益内部有关各项目及其结构的变化，即将未分配利润转为股本（面值）或资本公积（超面值溢价）。

2. 股票股利对每股收益和每股市价的影响。

发放股票股利后，如果营利总额不变，会由于普通股股数增加而引起每股收益和每股市价的下降；但由于股东所持股份的比例不变，每位股东所持股票的市场价值总额仍保持不变。

3. 转增股本与送股。

转增股本是指企业将资本公积金转化为股本，它并没有改变股东的权益，却增加了股本的规模，因而客观结果与送股相似。

4. 企业选择股票股利的动因。

（1）送股固然不会增加股票的内在价值，但是对股东来说将收益作为本金留存企业是一种再投资行为。只要企业经营长线看好，股票红利就很诱人。

（2）从市场评价来看，送股题材相当吸引人。大量送股后每股收益被稀释，填补每股营利的缺口给企业经营提出了更高的要求。根据信息理论，大量送股，企业向市场暗示有营利增长信心。

（3）企业送股决策最直接的动因还是为了更多的筹资，吸引更多投资者。

（4）送股还有避税、降低交易成本等优点。

（三）股票分割对企业所有者权益的影响

股票分割是指在保持原有股本总额的前提下，将每股股份分割为若干股，使股票面值降低而增加股票数量的行为。股票分割不属于股利分配，与股票股利在效果上有一些相似之处，即股票分割也不直接增加股东的财富，不影响企业的资产、负债及所有者权益的金额变化；在其他条件不变的情况下，进行股票分割会使企业的每股收益、每股市价下降。不同之处在于股票股利影响所有者权益的有关各项目的结构发生变化，而股票分割则不会改变企业的所有者权益结构。

（四）库存股对所有者权益的影响

库存股是指企业收回已发行的且尚未注销的股票。它同时具备以下四个特点：第一，库存股是本企业的股票。第二，库存股是已发行的股票。第三，库存股是收回后尚未注销的股票。第四，库存股是可以再次出售的股票。根据定义，可以作如下理解：凡是属于企业未发行的股票、企业持有的其他企业的股票或者是企业已收回并注销的股票都不能视为库存股。除了股票回购外，本企业股东或债务人以股票抵偿企业的债务、股东捐赠本企业的股票等行为都会形成库存股。

1. 库存股对企业所有者权益的影响。

（1）库存股不是公司的一项资产，而是所有者权益的减项。

（2）库存股的变动不影响损益，只影响权益。

（3）库存股的权利受限。由于库存股没有具体股东，因此库存股的权利会受到一定的限制。例如，它不具有股利分派权、表决权、优先认购权、分派剩余财产权等。

2. 对库存股分析应该注意的问题。

从实质影响看，库存股是发行总股本的减项，可以被理解为将股利一次性支付给股东，属于间接股利分配形式，但它比高股利政策更有财务影响，主要表现在：企业通过合理增加库存股可以减少发行在外的流通股，从而达到提高每股净收益和每股股利的目的，以保持或提高股价，吸引投资者；合理增加库存股可以减少股东人数，化解外部控制或减少施加重要影响的企业，以避免企业自身被收购或者恶意运作；企业通过库存股的合理运用，可以调整自身的资本结构，保证股东和债权人的利益。

（五）股权流通对价对企业所有者权益的影响

所谓股权流通对价是指非流通股股东为获取流通权而付出的一种代价。对价的方式主要分为四种，即送股、送现金、送权证和缩股。

同步练习

一、单项选择题

1. 所有者权益是指企业资产扣除负债后由股东享有的“剩余权益”，也称为（　　）。

A. 净负债　　B. 净资产　　C. 净收益　　D. 净流量

2. 股东权益变动表是（　　）。

A. 月份报表　　B. 年度报表　　C. 季度报表　　D. 半年度变动表

3. 下列项目中，不影响当期所有者权益变动额的项目是（　　）。

A. 综合收益总额　　B. 所有者投入和减少资本

C. 所有者权益内部结转　　D. 利润分配

4. 所有者权益主要分为两部分，一部分是投资者投入的资本，另一部分是生产过程中资本积累形成的（　　）。

A. 资本公积　　B. 留存利润　　C. 营业利润　　D. 利润总额

5. 可出售金融资产公允价值增加时，同时增加的是（　　）。

A. 未分配利润　　B. 资本公积　　C. 盈余公积　　D. 其他综合收益

6. 当期所有者权益净变动额等于（　　）。

A. 总权益变动额　　B. 总资产变动额　　C. 总股本变动额　　D. 净资产变动额

7. 所有者权益变动表是反映企业在某特定期间内有关（　　）的各组成项目增减变动情况的报表。

A. 资产　　B. 负债　　C. 所有者权益　　D. 以上都是

8. 产生库存股的条件是（　　）。

A. 股票回购　　B. 股票分割　　C. 股票股利　　D. 流通股权对价

9. 以下属于以后会计期间不能重分类进损益的其他综合收益项目的是（　　）。

A. 持有至到期投资重分类为可供出售金融资产形成的利得或损失

B. 外币财务报表折算差额

C. 可供出售金融资产公允价值变动形成的利得或损失

D. 重新计量设定受益计划净负债或净资产所产生的变动

10. 某公司本年净利润为 2 000 万元，股利分配时股价市价为 20 元/股，发行在外的流通股股数为 1 000 万股，股利分配政策为 10 送 2，则稀释每股收益为（　　）。

A. 1.67　　B. 2　　C. 16.67　　D. 20

11. 下列选项中，属于稀释性潜在普通股的是（　　）。

A. 行权价格高于普通股市场价格的股份期权

B. 行权价格高于普通股市场价格的认股权证

C. 可转换公司债券

D. 优先股

12. 下列关于会计政策、会计估计变更以及会计差错更正的表述中，正确的是（　　）。

A. 对于会计政策变更，企业应采用追溯调整法进行会计处理

B. 对于初次发生的或不重要的交易或事项采用新的会计政策，属于会计政策变更

C. 对于会计估计变更应当采用未来适用法进行会计处理

D. 对于会计差错需要调整财务报表相关期初数

13. 下列关于关联方交易的表述中，错误的是（　　）。

A. 企业无论是否发生关联方交易，均应当在附录中披露与该企业存在直接控制关系的母公司与子公司有关的信息

B. 企业与关联方发生关联方交易的，应当在附录中披露该关联方的性质、交易类型及交易要素

C. 对外提供合并财务报表的，对于已经包括在合并范围内各企业之间的交易也应进行披露

D. 在分析关联方交易时，关键是了解关联方之间资源或义务的转移价格、关联方交易的要素

14. 企业计算稀释每股收益时，应考虑的因素是（　　）。

A. 绩效股　　B. 不可转换公司债券

C. 可转换公司债券　　D. 股票股利

15. 下列各项中，属于会计政策变更的是（　　）。

A. 投资性房地产的后续计量从成本模式改变为公允价值模式

B. 将应收账款的坏账提取比例由3%改为5%

C. 根据新获得的信息，将某电子设备使用年限由5年改为3年

D. 将固定资产按直线法计提折旧改为年数总和法计提折旧

二、多项选择题

1. 下列各项中属于股东权益的有（　　）。

A. 股本　　B. 资本公积

C. 盈余公积　　D. 未分配利润

E. 法定公益金

2. 会计政策变更采用追溯调整法时，需调整的内容有（　　）。

A. 计算会计政策变更的累积影响数　　B. 调整期初的留存收益

C. 调整递延项目　　D. 调整应交税费

E. 重新编制以前年度的会计报表

3. 以下行为，会引起所有者权益总额变化的是（　　）。

A. 发行新股　　B. 可转换债券行权

C. 债务重组转为资本　　D. 盈余公积弥补亏损

E. 派发股票股利

4. 下列项目中，影响当期所有者权益变动额的项目有（　　）。

A. 净利润　　B. 所有者投入和减少资本

C. 所有者权益内部结转　　D. 分配现金股利

E. 库存股增加

5. 库存股没有具体股东，因此其权利将受到一定的限制具体受到限制的权利包括（　　）。

A. 股利分派权　　B. 剩余财产分派权
C. 表决权　　D. 决策权
E. 优先认购权

6. 前期差错通常包括（　　）。

A. 应用会计政策错误　　B. 计算错误
C. 疏忽产生的影响　　D. 曲解事实产生的影响
E. 舞弊产生的影响

7. 一般而言，公司派现决策的动机包括（　　）。

A. 消除不确定性　　B. 传递优势信息
C. 减少代理成本　　D. 公司处于初创期
E. 稳定投资者的心态

8. 所有者权益变动表所包含的财务状况质量信息有“输血型”变动和“营利型”变动，下列为“输血型”变动的选项为（　　）。

A. 增资扩股　　B. 发放股票股利
C. 接受捐赠　　D. 当期扭亏为盈
E. 债转股

9. 常见的投入资金范畴包括（　　）。

A. 全部资金　　B. 权益资金
C. 债务资金　　D. 长期资金
E. 短期资金

10. 将会稀释每股收益的决策方案有（　　）。

A. 派现　　B. 送股
C. 股票分割　　D. 股票回购
E. 缩股

11. 下列各项中，可直接计入所有者权益项目的有（　　）。

A. 可供出售金融资产公允价值变动
B. 交易性金融资产公允价值变动
C. 权益法下被投资企业其他所有者权益变动
D. 交易性金融负债公允价值变动
E. 持有至到期投资摊余成本的变动

12. 对会计政策变更，企业应披露的内容有（　　）。

A. 会计政策变更的原因、性质、内容
B. 当期和各个列报前期财务报表中受影响的项目名称
C. 当期和各个列报前期财务报表中受影响的项目调整金额
D. 无法进行追溯调整的，说明该事实和原因以及开始应用变更后的会计政策的时点、具体应用情况
E. 会计政策变更当期和未来期间的影响数

13. 所有者权益内部结转包括（　　）。

A. 资本公积转增资本　　B. 盈余公积转增资本

C. 盈余公积弥补亏损　　D. 股票分制

E. 股票回购

14. 下列选项中，属于稀释性潜在普通股的有（　　）。

A. 可转换公司债券　　B. 认股权证

C. 股份期权　　D. 长期借款

E. 应付票据

15. 企业应当在附注中披露与会计政策变更有关的信息有（　　）。

A. 会计政策变更的性质

B. 会计政策变更的原因

C. 会计政策变更的内容

D. 当期和各个列报前期财务报表中受影响的项目名称和调整金额

E. 无法进行调整的，说明该事实和原因以及开始应用变更后的会计政策的时点、具体应用情况

三、判断题

1. 稀释每股收益的计算只考虑发行在外的普通股。（　　）

2. 所有者权益变动表中，所有者权益净变动额等于资产负债表中的期末所有者权益。（　　）

3. 若出现未实现的损益，公司的资产价值就会增减，公积也会随之增减，但未实现的损益不在年度利润表中披露，而是直接计入所有者权益。（　　）

4. 在不考虑其他项目时，将净利润调整为本期所有者权益变动额，应该在净利润的基础上，减去向股东分配的利润。（　　）

5. 在 IPO 情况下，根据《中华人民共和国公司法》等法律、法规的规定，企业必须连续两年营利，且经营业绩要比较突出，才能通过证监会的审批。（　　）

6. 对初次发生的或不重要的交易或事项采用新的会计政策不属于会计政策变更。（　　）

7. 企业的实收资本一定等于注册资本。（　　）

8. 股票分制会影响所有者权益的内部结构，而股票股利则不会改变公司的所有者权益结构。（　　）

9. 对初次发生的或不重要的交易或事项而采用新的会计政策不属于会计政策变更。（　　）

10. 无论是否为重大会计差错，都应在发现前期差错的当期进行前期差错更正，在所有者权益变动表中适时披露。（　　）

11. 股份支付主要分为以权益结算的股份支付和以现金结算的股份支付两大类，这两种形式的股份支付均会对所有者权益有影响。（　　）

12. 所有者权益变动表可以反映债权人所拥有的权益，据以判断资本保值、增值的情况以及对负债的保障程度。（　　）

13. 会计估计变更的会计处理应该采用追溯调整法。（ ）

14. 其他综合收益项目所教算的内容均可以在以后会计期间重分类进损益。（ ）

15. 在资产总额不变的条件下，开展合理的负债经营，可以减少所有者权益所占的份额，从而达到提高所有者权益净利率的目的。（ ）

16. 库存股是指公司收回已发行的且尚未注销的不可以再次出售的股票。（ ）

17. 根据财政部颁布的《会计政策、会计估计变更和会计差错更正》准则，上市公司变更会计政策（包括自愿变更和强制变更）或发生重大会计差错时，必须采用追溯调整法。（ ）

18. 转增股本是指公司将盈余公积转化为股本，它并没有改变股东的权益规模。（ ）

19. 影响每股股利多少的因素，除了获利能力大小外，还取决于企业的股利发放方针。（ ）

20. 送股不会导致企业资产的流出或负债的增加，不影响公司的资产、负债及所有者权益总额的变化。（ ）

21. 法定盈余公积是根据公司法的规定由董事会决定后计提的，而任意盈余公积是根据财务制度规定的比例计提的。（ ）

22. 每股市价是股票的账面价值，它是用成本计量的；每股净资产是这些资产的现在价值，它是证券市场上交易的结果。（ ）

23. 直接计入所有者权益的利得和损失不需要在所有者权益变动表中单独列示。（ ）

24. 每股收益越高，意味着股东可以从公司分得越高的股利。（ ）

25. 直接计入所有者权益的利得和损失，产生真实的财务后果，代表所有者真正享有的权益。（ ）

四、简答题

1. 所有者权益变动表分析的目的及内容。
2. 如何分析所有者权益变动表中列示的会计政策变更？
3. 如何对前期差错更正进行分析？
4. 公司派现的动机及其对所有者权益的影响。
5. 股票分割对每股收益和每股市价的影响。
6. 说明所有者权益垂直分析表编制方法及作用。

五、计算与分析题

1. 某公司 2015 年实现净利 3 000 万元，分配股利 806 万元，增发新股 2 000 万元，长期投资于 A 单位，股权占 40%，A 单位 2015 年营利 250 万元，试确定所有者权益变动额。

2. 乙公司发行在外的普通股股数为 256 000 万股，每股股价为 10 元，当年实现的净利润为 153 600 万元，并按 50% 的股利发放率发放现金股利。

要求：

（1）计算每股股利、股利收益率和市盈率指标；

（2）确定公司的股利支付率的考虑因素。

3. A 上市公司 2016 年年初在外发行普通股总数为 2 亿股，2016 年 11 月 1 日增发新股

3 000 万股；B 上市公司 2016 年年初在外发行普通股总数为 2 亿股，2016 年 7 月 1 日按照 10:2 的比例派发股票股利。两家上市公司 2016 年的净利润均为 2 亿元，A 公司派发现金股利 2 000 万元，B 公司派发现金股利 1 000 万元。

要求：

（1）计算两家上市公司的基本每股收益；

（2）计算两家上市公司的每股股利；

（3）计算两家上市公司的股利支付率，并简要分析计算结果（计算结果保留三位小数）。

案例导读

案例一：唐人神“输血”养肥定增收购标的

唐人神（002567）于 2017 年 9 月 30 日发布了《发行股份及支付现金购买资产并募集配套资金暨关联交易报告书（草案）》，计划以每股 10.04 元的价格定向发行 4 139.44 万股股份，外加 4 300 万元现金用于收购龙华农牧 90% 的股权，由此计算被收购标的龙华农牧整体估值高达 5 亿元以上。此外，上市公司在本次增发过程中还将向唐人神控股、谷琛非公开发行股份募集配套资金不超过 3.72 亿元，用于支付对价和两个生猪养殖项目的建设。笔者分析本次定向增发报告书所披露的相关信息，发现龙华农牧存在着不少问题值得投资者去探讨。

被关联交易“夹击”的龙华农牧

根据审计报告披露的数据，龙华农牧在 2015 年和 2016 年上半年存在着金额巨大、占比非常高的关联交易，其中向关联方“株洲市九鼎饲料有限公司”采购饲料金额分别为 8 475.07万元和 3 512.86 万元，占当期同类型业务的比重分别高达 97.51% 和 95.5%，由此看，来自于这家关联方的产品供应几乎垄断了龙华农牧的饲料采购。同时，龙华农牧还向其参股股东的亲属龙件华采购劳务 26.7 万元和 56 万元，也占到同类型业务的 50.76% 和 56.37%。

不仅如此，从龙华农牧的主要销售客户来看，唐人神的子公司“湖南唐人神肉制品有限公司”在 2015 年成为龙华农牧的新晋大客户，并以 1 847.48 万元的销售额位列龙华农牧第二大客户；在 2016 年上半年，“湖南唐人神肉制品有限公司”更是以 3 174.05 万元的销售额，稳居龙华农牧第一大客户，销售占比高达 31.84%。

从上述数据可以发现，龙华农牧自 2015 年开始在经营层面严重依赖于关联交易，不仅饲料采购端被关联方垄断，而且销售端也被“隐性关联方”唐人神占据了主导地位。从某种角度来看，龙华农牧从 2015 年开始就已经丧失了独立经营能力，购销两端均被关联方把控着。关联交易的危险之处就在于其金额和价格的可操纵性，而购销两端均被控制着的龙华农牧的经营和营利数据，又有多少可信程度？

值得注意的是，龙华农牧的经营规模从 2015 年开始大幅增长，在销售收入仅微幅增长不到10个百分点的条件下，净利润却相当于2014年的3.5倍，而巧合的是，从2015年开始龙华农牧的关联交易也出现了激增。在诸多信息的巧合下，又如何不令人怀疑龙华农牧的经营和业绩是被关联方操纵下的粉饰数据？

存栏生猪成本及数量存在疑点

根据收购报告书披露的信息，龙华农牧在报告期内的生猪产量始终超过同期的销量，其中2014年产量为11.21万头、销量为9.04万头，产销差为2.17万头；2015年产量为10.31万头、销量为8.65万头，产销差为1.66万头；2016年上半年产量为6万头、销量为5.05万头，产销差为0.95万头。也就是说，龙华农牧在最近两年半里，就净增加了4.78万头的生猪存栏数量。

在正常的会计核算逻辑下，龙华农牧的这些新增生猪存栏数量，会被按照不同的销售需求和预计处理方式，分别计入"消耗性生物资产"和"生产性生物资产"科目当中，根据审计报告披露的数据，截至2016年上半年，该公司"消耗性生物资产"和"生产性生物资产"科目余额分别为2 308.87万元和1 738.88万元，合计就是4 047.75万元。

即便我们假设龙华农牧在2014年年初，也即2013年年底没有任何生猪存栏，至目前全部的生物资产都是源自于最近两年半的产量，对应着该公司的存栏生猪单位入账价值最高也不过才846.81元/头。对于养殖企业，这样的入账价值是否合理呢？

再来看最近一期的数据，2016年上半年龙华农牧的"消耗性生物资产"科目余额净增加了约200万元，同时"生产性生物资产"科目余额则净增加了约700万元，合计的存栏生猪入账价值增加了900万元左右。这对应着该公司同期不足1万头的新增存栏生猪，相当于该公司同期生猪销售量的1/5。然而在2016年上半年中，龙华农牧结转的生猪销售成本却高达9 949.55万元，相当于同期该公司存栏生猪账面价值增量的10倍以上。

也就是说，龙华农牧所体现出来的生猪销售结转单位成本，明显超过了该公司库存存栏生猪的入账价值，这并不符合正常的财务核算原则，不得不令人怀疑该公司是否真的拥有收购报告书中所表述的存栏生猪数量？

配套资金"养肥"了龙华农牧

截至2016年上半年末，龙华农牧的账面净资产金额仅为1.47亿元，而根据收益法评估方式得出的结果，龙华农牧整体估值则高达50 956.56万元，相比账面净资产溢价了3倍以上。收益法评估方式相当于是龙华农牧未来实现净现金流量的折现，因此直接取决于该公司未来预期的营利能力及营利成长性。

根据收购报告书披露的信息，龙华农牧原股东针对该公司未来三年的净利润实现金额给出了相应承诺，2016年度、2017年度和2018年度经审计的净利润分别不低于6 651万元、5 544万元和4 343万元。尽管此承诺呈现出令人尴尬的逐年下滑趋势，但在今年上半年已经实现4 645.9万元净利润的基础上，该公司下半年仅需要再实现2 000万元净利润即可"完成任务"，营利承诺的实现难度并不大。

值得关注的是，在本次唐人神在增发股份收购龙华农牧的同时，将另外募集3.72亿元资金，除用于中介机构费用以及支付本次交易的现金对价之外，剩余部分将全部用于龙华农牧在东冲和塘冲的生猪养殖项目，总投资额高达3.3亿元，相较龙华农牧现有的1.47亿元净资产规模而言，唐人神的本次募集配套资金将再造两个龙华农牧。

这里面值得反思的是，参考龙华农牧现有的营利水平和经营规模，以及原股东针对该公司未来三年的营利承诺来看，新增的投资项目足以支撑该公司未来所需的业绩增长需求。也就是说，龙华农牧实际上是在利用唐人神提供的资全来实现未来营利的增长；反过来再以这样的营利增长来抬高唐人神的收购金额。这么算下来，唐人神岂不成了冤大头？

（资料来源：红周刊 http：//www. hongzhoukan. com）

案例二：东土科技定增存利益输送嫌疑

东土科技（300353. SZ）于9月19日发布了《发行股份及支付现金购买资产并募集配套资金暨关联交易报告书》，并于10月13日发布了修订后的收购报告书，计划以每股5.35元的价格定向发行9 028.04万股股份，外加16 500万元现金用于收购3家公司股权，包括和兴宏图100%股权、东土军悦49%股权以及远景数字49%股权。对于这3家公司，笔者在了解该收购报告书时发现，本次收购过程有很多疑点值得大家探讨。

收购参股子公司存利益输送嫌疑

报告书显示，通过本次收购，原本是东土科技的控股子公司的东土军悦和远景数字将成为东土科技的全资子公司。而针对这两家公司被收购股权，东土科技给出的收购价格分别为7 000万元和6 200万元。由此计算，东土军悦整体估值为14 285.71万元，远景数字的整体估值为12 653.06万元。然而，值得注意的是，东土科技在收购这两家公司股权时却存在利益输送嫌疑。

资料显示，东土科技在2014年1月通过受让股权的方式，以1 500万元获得东土军悦51%的股权，当时对应东土军悦的整体估值仅为2 941.18万元。如今，在不到两年的时间，东土军悦的整体估值就暴增了385.71%。而出现如此高的增值幅度，是否对应着东土军悦营利能力的大幅提升呢？

单从财务数据分析看，东土军悦2014年实现的净利润金额为258.19万元，以本次收购对应的14 285.71万元整体估值计算，市盈率高达55倍以上。如从2015年前5个月的业绩表现看，该公司还出现高达312.56万元的大额亏损，直接将其2013年和2014年累计实现的全部利润系数抹去。就是针对这样一家营利能力前景堪忧的公司，东土科技却给出了将近1.5亿元的整体估值，这不由令人质疑该公司收购价格过高，存在向控股子公司的少数股东方进行利益输送的嫌疑。

同样，东土科技在收购远景数字这家公司过程中也存在一定问题。资料显示，东土科技在2013年8月获得远景数字51%股权时，支付的对价仅为5 253万元，对应远景数字整体估值为10 300万元，本次收购时整体估值为12 653.06万元，相比3年前估值仅增长了20%以上。问题的关键在于，本次拟收购的远景数字的营利前景却是非常不乐观的。根据该公司的财务数据来看，2014年前5个月实现的营业收入金额仅为451.4万元，相当于2014年全年实现金额1 801.18万元的四分之一；同期实现的净利润金额更是只有90.69万元，仅相当于2014年全年实现金额907.22万元的十分之一。针对该家公司，东土科技却选择在其业绩大幅下滑溢价收购，其收购意图实在令人费解，似有为远景信息少数股东“甩包袱”之嫌。

收购主体部分客户应收账款来源存疑

再来看看东土科技本次计划收购的重点公司和兴宏图情况，该公司同样存在经营规模下滑的现象，根据审计报告披露的数据，和兴宏图在2014年前5个月实现营业收入和净利润金额分别为1 484.82万元和266.82万元，其中营业收入金额尚不及2014年全年的三分之一，处于同比下滑状态；净利润表现略好，但也仅为2014年全年水平的43.79%，勉强没有出现同比下滑。但是，如考虑该公司的营利构成，可见真正归属于和兴宏图主营业务的营利能力，还比审计报告的净利润数据要低。资料显示.2015年前5个月通过购买银行理财产品获得收益金额就高达38.05万元，超过了同期实现净利润的十分之一。然则就是这样一家年营利规模不过数百万元的公司，东土科技却要为之付出6.82亿元的估值对价，相比该公司的账面净资产溢价了11倍。除此之外，和兴宏图的应收账款方面还存在财务疑点。

根据审计报告披露的数据显示，截至2015年5月末，和兴宏图的应收账款净值高达2 145.25万元，相比2014年年末的974.82万元大幅增加了一倍以上。由于和兴宏图的营业收入规模在2015年前5个月中还是呈现下滑的，在这样的条件下，应收账款却出现大幅增加，可见该公司主营业务回款能力出现了大幅下滑，而这种现象的本身就非常值得警惕。

由于和兴宏图的部分客户涉及军工领域，因此该公司并未详细披露前五名客户的全部详细名称，但是针对同一家军工客户，该公司则以同一个英文字母代替表示，因此可以由此出发分析该公司应收账款构成的合理性。

在和兴宏图2013年年末的应收账款构成中，金额排名第一位的客户代替名称为F，对应金额为834.43万元，且账龄全部为1年以内款项。在正常的会计核算逻辑下，应收账款用于核算与主营业务相关的未结算款项，因此应收账款的形成与主营业务密切相关，只有先发生销售收入，才有可能随之产生应收账款，且后者的金额不应当超过前者。

然而根据和兴宏图披露的2013年主要客户信息，这家代替名称为F的军工客户，2013年的全部采购额不过513.5万元，完全不可能产生出834.43万元的应收账款。由此可见，和兴宏图的应收账款来源存在问题，令人质疑该公司是否虚构了应收账款资产。

离奇消失的预收账款

继续看和兴宏图2014年的销售数据，根据审计报告披露的信息，该公司当年实现全部营业收入金额为3 063.5万元，同年现金流量表中“销售商品、提供劳务收到的现金”科目发生额则为3 383.97万元，考虑增值税销项税额的调整影响之后，该公司当年的会计收入和现金收入是相互匹配的。那么，在正常的会计核算逻辑下，这也就应当导致该公司应收账款、预收账款科目余额变动非常小。

然而事实上，根据资产负债表披露的数据显示，和兴宏图的预收账款科目余额，在2014年年末为693.93万元，相比2013年年末的2 437.61万元大幅减少了1 743.68万元；同时，应收账款余额则从2013年年末的1 316.11万元下降到2014年年末的1 196.77万元，降幅不过百万元出头，这与预收账款上千万元的同比减少，是明显无法对冲的。

预收账款科目余额的同比减少，意味着和兴宏图针对以前年度收到款项的业务，在2014年中进行了确认，因此应当导致该公司2014年营业收入确认金额，大幅超过同期销售业务实际收到现金金额。然而该公司的财务数据却并未体现出这一点。

这也就意味着，和兴宏图存在上千万元的预收账款离奇消失，并没有相应体现在销售收入当中。当然，还有一种可能，就是和兴宏图虚增了2014年度的现金流量。总之，在这几组财务数据之间明显不符合正常的财务核算逻辑，令人倍加疑惑。

采购现金支出谜团

不仅是在销售数据方面，和兴宏图的采购方向财务数据，也存在很多问题。根据收购报告书披露的采购信息，该公司在 2015 年前 5 个月向排名前五位的供应商采购金额合计为 706.34 万元，占全部采购总额的比重为 61.91%，由此计算和兴宏图当期的采购总额为 1 140.91 万元。

与此同时，和兴宏图现金流量表中“采购商品、接受劳务支付的现金”科目同期发生额也为 1 140.86 万元，与该公司的总采购额几乎一致。这也就应当对应着该公司与采购业务结算相关的资产负债科目，主要包括应付账款、预付账款科目余额变动极小。

然而事实上，根据资产负债表披露的数据来看，截至期末和兴宏图的预付账款科目余额高达 982.92 万元，相比 2014 年年末的 526.02 万元大幅增加了 450 万元左右；同时和兴宏图的应付账款科目余额还从 2014 年年末的 630.88 万元下降到 2015 年 5 月末的 538.09 万元，也减少了近百万元。

这两个资产负债科目余额变动情况，本应当指向和兴宏图采购方向对外付款金额，超过当期实际采购金额，但是这却又与该公司披露的采购和现金流量数据不符。这也就意味着，和兴宏图存在数百万元的预付账款流向不明，并没有相应体现在现金流量数据当中，进而也导致和兴宏图虚增现金净流量。

继续看和兴宏图 2014 年的采购数据，也同样存在问题，但是问题的性质却与 2015 年前 5 个月恰恰相反。根据收购报告书披露的信息，2014 年和兴宏图向排名前五位的供应商采购金额合计为 1 429.02 万元，占全部采购总额的比重为 54.76%，对应着该公司 2014 年全部采购总额为 2 609.61 万元，这与当年现金流量表中“采购商品、接受劳务支付的现金”科目发生额 2 609.72 万元几乎一致。

但是从两个与采购业务结算相关的资产负债表科目金额变动情况来看，应付账款科目余额从 2013 年年末的 439.14 万元增加到 2014 年年末的 630.88 万元，同时预付账款科目余额则从 2013 年年末的 1 205.47 万元大幅下降到 2014 年年末的 526.02 万元，同比减少了将近 700 万元。这也就对应着和兴宏图采购方向的债务余额，增加了将近 900 万元。这本应当导致该公司采购现金流出金额低于同期采购总额，但是收购报告书披露的数据却成了：首先是 2014 年度采购现金流出金额远超过了理论测算金额，然后又是 2015 年前 5 个月的现金流出金额，大大低于理论测算金额。这就非常令人怀疑，和兴宏图是否存在现金流量跨年度调节的问题，借此粉饰该公司的实际现金流财务数据表现。

此外，还有一点细节可以印证和兴宏图的采购信息实在混乱。根据审计报告披露的数据，该公司 2014 年年末预付账款构成中，排名第一位的供应商为“北京海淀盘古技术公司”，对应余额高达 59.8 万元，然而该供应商名称在和兴宏图 2015 年 5 月末预付账款科目主要对象信息中却消失不见，那么在正常的财务逻辑下，这笔 2014 年形成的预付账款，必然应当是在 2015 年前 5 个月中确认了采购，并结转到存货科目当中。

但是问题在于，根据收购报告书披露的数据显示，“北京海淀盘古技术公司”并未跻身于和兴宏图的主要供应商名单当中，这也就意味着当期确认的从“北京海淀盘古技术公司”的采购金额，不可能超过排名第五位的供应商“厦门柏事特信息科技有限公司”对应的 38.08 万元，但是这却与预付账款科目变动不相符。这种问题的暴露，从一个小的细节反映出和兴宏图的财务数据可信度实在不高。

（资料来源：红周刊 http：//www.hongzhoukan.com）

案例三：南山铝业折价增发疑利益输送

南山铝业于2月4日发布了《发行股份购买资产暨关联交易报告书》，计划以每股6.04元的价格，定向山东怡力电业有限公司发行115 894.04万股股份，用于收购后者的电解铝生产线、配套自备电厂相关资产及负债，由此计算上市公司拟收购的资产包价值高达70亿元，相比对应资产已经审计的账面净资产668 994.86万元，溢价幅度尚不足5%。

如此低廉的溢价幅度，南山铝业果真是占到便宜了吗？尽管从标的资产的经营来看，2013年和2014年实现净利润分别高达8.17亿元和6.09亿元，2015年前3季度也达到了3.7亿元；而且从山东怡力电业有限公司针对标的资产的利润承诺来看，2016年度、2017年度和2018年度的净利润分别不低于4.5亿元、5.5亿元和7亿元。单从这些数据来看，南山铝业此次收购的是营利能力较强的优质资产，但事实情况却并非这样简单。

根据收购报告书披露的信息，南山铝业此次收购的资产包，其最大的客户也即是南山铝业本身，2013年到2015年前3季度的销售占比分别高达93.43%、90.81%和90.95%，几乎等同于是南山铝业的一个车间。也就是说，这个资产包的经营严重依赖于南山铝业提供的业务资源。

不仅如此，南山铝业此次收购的资产包在2013年到2015年前3季度的毛利率分别高达24.34%、20.52%和18.46%，显著超过了南山铝业自身的14%的毛利水平。一个从事电解铝生产的，给南山铝业做配套服务的公司，竟然比“东家”南山铝业还赚钱，这似乎有些匪夷所思。

2015年并非是电解铝行业的好年景，工信部就指出“现有3 500万吨电解铝产能中应淘汰的落后产能已不多，缺乏竞争力企业关停过程中涉及地方税收、人员安置、债务化解、上下游产业等一系列问题，产能退出渠道不畅，电解铝产能过剩压力仍较大”，同时“全球经济仍处于金融危机后深度调整期，尽管美国经济明显复苏，但其他发达国家经济复苏疲软，主要新兴工业体经济增速下滑，新常态下我国经济下行压力依然较大”。电解铝龙头企业中国铝业也仅能依靠巨额的政府补助，来避免亏损的尴尬，主业毛利率仅为3.47%。

在这样的产业背景下，南山铝业拟收购的资产包，在给南山铝业做电解铝配套生产的过程中，竟然能够获得近20%的毛利率，这似乎有悖常理。

此外，此次南山铝业为收购资产定向增发股份的价格也颇耐人寻味，每股6.04元的定价明显低于该公司的每股净资产。对此收购报告书中还特别提示了“本次交易发行股份购买资产的发行价格低于公司最近一期的每股净资产”，并“特此提请投资者注意上述风险”。

这就意味着南山铝业此次增发顺利实施之后，投资者所持股份的账面价值，不仅不会因此而增厚，相反还会被明显稀释，这对于南山铝业的投资者似乎有失公平。

（资料来源：红周刊 http：// www.hongzhoukan.com）

案例四：一汽事件持续发酵小股东誓将维权进行到底

一汽股份违约事件在持续发酵。6月27日，备受市场关注的《关于中国第一汽车股份有限公司变更承诺事项履行期限的议案》在一汽轿车2015年度股东大会上被高票否决。延期议案的最终流产不仅标志着一汽轿车“延期3年解决同业竞争问题”的计划落空，同时也意味着以阳光私募明曜投资为代表的中小股东的维权行动取得阶段性胜利。

但一汽股份愿不愿或者能不能拿出新方案履行承诺仍是未知。明曜投资董事长曾昭雄在接受《红周刊》采访时表示："我们希望通过这次投票可以让一汽股份听到中小股东的呼声，拿出诚意。在一定时间内，如果我们没有看到一汽股份去解决问题，那么，明曜也会保留下一步行动的权利，我们会用《证券法》和《公司法》维护我们自己的权益，维护资本市场的尊严。"

延期议案被中小股东高票否决

6 月 27 日，一汽轿车召开 2015 年度股东大会，审议《2015 年度董事会工作报告》等 12 项议案，其中第 12 项《关于中国第一汽车股份有限公司变更承诺事项履行期限的议案》备受关注——在该议案中，一汽轿车恳请股东大会同意将 5 年前做出的关于解决同业竞争问题的，不可撤销承诺"延期 3 年履行。而此举遭到了众多"押宝"一汽重组的中小股东的强烈反对。《红周刊》此前采访曾昭雄，并发表题为《一汽轿车母公司违约　小股东携手维权》的文章，曾昭雄当时表示，这份承诺是 A 股市场有史以来最为严肃的一份承诺。"一个央企，公然违反不可撤销的承诺，这对证券市场的诚信制度建设和契约精神建设的负面影响太大了，明曜必须站出来维权！"

据了解，2010 年中国第一汽车集团公司启动了主业重组改制工作，其核心业务和主要资产经过重组后，于 2011 年 6 月 28 日设立了中国第一汽车股份有限公司（简称"一汽股份"）。而在中国一汽持有的一汽轿车和一汽夏利的股份转移至一汽股份的过程中，一汽股份在监管部门的要求下做出了 5 年解决同业竞争的不可撤销的承诺。正是这样一份不可撤销的承诺，引发了 5 年后中小股东一致反对一汽轿车延期承诺的维权行动。

在一汽轿车 2015 年度股东大会上，中小股东针对《关于中国第一汽车股份有限公司变更承诺事项履行期限的议案》投出反对票 2.4 亿股，占出席会议所有股东有表决权股份总数的 97.26%——一汽轿车延期议案被高票否决。

该投票结果的出炉被一汽轿车个人投资者维权代表王伟（化名）看作是一场胜利。他向《红周刊》记者表示："我们以压倒性的优势取得了胜利，从中可以看出那些沉默的机构投资者对于中小股东的维权还是认可的，我感觉我承载着大家的期待，这几天心里一直紧绷着，压力确实不小。"

与王伟相比，曾昭雄期待一汽股份延期履行承诺事件能推向前。"在否决议案之前，国有资产管理部门和监管部门可能尚不清楚广大中小股东的意愿，但是通过此次投票，中小股东的意愿已经强烈表达出来了。我们希望一汽股份应该拿出诚意，解决问题。"

曾昭雄同时表示："否决议案并非维权的最终目的，我们希望的是，一汽股份及一汽轿车董事会能够以本次股东大会决议为实际启动此项工作的契机，尽快在合理的时间内，拿出切实可行的方案，保证不可撤销承诺的有效履行。"

值得注意的是，在股东大会上与延期议案一并遭遇否决的还有《预计 2016 年日常关联交易金额的议案》，该议案同样被中小股东以 71.37% 的大比例反对票否决。在明曜投资向《红周刊》发来的声明《中小股东否决延期议案，明曜投资希冀承诺早日兑现》中，明曜投资认为，在严重同业竞争和巨额关联交易下，上市公司的独立性已经受到严重损害，中小股东的合法权益需要得到更加有效的保护。

中小股东参加一汽轿车股东大会，被要求签署承诺协议

其实，对一汽股份违约事件，监管层早已关注并发出监管函。6 月 24 日晚间，深交所针对一汽股份违约事件第 3 次向一汽轿车下发关注函，要求一汽股份详细论证说明本次变更承诺行为是否符合相关规定，充分披露本次变更承诺履行期限的具体理由，并要求一汽轿车补充说明前述变更承诺的议案是否合规，是否有利于维护公司权益。但一汽轿车未对监管函件做出回应。

7 月 1 日，一汽轿车和一汽夏利双双发布公告称，在 6 月 30 日分别收到吉林证监局、天津证监局给控股股东一汽股份出具的《警示函》，提醒一汽股份严格按照相关要求，在将变更承诺履行期限的议案提交股东大会审议之前披露保证承诺实际履行的履约保证措施、超期未履行的具体补偿措施等，保证承诺事项的切实履行。

对此，曾昭雄特别指出："监管机构的积极介入，体现了从严监管、保护中小投资者合法权益的监管原则，这无疑对中小股东的维权行动提供了强有力的支持和权威的指导意见。"

"一汽轿车给我传递的感觉就是拖沓和不积极。"王伟对记者表示，"包括此前的对深交所的第一封关注函，一汽轿车拖延了 4 天才给出回复，从这件事上就可以看出来一汽轿车的做事态度。另外，据股东大会现场的投资者跟我说，在曾昭雄和中小股东都到场的情况下，一汽轿车的领导竟然姗姗来迟，这是一个对待投资者应有的态度吗？"

此外，股东大会入场时的一个"小插曲"也引起了中小投资者的强烈不满。"就在股东大会会场门口的警务室外，一汽轿车的工作人员让曾昭雄签署一份承诺协议，需要明曜遵守'不故意打探公司未公开重大信息''在价值分析报告和新闻稿等文件中不使用此次会议获取的公司未公开重大信息'等一系列承诺，我认为这对中小股东来说是不公平的，一汽轿车都无诚信可言，又凭什么让我们签署承诺协议？"

记者就此事采访了曾昭雄，曾昭雄承认确有此事，他对记者表示，这只是股东大会过程中的个别摩擦，最终明曜并没有签署这份协议。

北京问天律师事务所主任张远忠在接受《红周刊》采访时直言，这份承诺协议毫无根据。"上市公司应该遵守信息披露的基本原则，内幕信息必须保密，未公开信息本来就不应当向投资者披露，这是上市公司的义务而不应该让投资者承担。"山东财经大学法学院副教授孟凡麟也认为相关法律法规并没有要求股东参加股东大会签署承诺协议的明确规定，但他认为公司股东不论是否签署承诺协议在参加股东大会的过程中都应该保密。"因为股东参加股东大会肯定会在第一时间了解会议的内容、决议表决的结果，如果在交易时间股东泄露大会内容，就会有涉嫌内幕交易的可能。"

在接受记者采访时，曾昭雄还向《红周刊》透露了参加股东大会的部分细节。"除了签署承诺协议时发生了点摩擦之外，在股东大会上，大股东委派的多名董事没有出席本次会议。"曾昭雄对记者说："在现场，我也提出了我们的看法，我们认为年度股东大会是董事会最重要的工作之一，没有别的工作比年度股东大会更重要，作为公司的董事长和董事，应该把年度股东大会作为一个重要的工作认真对待，但是只有一汽轿车总经理安铁成代表董事会出席，我们认为公司的这个态度是不可取的，对于这件事情我们表示遗憾，也希望一汽轿车改正对中小股东的态度，毕竟董事会不是服务于大股东的。"

此外，作为中小股东代表的曾昭雄还在股东大会上与安铁成进行了深入交流。"在股东大会上，安总也在他的职权范围之内做了一些解释，陈述了存在主辅分离等大型国企改革的困难。"曾昭雄对《红周刊》说，"我们也表达了我们的态度：一汽集团的主辅分离在 2011

年就已经完成了，经营性的主业的生产基本已经纳入一汽股份当中了，而非经营的资产都纳入了一汽集团里面。此外，除了一汽轿车和一汽夏利，一汽股份中涉及同业竞争的资产主要有3家合资公司——一汽大众、一汽丰田以及天津一汽丰田，这家公司不论人员还是资产都是十分清晰的，而一汽股份在这3家合资公司里面的股权权益也是十分清晰的，所以并不存在大型国企改革的困难。”

“要知道，整体上市是有利于企业做大做强的，可以实现资产证券化，可以实现国有资产的保值增值，可以拥有过百亿的股权融资，这也是符合大股东利益的，当然也符合中小股东的利益，也更加符合一汽集团广大员工的利益，这是个多方共赢的事情。”曾昭雄对记者说。

中小股东两手准备　欲保留求偿权

在一汽轿车尚未拿出一个切实可行的方案的情况下，中小股东也在积极联系律师，保留求偿权。王伟对记者表示，目前，中小股东正在等待一汽轿车的回应，如果一汽轿车对待中小股东的维权呼声依旧不理不睬，中小股东肯定会采取诉讼手段维护其权益。

不过，相对于此前接受记者采访时“非诉讼不可”的强硬态度，王伟也在一定程度上做出了让步。“我们其实也很理解一汽股份的难处，作为投资者我并不寄希望于一汽股份马上做出重组承诺，况且短时间之内实现承诺也并不现实。”王伟对《红周刊》表示，“我只是希望一汽股份能够积极地去解决问题，因为3年的延期对中小股东来说是接受不了的。我希望一汽股份最大程度上顾及中小股东的感受，毕竟失信可怕，失信之后对待中小股东的态度才是最让我们寒心的。”

在接受《红周刊》采访时，曾昭雄在索赔问题上的看法与王伟大致相同。他对记者表示，索赔只是维护权益的手段，解决问题才是目的。在一定时间内，如果没有看到一汽股份解决问题，那么，明曜投资会保留下一步行动的权利。“我们不希望走到这一步，但如果真要走到这一步，我们也别无选择。我们会用《证券法》和《公司法》维护我们自己的权益，维护资本市场的尊严。”

在采访的最后，曾昭雄也表达了他对于一汽股份维权问题的看法。“从投资的角度讲，我们买入一家公司的股票成为股东，不应该只会用脚投票。作为股东，当遇到问题的时候，更要用手投票去表达自己的诉求，去维护自己的权益。”

投资者的“解决方案”

在中小股东寄希望于一汽股份主动“解决问题”的同时，有小股东也推出了自己的“解方案”。据记者了解，有中小股东曾经试图邀请个人投资者戚梦捷站出来帮助一汽中小股东维权，而此事也得到了王伟的确认：“虽然我没与他有过直接接触，但我听说有中小股东联系过他，我们大家之前都没有维权经验，肯定需要请教有经验的人来指导维权。”

据悉，除了目前正在参与的＊ST新梅保壳战外，戚梦捷还曾经在一汽富维“涉及关联交易”等问题上有着丰富的维权经验。戚梦捷在接受《红周刊》采访时表示：“以我在一汽富维上的维权经验来看，面向央企维权，双方还是需要相互妥协。”他接着说，“作为控股股东，一汽股份不如率先表示诚意，在整体上市前，对两家上市公司做区别处理。”

戚梦捷进一步向记者解释：“对于一汽夏利而言，由于净资产低，可以做卖壳处理，而一汽轿车就作为后期集团整体上市的唯一平台。对于一汽夏利的股东来说，壳资源会带来丰厚的股价回报；而对于一汽轿车的股东而言，有了集团整体注入的预期，自然也不会有异议，股东都需要预期，而并非吹牛皮、画大饼。”

“我个人认为这种方式肯定行得通，而且是目前最好的解决问题的方式，我希望明曜投资可以把这个意见传递给一汽轿车。”戚梦捷对记者说，“一旦索赔，诉讼会很繁琐，硬碰硬对大家都没好处，如果一汽股份能够给出一个优质方案的话，我相信中小股东还是愿意投赞成票的。”

（资料来源：红周刊 http：//www.hongzhoukan.com）

同步练习参考答案

一、单项选择题

1. B　2. B　3. C　4. B　5. D　6. D　7. C　8. A　9. D　10. A　11. C　12. C　13. C　14. C　15. A

二、多项选择题

1. ABCDE　2. AB　3. ABC　4. ABDE　5. ABCDE　6. ABCDE　7. ABCE　8. ACE　9. ABD　10. BC　11. AC　12. ABCD　13. ABC　14. ABC　15. ABCDE

三、判断题

1. ×　2. ×　3. √　4. √　5. ×　6. √　7. ×　8. ×　9. √　10. √　11. ×　12. ×　13. ×　14. ×　15. √　16. ×　17. √　18. ×　19. √　20. √　21. ×　22. ×　23. ×　24. ×　25. ×

四、简答题（略）

五、计算与分析题

1. 根据净利润与所有者权益变动额的关系公式，本题所有者权益变动额的具体计算为：

3 000 + 250 × 40% − 806 + 2 000 = 4 294（万元）

2.

（1）每股股利 = 现金股利总额 + 发行在外的普通股股数 = 153 600 × 50% ÷ 256 000 = 0.3（元）

股利收益率 = 每股股利 + 股价 × 100% = 0.3 ÷ 10 × 100% = 3%

市盈率 = 每股市价 ÷ 每股收益 = 10 ÷（153 600 ÷ 256 000）= 16.67

（2）考虑的因素：资本支出需求、运营资本需求以及投资项目的效益。

3.

（1）

A 公司基本每股收益 = 净利润 ÷ 发行在外普通股的加权平均数

= 20 000 ÷（20 000 + 3 000 ÷ 12 × 2）= 0.976

B 公司基本每股收益 = 净利润 ÷ 发行在外普通股的加权平均数

= 20 000 ÷（20 000 + 4 000 ÷ 12 × 6）= 0.909

(2)

A 公司每股股利 = 2 000 ÷（20 000 + 3 000）= 0.087

B 公司每股股利 = 1 000 ÷（20 000 + 4 000）= 0.042

第八章　企业营利能力分析

内容概要

一、重点、难点

1. 重点：资本经营营利能力分析、资产经营营利能力分析、上市公司营利能力分析。
2. 难点：资本经营营利能力分析。

二、基本要求

1. 了解企业营利能力分析的目的与内容，商品经营营利能力因素分析方法。
2. 理解营利能力分析的目的与内容，主营业务利润因素分析方法。
3. 掌握资本经营营利能力的分析方法，资产经营营利能力的分析方法，商品经营营利能力的指标计算。

三、章节内容

第一节　营利能力分析的目的与内容

（一）营利能力分析的目的

营利能力又称获利能力，是指一定时期内企业获取利润的能力。利润的高低应相对于一定的资源投入、一定的收入而言，通常以相对数指标利润率来衡量。

营利能力分析是企业财务分析的重点，财务结构分析、偿债能力分析等，其根本目的是通过分析及时发现问题，改善企业财务结构，提高企业偿债能力、经营能力，最终提高企业的营利能力，促进企业持续稳定地发展。企业只有持续经营、最大限度地获取利润，才能保证企业相关利益群体的权益，基于利益相关者角度，营利能力分析的目的主要体现在以下几方面：

1. 对企业管理者来说，营利能力是企业管理者最重要的业绩衡量标准和发现问题、改进企业管理的突破口。

2. 对企业投资者和潜在投资者而言，其直接目的就是获得更多的利润报酬，关注企业营利能力至关重要。一方面他们的投资收益来源于利润，而且企业营利能力增加还能使股票价格上升，从而使股东获得资本增值；另一方面，通过企业的营利能力分析可以预测企业未来的收益或估计投资风险，是投资者确定投资决策的重要依据。

3. 对债权人来讲，利润作为企业偿债的重要来源，是保障债权安全的重要因素，特别是对长期债务而言。

4. 对政府而言，企业营利水平是其税收收入的直接来源，企业赚取的利润是其缴纳税款的基础，利润多则缴纳的税款多，利润少则缴纳的税款少，获利的多寡直接影响财政收入的实现。

第二节　资本经营营利能力分析

（一）资本经营营利能力内涵与指标计算

资本经营营利能力是指企业的所有者通过投入资本经营取得利润的能力。反映资本经营营利能力的基本指标是净资产收益率，也叫净值报酬率或权益报酬率，其计算公式是：

$$\text{收益率} = \frac{\text{净利润}}{\text{平均净资产}} \times 100\%$$

（二）影响资本经营营利能力的因素

影响净资产收益率的因素主要有总资产报酬率、负债利息率、企业资本结构和所得税税率等。

$$\text{净资产收益率} = \left[\text{总资产报酬率} + \left(\text{总资产报酬率} - \text{负债利息率}\right) \times \frac{\text{负债}}{\text{净资产}}\right] \times \left(1 - \text{所得税税率}\right)$$

由上式可以看出，一般情况下，企业管理者要比较总资产报酬率与负债利息率的大小来决定企业是否举债经营（见图 8－1）。

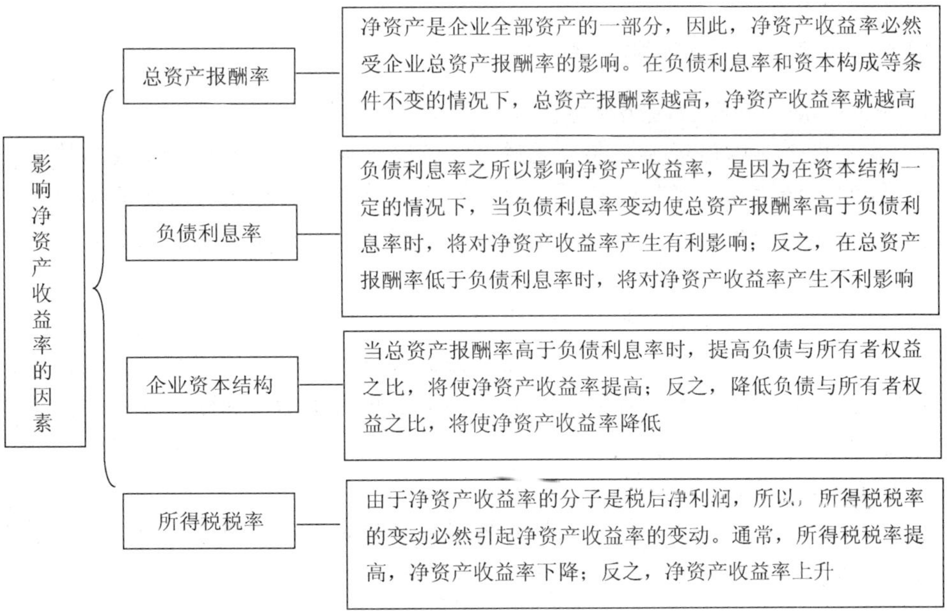

图 8－1　影响净资产收益率的因素

第三节　资产经营营利能力分析

（一）资产经营营利能力内涵与指标计算

资产经营是指把一定的资产作为企业投入资源，并围绕资产的配置、重组、使用等进行管理，取得尽可能多的收益。资产经营的管理目标是追求资产的增值和资产收益的最大化。

资产经营营利能力是指企业运营资产产生利润的能力。反映资产经营营利能力的指标是总资产报酬率，运用资产负债表和利润表的资料，可计算该指标，公式为：

$$总资产报酬率 = \frac{利润总额 + 利息支出}{平均总资产} \times 100\%$$

（二）影响资产经营营利能力的因素

$$总资产报酬率 = \frac{营业收入}{平均总资产} \times \frac{利润总额 + 利息支出}{营业收入} \times 100\%$$

$$= 总资产周转率 \times 销售息税前利润率 \times 100\%$$

可见，影响总资产报酬率的因素有两个（见图8－2）：

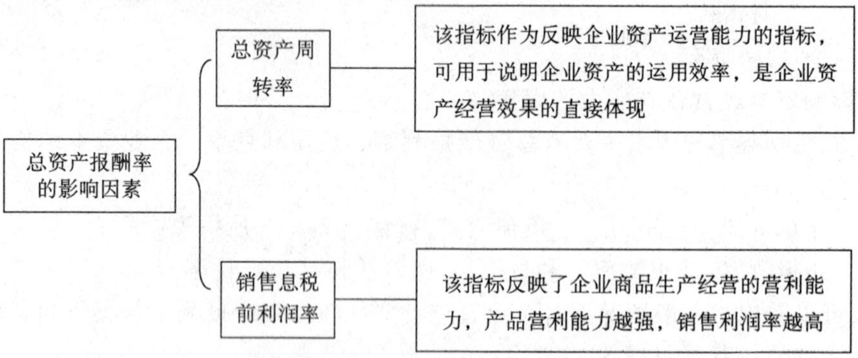

图8－2　总资产报酬率的影响因素

第四节　商品经营营利能力分析

（一）商品经营营利能力内涵与指标

商品经营是指企业以市场为导向，通过一定的购销形式和流转环节将商品从生产领域转移到消费领域的经济活动。商品经营是相对于资产经营和资本经营而言的概念，是商品实体运动和商品价值实现的统一，其管理目标是追求供产销的衔接及商品的营利性，以赚取企业利润。

商品经营营利能力不考虑企业的筹资或投资问题，只研究利润与收入或成本之间的比率关系。因此，反映商品经营营利能力的指标可分为两类：一类是各种利润额与收入之间的比率，统称收入利润率；另一类是各种利润额与成本之间的比率，统称成本利润率。

（二）商品经营营利能力分析

1. 收入利润率分析。

反映收入利润率的指标主要有营业收入利润率、营业收入毛利率、总收入利润率、销售净利润率、销售息税前利润率等（见表8－1）。

表 8－1　收入利润率指标

收入利润率指标种类	定义式	评价
营业收入利润率	$\frac{营业利润}{营业收入}\times 100\%$	这项指标越高，说明主营业务对营利的贡献越大
营业收入毛利率	$\frac{营业收入-营业成本}{营业收入}\times 100\%$	表明每元的营业收入扣除营业成本后有多少用于各项期间费用和形成营利
总收入利润率	$\frac{利润总额}{总收入}\times 100\%$	这项指标越高，说明企业总收入获取利润的能力越强
销售净利润率	$\frac{净利润}{营业收入}\times 100\%$	这项指标越高，说明企业销售收入获取利润的能力越强
销售息税前利润率	$\frac{息税前利润}{营业收入}\times 100\%$	这项指标越高，说明企业营业收入获取利润的能力越强

2. 成本利润率分析。

反映成本利润率的指标有许多形式，其主要形式有营业成本利润率、营业费用利润率、全部成本费用利润率等（见表 8－2）。

表 8－2　成本利润率指标

成本利润率指标种类		定义式	评价
营业成本利润率		$\frac{营业利润}{营业成本}\times 100\%$	该指标越高，表明企业为取得利润而付出的代价越小，成本费用控制得越好，营利能力越强
营业费用利润率		$\frac{营业利润}{营业费用}\times 100\%$	该指标越高，表明企业为取得利润而付出的代价越小，成本费用控制得越好，营利能力越强
全部成本费用利润率	全部成本费用总利润率	$\frac{利润总额}{营业费用+营业外支出}\times 100\%$	每付出一元成本费用可获得多少总利润，体现了经营耗费给出资者带来的经营成果
	全部成本费用净利润率	$\frac{净利润}{营业费用+营业外支出}\times 100\%$	每付出一元成本费用可获得多少净利润，体现了经营耗费给所有者带来的经营成果

第五节　上市公司营利能力分析

（一）每股收益的内涵与计算

每股收益是指净利润扣除优先股股利后的余额与发行在外的普通股的平均股数之比，它反映了每股发行在外的普通股所能分摊到的税后净利润。每股收益是综合反映上市公司获利能力的重要指标，可以用来判断和评价管理部门的经营业绩，普通股股东往往依据这一指标进行投资决策。每股收益又分为基本每股收益和稀释。

1. 基本每股收益。

基本每股收益是指净利润扣除优先股股息后的余额与发行在外的普通股股数之比，其计算公式如下：

$$基本每股收益=\frac{净利润-优先股股息}{发行在外的普通股加权平均数}$$

$$\begin{matrix}发行在外的普通\\股加权平均数\end{matrix}=\begin{matrix}期初发行在外\\普通股股数\end{matrix}+\begin{matrix}当期新发行\\普通股股数\end{matrix}\times\frac{已发行时间}{报告期时间}+\begin{matrix}当期回购\\普通股股数\end{matrix}\times\frac{已回购时间}{报告期时间}$$

上式中分母用加权平均数，因为若企业在会计年度内发行了新股或分派股票股利，则本期内发行在外的普通股股数只能在增加以后的这一段时期内产生权益，减少的普通股股数在减少以前的期间内仍产生收益，所以采用加权平均数，能够正确反映本期内发行在外的普通股股份数额。

2. 稀释每股收益。

稀释每股收益是指当企业存在稀释性潜在普通股时，应当分别调整归属于普通股股东的当期净利润和发行在外普通股的加权平均数（即基本每股收益计算公式中的分子、分母），据以计算稀释每股收益。

所谓稀释性潜在普通股，是指假设当期转换为普通股会减少每股收益的潜在普通股，主要包括可转换公司债券、认股权证和股票期权等。对基本每股收益分子的调整项目有二：一是当期已确认为费用的稀释性潜在普通股的利息；二是稀释性潜在普通股转换时将产生的收益或费用。同时，将基本每股收益分母调整为，当期发行在外普通股的加权平均数与假定稀释性潜在普通股转换为已发行普通股而增加的普通股股数的加权平均数之和。

（二）每股收益因素分析

依据每股收益的影响因素，对每股收益指标作如下分解：

$$每股收益=\frac{净利润-优先股股利}{发行在外的普通股加权平均数}$$

$$=\frac{普通股权益}{发行在外在普通股加权平均数}\times\frac{净利润-优先股股利}{普通股权益}$$

$$=每股账面价值\times普通股权益报酬率$$

由分解公式可知，每股收益主要取决于每股账面价值和普通股权益报酬率两个因素。每股账面价值，即每股净资产，是指股东权益总额减去优先股权益后的余额与发行在外的普通股平均股数的比值。该指标可帮助投资者了解每股的权益，并有助于潜在的投资者进行投资分析。从每股账面价值与每股收益的关系看，每股账面价值越大，每股收益越高，反之亦然。普通股权益报酬率是影响每股权益的另一个重要因素，它的变动会使每股权益发生相同方向的变化。

（三）股利发放率分析

股利发放率是实际发放的普通股每股股利与当期每股收益的比值，反映普通股股东从当年的全部获利中分到多少股利。其计算公式为：

$$股利发放率=\frac{每股股利}{每股收益}\times100\%$$

股利发放率与企业的股利政策、营利情况和成长性有关，其高低要根据企业对资金需要量的具体情况而定，没有一个固定的衡量标准。

为了进一步分析股利发放率变动的原因，可按下式进行分解：

$$股利发放率=\frac{每股股利}{每股收益}\times100\%$$

$$=\frac{\text{每股市价}}{\text{每股收益}}\times\frac{\text{每股股利}}{\text{每股市价}}\times 100\%$$

$$=\text{价格与收益比率}\times\text{股利报偿率}$$

从公式可以看出，股利发放率主要取决于价格与收益比率和股利报偿率。一般来说，长期投资者比较注重价格与收益比率（即市盈率），而短期投资者则比较注重股利报偿率。股利报偿率，也称股利与市价比率，是企业发放每股股利与股票市场价格之比。在价格与收益比率一定的情况下，股利报偿率越高，则股利发放率也越高，反之亦然。

（四）价格与收益比率分析

价格与收益比率，也称市盈率，是反映普通股的市场价格与当期每股收益比值之间的关系，可用来判断企业股票与其他企业股票相比其潜在的价值。其计算公式为：

价格与收益比率 = 每股市价 ÷ 每股收益

该指标在一个企业内几年的数值能够表明企业营利能力的稳定性，可在一定程度上反映企业管理部门的经营能力和企业营利能力及潜在的成长能力。同时，该指标还反映此股票市价是否具有吸引力，是股市分析中常用的指标，把多个企业的股票价格与收益比率进行比较，并结合对其所属行业的经营前景的了解，可以作为选择投资目标的参考。

同步练习

一、单项选择题

1. 总资产报酬率是指（　　）与平均总资产之间的比率。

A. 利润总额　B. 息税前利润　C. 净利润　D. 息前利润

2.（　　）是反映营利能力的核心指标。

A. 总资产报酬率　B. 股利发放率　C. 总资产周转率　D. 净资产收益率

3. 下列选项中，不能提高净资产收益率的途径是（　　）。

A. 加强负债管理，降低负债比率　B. 加强成本管理，降低成本费用

C. 加强销售管理，提高销售利润率　D. 加强资产管理，提高资产周转率

4. 总资产报酬率主要受（　　）和销售息税前利润率这两个因素的影响。

A. 总资产周转率　B. 固定资产周转率

C. 流动资产周转率　D. 应收账款周转率

5. 在企业各种收入利润中，（　　）通常是其他利润的基础。

A. 产品销售利润率　B. 营业收入利润率

C. 总收入利润率　D. 销售净利润率

6. 企业计算稀释每股收益时，要考虑的因素是（　　）。

A. 发放的现金股利　B. 优先股股利

C. 可转换公司债券　D. 收到的股票股利

7. 商品经营能力分析是利用（　　）资料进行分析。

A. 资产负债表　B. 现金流量表　C. 利润表　D. 利润分配表

8. 反映商品经营营利能力的指标可分为两类，一类统称收入利润率，另一类统称（　　）。

A. 成本利润率　　B. 销售成本利润率

C. 营业成本费用利润率　　D. 全部成本费用利润率

9. （　　）是指股东权益总额减去优先股权益后的余额与发行在外的普通股平均股数的比值。

A. 每股收益　　B. 每股股利　　C. 每股金额　　D. 每股账面价值

10. 每股收益主要取决于每股账面价值和（　　）两个因素。

A. 净利润　　B. 普通股权益报酬率

C. 优先股股息　　D. 普通股股数

11. （　　）是普通股股利与每股收益的比值，反映普通股股东从每股的全部的获利中分到多少。

A. 每股收益　　B. 普通股权益报酬率

C. 市盈率　　D. 股利发放率

12. 市盈率的计算公式为（　　）。

A. 每股面值与每股收益的比率　　B. 每股市价与每股收益的比率

C. 每股市价与每股股利的比率　　D. 每股市价与每股现金流量的比率

13. 对净资产现金回收率指标的分析可以为哪一指标的分析提供更好的补充（　　）。

A. 总资产报酬率　　B. 每股股利

C. 净资产收益率　　D. 盈余现金保障倍数

14. 从经营内容的角度而言，（　　）主要强调资产的配置、重组及有效使用；资本经营主要强调资本流动、收购、重组、参股和控股等。

A. 资本经营　　B. 资产经营　　C. 商品经营　　D. 产品经营

15. 下列现金流量比例中，最能够反映企业营利质量的指标是（　　）。

A. 现金毛利率　　B. 现金充分性比率

C. 流动比率　　D. 盈余现金保障倍数

16. 最能体现企业经营目标的财务指标是（　　）。

A. 总资产周转率　　B. 净资产收益率

C. 销售利润率　　D. 成本利润率

17. 在计算利息保障倍数指标时，其中的利息费用（　　）。

A. 仅指计入固定资产成本的资本化利息

B. 仅指本期计入财务费用中的利息费用

C. A、B 两项都包括

D. 可由企业自行决定多少

18. 所有者权益报酬率是总资产周转率乘以（　　）。

A. 权益乘数　　B. 资产负债率的倒数

C. 权益系数　　D. 销售净利率

19. 关于权益乘数，下列公式表述正确的（　　）。

A. 1×（1－资产负债率）　　B. 1+（1－资产负债率）

C. 1÷（1－资产负债率）　　D. 1－（1－资产负债率）

20. 企业商品经营营利状况最终取决于（　　）。

A. 主营业务利润　B. 营业收入　C. 投资收入　D. 营业外收入

21. 某公司当年实现销售收入3 800万元，净利润480万元，总资产周转率为2，则资产净利率为（　　）。

A. 12.6%　B. 6.3%　C. 25%　D. 10%

22. 下列关于销售毛利率的计算公式中，正确的是（　　）。

A. 销售毛利率＝1－变动成本率　B. 销售毛利率＝1－销售成本率

C. 销售毛利率＝1－成本费用率　D. 销售毛利率＝1－销售利润率

23. 投资报酬分析最主要的分析主体是（　　）。

A. 上级主管部门　B. 投资　C. 长期债权人　D. 短期债权人

24. M公司2016年利润总额为4 500万元，利息费用为1 500万元，该公司2016年的利息偿付倍数是（　　）。

A. 2　B. 3

C. 4　D. 5

25. 销售净利率的计算公式中，分子是（　　）。

A. 利润总额　B. 净利润　C. 营业利润　D. 息税前利润

26. 在基本条件不变的情况下，下列经济业务可能导致总资产收益率下降的是（　　）。

A. 用银行存款支付一笔销售费用　B. 用银行存款购入一台设备

C. 将可转换债券转换为普通股　D. 用银行存款归还银行借款

27. 某公司资产净利率为10%，若产权比率为1.5，则权益净利率为（　　）。

A. 6.67%　B. 10%　C. 15%　D. 25%

28. 下列指标中，能够较为直观地反映企业主营业务对利润创造的贡献是（　　）。

A. 销售毛利率　B. 销售净利率

C. 总资产收益率　D. 净资产收益率

29. 下列关于营利的表述中，错误的是（　　）。

A. 股利收益率是指投资股票获得股利的回报率，该指标是挑选收益型股票的重要参考标准

B. 股利支付率是指普通股每股股利与普通股每股收益的比率

C. 市盈率也称为价格盈余比率，是普通股每股市价与普通股每股收益的比值

D. 每股收益是决定股利分配的唯一因素

30. 公司年初发行在外普通股股数为1亿股，2010年3月1日新发行3 000万股，2010年实现的净利润为5 000万元，则基本每股收益为（　　）。

A. 0.2　B. 0.38　C. 0.4　D. 0.42

二、多项选择题

1. 下列选项中，能够用来衡量与股本有关的营利能力指标有（　　）。

A. 每股收益　B. 净资产收益率

C. 基本每股收益　D. 股利支付率

E. 市盈率

2. 反映企业营利能力的指标有（　　）。

A. 营业利润　　B. 总资产收益率

C. 净资产收益率　　D. 成本利润率

E. 净利润

3. 下列各项中，可能直接影响企业总资产收益率指标的有（　　）。

A. 提高销售净利率　　B. 提高总资产周转率

C. 提高资产负债率　　D. 提高流动比率

E. 提高固定资产周转速度

4. 反映商品经营能力的指标有（　　）。

A. 营业收入利润率　　B. 总资产报酬率

C. 销售息税前利润率　　D. 净资产收益率

E. 价格与收益比率

5. 反映上市公司营利能力的指标有（　　）。

A. 每股收益　　B. 普通股权益报销率

C. 股利发放率　　D. 总资产报酬率

E. 价格与收益比率

6. 下列选项中，会影响资产净利率的有（　　）。

A. 产品的价格　　B. 单位成本的高低

C. 销售量　　D. 资产周转率

E. 资产结构

7. 反映收入利润率的指标主要有（　　）等。

A. 营业收入毛利率　　B. 营业收入利润率

C. 总收入利润率　　D. 销售净利润率

E. 销售息税前利润率

8. 影响企业营利能力的特殊项目包括（　　）。

A. 税收政策　　B. 利润结构　　C. 资本结构　　D. 资产运转效率

E. 企业营利模式因素

9. 下列选项中，正确的有（　　）。

A. 每股收益是衡量上市公司营利能力主要的财务指标

B. 股利支付率是每股股利与每股收益的比率

C. 市盈率是每股市价与每股盈余的比率

D. 每股收益多，就意味着多分红

E. 股利收益率是指投资股票获得股利的回报率

10. 影响全部成本费用总利润率的因素有（　　）。

A. 营业成本　　B. 销售费用　　C. 资产减值损失　　D. 所得税税率

E. 营业外支出

11. 普通股权益报酬率的变化受（　　）的因素影响。

A. 普通股股息　　B. 净利润

C. 优先股股息　D. 普通股权益平均额
E. 普通股股数
12. 下列各项中，反映企业与投资有关的营利能力指标有（　　）。
A. 长期资金收益率　B. 资本保值增值率
C. 流动资产收益率　D. 固定资产收益率
E. 权益乘数
13.（　　）是企业每股市价与每股收益之比。
A. 股利发放率　B. 股利报偿率
C. 价格与收益比率　D. 股利与市场比率
E. 市盈率
14.（　　）是需要利用现金流量表才能得出的营利能力分析指标。
A. 净资产现金回收率　B. 营利现金比率
C. 销售获现比率　D. 现金分配率
E. 托宾 Q 值
15. 下列选项中，正确的有（　　）。
A. 每股收益是反映股份公司营利能力大小的一个非常重要的指标
B. 每股收益可以和同行业进行直接比较
C. 每股收益可以直接进行纵向比较
D. 每股收益由于对发行在外流通股计算口径不同，可以分为基本每股收益和稀释每股收益
E. 企业存在具有稀释性的潜在普通股的情况下，应该根据具有稀释性潜在普通股的影响，计算稀释的每股收益
16. 反映成本利润率的指标主要有（　　）等。
A. 营业成本利润率　B. 营业成本费用利润率
C. 全部成本费用总利润率　D. 全部成本费用净利润率
E. 营业费用利润率
17. 影响净资产收益率的因素主要有（　　）。
A. 总资产报酬率　B. 负债信息率　C. 企业资本结构　D. 总资产周转率
E. 所得税税率
18. 下列各项中，数值越高则表明企业获利能力越强的指标有（　　）。
A. 销售净利率　B. 资产负债率　C. 净资产收益率　D. 速动比率
E. 总资产净利率
19. 资产经营能力受（　　）的影响。
A. 资本经营营利能力　B. 商品经营营利能力
C. 资产运营效率　D. 产品运营效率
E. 资本运营效率
20. 下列选项中，正确的有（　　）。
A. 每股收益是反映股份公司营利能力大小的一个非常重要的指标
B. 每股收益可以和同行业进行直接比较

C. 每股收益可以直接进行纵向比较

D. 每股收益由于对发行在外流通股计算口径不同，可以分为基本每股收益和稀释每股收益

E. 企业存在具有稀释性的潜在普通股的情况下，应该根据具有稀释性潜在普通股的影响，计算稀释的每股收益

三、判断题

1. 市净率是指普通股每股市价与普通股每股收益的比率。（　）
2. 对企业营利能力的分析主要指对利润率的分析。（　）
3. 毛利是企业利润的基础，毛利越高，企业的净利越多。（　）
4. 总资产报酬率越高，净资产收益率就越高。（　）
5. 企业获利能力越强，越稳定，越持久，资本保全就越有保障，对企业的所有者越不利。（　）
6. 资产经营、商品经营和产品经营都服从于资本经营目标。（　）
7. 如果销售收入增加，销售毛利率将增加。（　）
8. 总资产报酬率是反映营利能力的核心指标。（　）
9. 每股收益是评价上市公司获利能力的基本和核心指标。（　）
10. 影响企业成本利润率的因素与影响营业收入利润率的因素是相同的。（　）
11. 一般来说，市盈率指标越低，表明该股票的投资价值风险越大。（　）
12. 营业利润率指标不能揭示企业获利能力的稳定性和持久性。（　）
13. 权益净利率和要求的报酬率的差额可以衡量企业获得超额利润的能力。（　）
14. 价格与收益比越高，说明企业营利能力越强。（　）
15. 市盈率指标可以用于不同公司的比较，充满扩展机会的新兴行业市盈率普遍较高，而成熟行业的市盈率普遍较低，这说明后者的股票没有投资价值。（　）
16. 公司发行优先股时，应当对稀释性每股收益指标的分母进行调整。（　）
17. 资本经营营利能力分析主要对全部资产报酬率指标进行分析和评价。（　）
18. 对企业市盈率高低的评价必须依据当时金融市场的平均市盈率进行，并非越高越好或越低越好。（　）
19. 企业营利能力的高低与利润的高低成正比。（　）
20. 最能体现企业经营目标的财务指标是净资产收益率。（　）
21. 所得税税率变动对营业收入利润率没有影响。（　）
22. 销售成本变动对利润有着直接影响，销售成本降低多少，利润就会增加多少。（　）
23. 普通股权益报酬率与净资产收益率是相同的。（　）
24. 销售净利率越高，企业在正常经营情况下由盈转亏的可能性越高。（　）
25. 利用托宾 Q 值判断公司营利能力和市场价值时，其能真实反映公司的价值。（　）

四、解答题

1. 营利能力分析的目的和内容是什么？

2. 如何理解资本经营营利能力的内涵？影响资本经营能力的因素有哪些？
3. 如何理解资产经营营利能力的内涵？影响资产经营能力的因素有哪些？
4. 商品经营营利能力计算指标有哪些？
5. 上市公司的营利能力指标是如何设置的？

五、计算题

1. 收入利润率分析。

某公司 2015 年度、2016 年度有关经营成果资料见表 8－3。

表 8－3 **收入利润率分析信息资料** 单位：元

项 目	2016 年	2015 年
营业收入	80 710 806 825	65 133 211 929
营业成本	65 305 481 200	53 673 308 285
营业利润	4 957 113 017	3 294 507 315
利润总额	5 442 126 550	3 659 786 296
净利润	4 743 239 677	3 243 884 860
利息支出	946 142 398	356 213 834
总收入	81 941 747 099	66 246 780 657

要求：根据上述资料，计算 2015 年、2016 年两个年度的收入利润率指标及其变动情况。

2. 资本经营能力分析。

根据某公司 2015 年、2016 年两个年度的资产负债表、利润表等以及会计报表附注，给出以下分析数据（见表 8－4）。

表 8－4 **资本经营营利能力分析信息资料**

项 目	2016 年	2015 年
平均总资产（元）	33 546 597	27 784 245
平均净资产（元）	22 959 117	22 707 305
负债（元）	15 114 511	6 060 450
利息支出（元）	－237 953	－285 203
利润总额（元）	855 649	572 860
净利润（元）	855 306	561 708
所得税率（%）	8.82	4.73

注：2014 年总资产 26 602 881 元，平均总资产、净资产为相邻两年期末余额平均数。

净资产收益率＝［总资产报酬率＋（总资产报酬率－负债利息率）×负债÷净资产］×（1－所得税税率）≥所得税税率

要求：用连环替代法计算各因素变动对资本经营能力的影响程度。

3. 资产经营能力变动分析。

资料如表8－5所示。

表8－5　资产经营营利能力分析信息资料

项　目	2016年	2015年
营业收入（元）	28 539 578 900.00	20 955 824 674.00
利润总额（元）	7 331 571 772.00	5 018 907 791.00
利息支出（元）	190 780 667.00	44 525 106.00
平均总资产（万元）	3 402 365.00	2 793 180.00

要求：请对该公司资产经营营利能力变动进行分析。（提示：从总资产周转率和销售息税前利润率变动两个角度对总资产报酬率的变动进行因素分析）

4. 每股收益分析。

资料如表8－6所示。

表8－6　每股收益分析信息资料

项　目	2016年	2015年
归属于本公司普通股股东的合并净利润（元）	2 985 173	1 923 905
普通股权益平均额（元）	23 748 393	22 822 123
普通股权益报酬率（%）	12.57	8.43
发行在外的普通股加权平均股数（元）	8 300 000	8 300 000

要求：请对该公司每股收益变动进行分析。

5. A公司2014年度、2015年度和2016年度利润表部分数据如表8－7所示。

表8－7　单位：万元

项　目	2016年	2015年	2014年
销售收入	32 168	30 498	29 248
销售成本	20 281	18 531	17 463
净利润	2 669	3 385	3 305

要求：

（1）计算该公司2016年度的销售净利率并作出简要分析；

（2）计算该公司2016年度的销售毛利率并作出简要分析。

6. 某公司2013年总资产平均额为10 000万元，当年销售收入为32 000万元，其中净利润为8 000万元。该公司所在行业平均销售净利润为20%，总资产周转率为2.5次。

要求：

（1）计算该公司的总资产收益率、销售净利率和总资产周转率。

（2）计算该公司行业平均总资产收益率。

（3）与行业平均值进行比较，对该公司总资产收益率进行评价。

案例导读

案例一：五洲新春毛利率之谜

浙江五洲新春集团股份有限公司（简称“五洲新春”）是一家以轴承产业为核心，涉足汽车配件的集团化企业。主营业务为轴承套圈和成品轴承的研发、生产和销售。公司 IPO 申请在 2017 年 4 月 27 日证监会召开的发审委会议上顺利过会，进入等待发行阶段。对于该公司招股书公布的相关信息，《红周刊》记者进行深入研究后发现，公司不仅在毛利率上有疑点待解，且巨额采购支出也是去向不明。

高毛利率存疑

在招股说明书中，五洲新春选取了襄阳轴承、南方轴承、龙溪股份、天马股份等 9 家上市公司作为同行业对比公司进行了毛利率的对比分析，从分析结果看，五洲新春的毛利率明显远高于行业算术平均值和中位数，对于其毛利率高于同行业上市公司平均值的原因，该公司给出了“管理水平较高”“业务链流程相对较长”“产品定位高端”等解释理由，然而对于这样的解释理由，记者觉得似乎有些牵强，因为将该公司毛利率与其原材料的采购结合分析，可以发现这种高于同行业平均水平的毛利率明显缺乏数据支撑。

招股书显示，轴承产业始终都是五洲新春的核心产业，其主营业务围绕着轴承套圈和成品轴承的研发、生产和销售而开展，因此轴承套圈和成品轴承的生产和销售是公司营业收入的主要来源。依靠这两大类产品，五洲新春 2013 年、2014 年和 2015 年实现的主营业务收入分别为 8. 27 亿元、8. 95 亿元和 9. 03 亿元，其中在 2014 年和 2015 年中，直营业务收入的增长幅度分别达到 8. 16% 和 0. 86%。对于其 2015 年主营业务收入的“原地踏步”，《红周刊》记者发现这与其同期轴承套圈销售量的减少不无关系。

招股书提供的信息显示，在 2014—2015 年，五洲新春的轴承套圈产品销量从 2014 年的 4. 33 亿套下降到 2015 年的 4. 19 亿套，降幅为 3. 18%，直接使该产品所实现的销售收入由前期的 7. 28 亿元减少到 6. 59 亿元，减少了 6 600 多万元，降幅 9%。不过也就在同期，另一主要产品成品轴承的销量却在不断增加，从 2014 年的 5 016. 83 万套增长到 2015 年的 6 894. 58 万套，增幅高达 37. 43%，销售全额由 2014 年的 1. 63 亿元上升至 2015 年的 2. 25 亿元，增加 6 200 万元，增幅 38%。正因成品轴承销量的增长，该公司主营业务整体收入保持了基本稳定。

不过疑问也出在成品轴承上。伴随着该产品销量的增长，产量也在大幅增长。2013—2015 年，成品轴承的产量由最初的 4 294. 12 万套增长到 7 520. 33 万套，增幅高达 75. 13%。不过令人奇怪的是，随着产量的大幅增长，公司在原材料采购方面竟然出现了大幅度的下降。

依照五洲新春在招股说明书中的介绍，轴承套圈和成品轴承的主要原材料均为轴承钢钢棒和轴承钢钢管，在 2013—2015 年，该公司生产成品轴承所采购的轴承钢钢棒从 694. 43 吨下降到 254. 25 吨，轴承钢钢管由 2 817. 70 吨下降到 1 569. 60 吨，降幅分别高达 63. 39%、44. 29%。也就是说，在原材料采购大幅下降的背景下，成品轴承的产量却出现了大幅增加，这是个非常奇怪的现象。

除了成品轴承外，其轴承套圈产品也有类似现象。在 2013 年至 2015 年，该公司生产轴承套圈采购的轴承钢钢棒从 4.67 万吨下降到了 4.56 万吨，轴承钢钢管从 2 025.39 吨下降到 1 499.00 吨，下降比例分别为 2.26% 和 25.99%。虽然从降幅数据看，轴承钢钢棒的采购下降幅度不大，但在轴承钢钢管的采购上，降幅却是非常明显的。就在原材料采购大幅下降的背景下，该公司产品轴承套圈的产量却有一定的增长，从 2013 年的 4.17 亿套增长到 2015 年的 4.25 亿套，多出了 800 多万套。

一边是原材料采购量下降，另一边则是产品产量出现增长，出现这种情况意味着企业一定要部分消耗上年的库存，否则无法支撑产量的增长，而这也必将导致其中的原材料或者在产品出现下降才对，可实际情况呢？

从五洲新春的存货情况来看，2013 年其原材料库存金额为 4 722.09 万元，而到了 2015 年，该项库存不但没有减少反而增加到 5 617.32 万元；在产品方面，同样也是从 2013 年的 1.22 亿元增长到 1.23 亿元。在原材料采购越来越少且库存中的原材料和在产品也在增加下，公司主要产品的产量却在持续增加中。五洲新春的这手“妙手回春”之术实在令人惊讶。

究其原因，不难发现五洲新春所公布的采购数据存在很大矛盾之处。以公司成品套圈来说，依据公布的该产品的直接材料成本，其 2015 年金额高达 11 693.84 万元，然而在 2015 年其主要材料轴承钢钢棒和轴承钢钢管的采购总额却仅有 1 050.86 万元，那么，相差的上亿元直接材料从何而来？同样，2014 年其直接材料成本金额为 8 825.50 万元，而主要材料轴承钢钢棒和轴承钢钢管的采购总额却仅有 1 558.48 万元，两者之间同样相差了数千万元。

作为主要材料，采购与消耗之间竟然出现了如此大的差距，实在让人生疑。原材料的消耗直接关系到生产成本，而毛利率的计算又与生产成本息息相关，在上述多处不正常现象印证下，五洲新春的毛利率实在有可疑之处。

此外，依据五洲新春招股说明书的介绍，在报告期内该公司轴承套圈的毛利率分别为 28.94%、28.02% 和 26.55%，而其成品轴承的毛利率则分别为 17.49%、19.45% 和 19.73%，显然轴承套圈的毛利率要比成品轴承高得多。再从产销率的情况来看，报告期内其轴承套圈的产销率均在 97% 以上，相反的是，成品轴承的产销率近两年反而仅有 91% 左右。显然，相比成品轴承，其套圈产品明显又好销又赚钱，可为什么公司在报告期内非要缩减高毛利的轴承套圈的产量，反而去消耗更多轴承套圈来增加低毛利的成品轴承的产量呢？

巨额采购支出去向不明

从上述分析来看，诸多的不合理的表现均与公司高于同行业的毛利率不无关系，那么从成本角度再分析核算一下，该公司超高的毛利率是否能得到其他相关数据的支撑呢？

从招股书披露的数据来看，轴承套圈和成品轴承 2014 年直接材料成本合计为 3.65 亿元，如果算上 17% 的增值税，则该直接材料共需要 4.27 亿元的采购资金，不过，从该公司现金流量表来看，当年该公司购买商品、接受劳务支付的现金却高达 6.59 亿元，显然公司为采购支付的现金远远超过了其材料成本，超过金额高达 2.94 亿元。

导致这种情况的发生有三种可能：第一种是该公司还有大量采购年末尚未实现收入，形成了存货，未能通过成本反映出来，不过如果是这种情况，会通过存货的增加有所反映；第二种可能则是该公司当年预付款项有大额增加，或者以现金偿还了以往的应付票据和应付账款，这种情况则会使其以上两项应付项目出现大幅度减少；而第三种可能则是该公司有大额的劳务支出。那公司的实际情况究竟如何呢？

从五洲新春存货看，2014 年出现大幅增加，增加金额高达 5 500 余万元。由于存货的新增部分并非都是直接材料，其中还可能包括了直接人工和生产费用，因此其存货中真正所含的材料采购支出应该不会超过 5 500 万元；同期，公司预付款项相比上一年度减少了 460 多万元，应付票据减少了近 2 200 万元，应付账款增加了近 2 900 万元。

因五洲新春的主要产品为轴承套圈和成品轴承，虽然汽车安全气囊气体发生器部件在近两年也出现在该公司产品名单上，但对公司的营业收入贡献却相对有限。招股书提供的数据显示，2014 年和 2015 年实现的销售收入分别只有 187.06 万元和 1 835.86 万元，占营业收入的比例为 0.20% 和 1.95%，因此，该产品的原材料采购相对其总采购的影响不会很大，尤其是在 2014 年，按照销售额来看，其材料支出费用基本可以忽略不计。此外，招股说明书还介绍，因生产需要，五洲新春及其生产性子公司将部分生产工序（主要为粗车工艺，少部分精车工艺）外协，按照约定的价格支付外协商劳务费。其中 2014 年劳务提供方为捷成机械，当年发生的劳务费为 570 余万元。

现在将上述因素均考虑在内进行核算，可发现该公司 2014 年购买商品、接受劳务支付的现金超过原材料采购金额 2.3 亿元以上。那么，这多出来的巨额的采购支出流向什么地方了呢？

与之类似，2015 年同样有巨额采购支出流向不明。2015 年，五洲新春轴承套圈和成品轴承的直接材料成本合计为 3.69 亿元，算上增值税，则相应需要支付的采购支出金额为 4.31 亿元。而当年购买商品、接受劳务支付的现金则为 6.24 亿元，两者之间相差了 1.93 亿元。当年存货新增金额不足 1 200 万元，预付账款几乎没有变化，应付票据新增 600 余万元，应付账款则减少了 1 300 多万元，汽车安全气囊气体发生器部件的材料采购参考销售额按照 1 835.86 万元计算，当年为捷成机械提供的劳务支出为 708 万元，综合核算下来，该公司 2015 年购买商品、接受劳务支付的现金仍然超过其原材料采购金额近 1.6 亿元之巨。

连续两年都存在如此巨大的采购支出，而又未在成本之中体现出来，那么这些多余支出到底流向了哪里？而在这种情况下核算出的毛利率，可信度又有多大呢？

（资料来源：红周刊 http：//www.hongzhoukan.com）

案例二：亚普汽车逆势扩张，业绩依赖关联交易

亚普汽车部件股份有限公司（简称“亚普汽车”）是国内塑料油箱生产龙头企业，也是我国向国外出口塑料油箱总成、输出塑料油箱制造技术和在海外建设塑料油箱工厂的自主品牌企业。近期，该公司正式进入预先披露更新企业名单之列，离上市发行的目标又近一步。然而近期笔者在翻阅其招股书时发现，该公司产销数据与库存数据存在矛盾，业绩主要依赖关联交易，同时该公司募投项目逆势扩产，发展前景堪忧。

财务数据存疑

在正常情况下，企业的生产、销售和库存之间存在着必然的联系，即在一定会计期间内企业所生产的所有产品经过销售后，剩余的部分即为该期新增库存商品。同样，依据企业存货中库存商品年末数据减去年年初库存商品数据也可以计算出企业该会计年度的新增库存商

品数据，由于计算过程中误差的存在，两种方式计得的数据可能不完全相等，但也应该相差不会很大。

亚普汽车的主要产品为塑料燃油箱，据招股书介绍，亚普汽车 2012 年的主要产品的产量为 4 737 312 只，销量为 4 621 711 只，其产品生产总量高于销售量，也就是说该年度，亚普汽车生产的剩余量为 115 601 只，而这些剩余的产品最终会被计为库存商品，因此该年度亚普汽车库存商品金额应该较上一年度呈增长态势，按照招股书提供的数据，该年度其产品平均售价为 671.53 元，单位毛利为 98.02 元，核算下来，2012 年度新增库存商品金额应该比 2011 年度至少高出 6 600 万元。

然而，依据存货数据核算出的库存商品金额却出现了截然相反的结果。招股书数据显示，该公司 2011 年库存商品金额为 18 524.49 万元，2012 年则为 16 184.17 万元，2012 年其商品金额不仅没有增加反而比 2011 年还减少了近 2 400 万元，一来一去，两者金额竟然相差 9 000 万元左右。

这就令人难以理解了，同是库存商品金额，不同方法核算出的结果为何会有如此大的偏差呢？而造成数据出现如此大的偏差，很可能是亚普汽车所提供的产销数据或存货数据有一方出现了造假。

数据造假是很多 IPO 企业粉饰业绩的重要手段，不论是产销数据的造假，还是存货造假，其最终目的都是为了虚增利润，毕竟企业的经营业绩是影响其能否成功上市的重要因素。然而造假行为终究会露出“狐狸的尾巴”，在 A 股市场上，因造假而东窗事发的案例也是屡见不鲜，万福生科就是一个很好的例子，该公司于 2011 年 10 月华丽上市，总共募集资金高达 3.95 亿元，可谓是风光一时，然而不到一年，该公司便被证监会立案调查，经调查该公司存在财务造假的情况，为了能成功上市，该公司累计虚增收入 7.4 亿元，累计虚增净利润 1.6 亿元。

在产销数据或存货数据存在造假嫌疑的同时，笔者还发现其应收账款也有可疑之处。据招股书提供的数据，2012 年该公司 2 ~ 3 年的应收账款额度为 22.53 万元，到了 2013 年，其 3 ~ 4 年的应收账款即使一分没有收回来也不应该大于 22.53 万元，然而其 2013 年 3 ~ 4 年的应收账款额度竟然超过了 2012 年 2 ~ 3 年的应收账款额度，为 26.87 万元，虽然高出的金额并不算大，然而却不符合逻辑，由此我们也有理由怀疑其应收账款数据是否真实。

业绩严重依赖关联交易

笔者发现，亚普汽车与关联企业之间的交易错综复杂，金额巨大，企业缺乏必要的独立性，营业收入主要来自于关联企业，经营业绩严重依赖关联交易。

从招投书提供的信息来看，国投高科为亚普汽车的控股股东，持有其 56.10% 的股份，另外华域汽车、国投创新和协力基金分别为亚普汽车的其他几位大股东，分别持有其 33.90%、5% 和 5% 的股份。上海汽车持有华域汽车 60.10% 股权为华域汽车的控股股东，而亚普汽车最重要的三大客户即为上海汽车和上海汽车的两家合营公司上海通用和上海大众，上海汽车分别持有这两家公司 50% 的股权，因此亚普汽车与上海汽车、上海大众和上海通用之间存在着关联关系。

报告期内，上海汽车、上海大众和上海通用始终位于亚普汽车的前 5 大客户之列，对亚普汽车的营业收入起着至关重要的作用，其中亚普汽车营业收入的一半以上均来自这三大关联客户。除了销售商品，亚普汽车每年还向其客户的控股公司及分公司进行上千万元的采购交易。

同时亚普汽车与其合营公司武汉亚普的关联交易也为数不少。报告期内，其向武汉亚普销售产品及材料金额分别为949.83万元、862.94万元、862.95万元和581.88万元。2011年其向武汉亚普采购半成品金额也高达1 222.80万元。

除上述关联交易，亚普汽车控股股东国投高科每年还委托金融机构及国投财务公司为公司提供巨额贷款，报告期内委托贷款金额分别为2011年2亿元、2012年2.01亿元、2013年2.05亿元、2014年6月1.1亿元。

发展乏力，逆势扩产

亚普汽车本次上市的目的，是拟募集资金43 668.12万元用于烟台、扬州、长春、重庆分厂的扩产及建设项目和研发中心的建设，项目建成后总计新增油箱产能100万套，新增加油管产能100万套。然而依据汽车行业发展趋势和亚普汽车目前的产能消化能力，其募投扩产项目的愿景却难言乐观。

2012年4月18日，国务院通过《节能与新能源汽车产业发展规划（2012—2020年）》（以下简称“新能源汽车规划”），该规划确定了我国新能源汽车发展的具体目标：要以纯电驱动为汽车工业转型的主要战略取向，当前重点推进纯电动汽车和插电式混合动力汽车产业化，推广普及非插电式混合动力汽车、节能内燃机汽车，提升我国汽车产业整体技术水平。同时，培育和发展节能与新能源汽车产业也成为我国加快转变经济发展方式的一项重要任务，为此，近期国家密集出台了一系列支持新能源车发展的政策，除了中央财政补贴和地方政府补贴之外，还有为新能源车减免购置税，公车采购中必须有30%比例新能源车等，同时个别地方也推出了支持新能源车发展的政策，诸如新能源车免路桥费，不限号行驶等。而在配套设施方面各地均积极筹划建设充电桩等必要设施。一时间国内各大汽车生产厂家均跃跃欲试准备产业升级发展新能源汽车。

我们知道新能源汽车是不需要油箱的，而在下游企业纷纷改革升级、积极准备发展新能源汽车的档口上，以油箱为核心产品的亚普汽车却准备大量募集资金扩大其油箱、油管的产能，这明显太不合时宜。而该公司似乎也意识到了该问题，在其招股书中虽然也有新能源汽车对其影响方面的风险提示，但是最终结果是该公司对此风险却是视而不见。

亚普汽车如此“任性”地坚持扩产，难道真的是因为产能不足，需要大肆扩大产能？答案是否定的。报告期内，亚普汽车的产能在不断扩大，其产量也在不断增长，然而笔者计算发现，该公司的产能利用率并不算高，报告期内，每年仅仅7成多，距产能饱和尚有一段距离，而且其产能利用率总体呈下降趋势。而正是在这种情况下，亚普汽车却募集资金扩大产能，这种矛盾的现象令人生疑。

同时，笔者还注意到，亚普汽车的毛利率从2012年的14.38%下降到了2013年的13.47%。而其同行业上市公司的毛利率却从22.56%上升到了22.88%。毛利率的低下，致使其营业收入虽然从2012年的34.23亿元增长到了2013年的40.67亿元，增长率高达18.84%，但是其净利润只从2.20亿元增长到2.21亿元，仅仅增长了0.6%，基本属于原地踏步，可见其发展已经出现动力不足的情况。

市场空间和利润空间都在变窄，亚普汽车现有的产能消化尚且存疑，那么其募资扩产的意义又有多大呢？其募投项目完成难保不是其产能严重过剩的开始。

（资料来源：红周刊 http：//www.hongzhoukan.com）

案例三：天鹅股份子公司竟然全部亏损

《红周刊》第 88 期刊登的《天鹅股份："瘦"了员工，"肥"了高管》的文章，就天鹅股份招股说明书所反映的部分问题进行了详细的分析，其后，天鹅股份于 11 月 18 日上会审核，最终虽然其通过了证监会审核，但在发审会上，证监会提出 8 个问题，需要天鹅股份补充回答，其中的数个问题与《红周刊》文章中所分析的内容不谋而合。除了这 8 个问题，记者发现，天鹅股份招股书中还有一些问题仍然需投资者加以注意，如其子公司全部亏损，关联交易也有问题让人生疑。

旗下子公司全部亏损

资料显示，天鹅股份旗下共有 4 家全资子公司，1 家控股公司和 2 家参股公司，然而红刊财经记者发现，截至 2014 年年底，其 4 家全资子公司和 1 家控股公司全部亏损，而 2 家参股公司中，也有一家是亏损的。

其 4 家全资子公司分别是新疆天鹅现代农业机械装备有限公司、武汉齐楚棉花机械有限公司、山东天鹅美国有限公司和山东天鹅物业管理有限公司。

其中，新疆天鹅现代农业机械装备有限公司是其本次上市计划募投的目标公司之一，该公司截至 2014 年 12 月 31 日经审计的资产总额为 8 097.21 万元，净资产为 2 547.66 万元，2014 年度实现的营业收入为 1 482.92 万元，净利润却亏损了 28.76 万元。

武汉齐楚棉花机械有限公司的经营范围包括棉麻油脂加工机械、配件、配套机电、五金产品、棉副产品、棉制品、纺织原料（国家规定禁止经营的除外），钢材、建筑材料、装饰材料、仪器仪表销售。截至 2014 年 12 月 31 日经审计的资产总额为 56.46 万元，净资产则为 -213.01 万元，2014 年度实现的营业收入仅为 39.46 万元，净利润却亏损了 60.90 万元之多。

山东天鹅美国有限公司截至 2014 年 12 月 31 日经审计的资产总额为 767.28 万元，净资产为 709.80 万元，2014 年度实现的营业收入为 593.39 万元，净利润亏损金额为 121.25 万元。

山东天鹅物业管理有限公司的主要业务是接受省供销社的授权对天鹅大厦进行对外租赁。截至 2014 年 12 月 31 日经审计的资产总额为 2 444.53 万元，净资产为 1 246.81 万元，2014 年度实现的营业收入为 964.46 万元，净利润亏损 91.39 万元。

除了以上 4 家全资子公司全部亏损外，其控股公司新疆天鹅棉业机械有限责任公司 2014 年也是亏损的。

新疆天鹅棉业机械有限责任公司成立于 2005 年 6 月 3 日，注册资本 400 万元，其中天鹅棉业持股 51%，新疆生产建设兵团第六师国有资产经营有限责任公司持股 49%，其经营范围包括国有资产经营、管理；房地产开发经营；物业管理。截至 2014 年 12 月 31 日，经审核的资产总额为 310.40 万元，净资产为 305.05 万元，2014 年度实现的营业收入为 20.30 万元，净利润亏损 14.58 万元。

而其参股的两家公司分别为中棉工业有限责任公司和新疆银丰现代农业装备股份有限公司，其中，天鹅股份在前一公司持股比例为 8.04%，截至 2014 年年底，该公司亏损金额高达 2 655.20 万元。而其全资子公司、控股公司和参股公司中，唯一营利的只有新疆银丰现代农业装备股份有限公司，天鹅股份在该公司的持股比例则为 7.21%，值得安慰的是，该公司 2014 年年底，未经审计的净利润为 3 517.00 万元。

作为一家上市公司，除了母公司外，旗下子公司全部亏损，这到底是为什么呢？是子公司的经营不善，还是母公司为了上市而进行的战略调整呢？投资者确实该加以警惕。

关联交易或有玄机

另外，天鹅股份的关联交易也纷繁复杂。其中，2012 年度、2013 年度及 2014 年度三年中就有近 17 家关联公司成为其销售客户，在这三年中，天鹅股份对这 17 家关联客户销售机械设备和原材料的金额总计分别为 391.29 万元、5 093.80 万元和 1 867.63 万元。

天鹅股份关联交易对其业绩的影响似乎也不容忽视

2013 年天鹅股份营业收入增长了近 14.13%，净利润也增长了为 2.35%，而该年度，其实现的关联销售金额也是最高的，占到了公司同期营业收入的近 1 成，为其营业收入实现增长，也算是功不可没，而 2014 年随着其关联交易的减少，该公司营业收入和净利润也落入了双双下降的境地。

当然，除了关联销售，报告期内，天鹅股份还发生了不少的关联采购，与其发生采购关系的管理企业主要有三家，分别为济南云翔机械加工厂、济南铁鹰机械有限公司和济南市天桥区双桥辅机厂，实际上，这三家企业均为天鹅股份的外协加工企业，其中前两家公司均为公司原高管乙树崑之弟控制的企业，第三家则为公司第二届董事长黄俊强妻弟刘健控制的公司，报告期内，天鹅股份与这三家公司发生的采购总额分别为 796.56 万元、886.44 万元和 496.19 万元。

很多时候，在关联交易之中都潜藏着利益输送，这也是对上市公司进行关联交易审查的原因之一，而对于天鹅股份来说经营业绩的波动与关联交易密切相关，这就给人留下了遐想的空间。

（资料来源：红周刊 http：//www.hongzhoukan.com）

同步练习参考答案

一、单项选择题

1. B　2. D　3. A　4. A　5. A　6. C　7. C　8. A　9. D　10. B　11. D　12. B　13. C　14. B　15. D　16. B　17. C　18. A　19. C　20. A　21. C　22. B　23. B　24. C　25. B　26. A　27. D　28. A　29. D　30. C

二、多项选择题

1. ACDE　2. BCD　3. AB　4. ACE　5. ABCDE　6. ABCDE　7. ABCDE　8. ABCDE　9. ABCE　10. ABCE　11. BCD　12. ABCD　13. CE　14. ABCD　15. ACDE　16. ABCD　17. ABCE　18. ACE　19. BC　20. ACDE

三、判断题

1. ×　2. √　3. √　4. ×　5. ×　6. √　7. ×　8. ×　9. √　10. ×　11. ×　12. ×

13. √ 14. × 15. × 16. × 17. × 18. √ 19. × 20. √ 21. √ 22. × 23. × 24. × 25. ×

四、解答题（略）

五、计算题

1. 收入利润率分析（见表8-8）。

表8-8 收入利润率分析表

项目	2016年	2015年	差异
营业收入（元）	80 710 806 825	65 133 211 929	—
营业成本（元）	65 305 481 200	53 673 308 285	—
营业利润（元）	4 957 113 017	3 294 507 315	—
利润总额（元）	5 442 126 550	3 659 786 296	—
净利润（元）	4 743 239 677	3 243 884 860	—
利息支出（元）	946 142 398	356 213 834	—
总收入（元）	81 941 747 099	66 246 780 657	—
营业收入利润率（%）	6.14	5.06	1.08
营业收入毛利率（%）	19.09	17.59	1.49
总收入利润率（%）	6.64	5.52	1.12
销售净利润率（%）	5.88	4.98	0.90
销售息税前利润率（%）	7.92	6.17	1.75

注：2016年投资收益为691 427 587元，2015年投资收益为644 970 798元。

表8-8中各项运算过程：

2016年：

①总收入＝营业收入＋投资收益＋营业外收入

＝80 710 806 825＋691 427 587＋539 513 687＝81 941 748 099

②营业收入利润率＝营业利润÷营业收入＝4 957 113 017÷80 710 806 825＝6.14%

③ 营业收入毛利率＝（营业收入－营业成本）÷营业收入

＝（80 710 806 825－65 305 481 200）÷80 710 806 825＝19.09%

④ 总收入利润率＝利润总额÷总收入＝利润总额÷（营业收入＋投资收益＋营业外收入）

＝5 442 126 550÷81 941 748 099＝6.64%

⑤销售净利润率＝净利润÷营业收入＝4 743 239 677÷80 710 806 825＝5.88%

⑥销售息税前利润率＝息税前利润额÷营业收入＝（利润总额＋利息支出）÷营业收入

＝（5 442 126 550＋946 142 398）÷80 710 806 825＝7.92%

2015年：

①总收入＝营业收入＋投资收益＋营业外收入

＝65 133 211 929＋644 970 798＋468 597 930＝66 246 780 657

②营业收入利润率＝营业利润÷营业收入＝4 957 113 017÷65 133 211 929＝5.06%

③营业收入毛利率 =（营业收入 - 营业成本）÷ 营业收入

= （65 133 211 929 - 53 673 308 285）÷ 65 133 211 929 = 17.59%

④总收入利润率 = 利润总额 ÷ 总收入 = 利润总额 ÷（营业收入 + 投资收益 + 营业外收入）

= 3 659 786 296 ÷ 66 246 780 657 = 5.52%

⑤销售净利润率 = 净利润 ÷ 营业收入 = 3 243 884 860 ÷ 65 133 211 929 = 4.98%

⑥销售息税前利润率 = 息税前利润额 ÷ 营业收入 =（利润总额 + 利息支出）÷ 营业收入

= （3 659 786 296 + 356 213 834） ÷ 65 133 211 929 = 6.17%

根据表 8 - 6 可以看出，公司 2016 年比 2015 年销售净利润率有小幅度提升，增长幅度为 0.90%。有较明显提高的是销售息税前利润率和营业收入毛利率，分别为 1.75% 和 1.49%。此外，营业收入利润率和总收入利润率也有不同程度的提高，分别为 1.08% 和 1.12%。说明公司营利能力相对比较稳定，并且稳定发展中略有增长。

2. 资本经营营利能力分析（见表 8 - 9）。

表 8 - 9　　资本经营营利能力因素分析表

项目	2016 年	2015 年	差异
平均总资产（元）	33 546 597	27 784 245	—
平均净资产（元）	22 959 117	22 707 305	—
负债（元）	15 114 511	6 060 450	—
负债/平均净资产（%）	0.66	0.27	39.14
利息支出（元）	- 237 953	- 285 203	—
负债利息率（%）	- 1.57	- 4.71	3.13
利润总额（元）	855 649	572 860	—
息税前利润（元）	617 696	287 657	—
净利润（元）	855 306	561 708	—
所得税率（%）	8.82	4.73	4.09
总资产报酬率（%）	1.84	1.04	0.81
净资产收益率（%）	3.73	2.47	1.26

注：2009 年总资产 26 602 881。平均总资产、净资产为相邻两年期末余额平均数。

净资产收益率 = [总资产报酬率 +（总资产报酬率 - 负债利息率）× 负债 ÷ 净资产] ×（1 - 所得税税率）≥ 所得税税率

分析对象 = 3.73% - 2.47% = 1.26%

2015 年：净资产收益率 = [1.04% +（1.04% + 4.71%）× 0.27] ×（1 - 4.73%）

= 2.47%

第一次替代总资产报酬率变动：[1.84% +（1.84% + 4.71%）× 0.27] ×（1 - 4.73%）= 3.44%

第二次替代负债利息率变动：[1.84% +（1.84% + 1.57%）× 0.27] ×（1 - 4.73%）= 2.63%

第三次替代杠杆比率变动：[1.84% +（1.84% + 1.57%）× 0.66] ×（1 - 4.73%）= 3.90%

2016 年：净资产收益率 = [1.84% + (1.84% + 1.57%) × 0.66] × (1 - 8.82%)
= 3.73%

总资产报酬率变动影响为：

3.44% - 2.47% = +0.97%

利息变动的影响为：

2.63% - 3.44% = -0.81%

资本结构变动的影响为：

3.90% - 2.63% = +1.27%

税率变动的影响为：

3.73% - 3.90% = -0.17%

2016 年净资产收益率比 2015 年净资产收益率提高 1.26%，主要为资本结构变动引起的，发挥了相对较大的财务杠杆作用，总资产报酬率的贡献为 1.27%；总资产报酬率的贡献为 0.97%；负债筹资成本上升对净资产收益率带来负面影响，使净资产收益率降低了 0.81%；所得税率的提高使净资产收益率的下降 0.17%。

3. 资产经营（营利）能力（变动）的分析（见表 8 - 10）。

表 8 - 10　　资产经营营利能力分析表

项目	2016 年	2015 年	差异
营业收入（元）	28 539 578 900.00	20 955 824 674.00	—
利润总额（元）	7 331 571 772.00	5 018 907 791.00	—
利息支出（元）	190 780 667.00	44 525 106.00	—
平均总资产（万元）	3 402 365.00	2 793 180.00	—
总资产周转率（%）	0.838 8	0.750 2	0.088 6
销售息税前利润率（%）	35.75	33.65	2.1
总资产报酬率（%）	0.22	0.18	0.04

根据表 8 - 8 中的资料，可分析确定总资产周转率和销售息税前利润率变动对总资产报酬率的影响。

分析对象 = 0.22% - 0.18% = 0.04%

因素分析：

（1）总资产周转率变动的影响 = (0.838 8 - 0.750 2) × 33.65% = 2.98%

（2）销售息税前利润率的影响 = (35.75% - 33.65%) × 0.838 8 = 1.76%

分析结果表明，公司本年全部资产报酬率比上年提高了 0.04%，是由于总资产周转率和销售息税前利润率的共同影响，它们分别使总资产报酬率提高了 2.98% 和 1.76%。由此可见，要提高企业的总资产报酬率，增强企业的营利能力，就要从提高企业的总资产周转率和销售息税前利润率两个方面努力。

4. 每股收益分析（见表 8 - 11）。

表 8－11　**每股收益分析表**

项目	2016 年	2015 年	差异
归属于本公司普通股股东的合并净利润（元）	2 985 173	1 923 905	—
优先股息（元）	0	0	—
普通股权益平均额（元）	23 748 393	22 822 123	—
普通股权益报酬率（%）	12.57	8.43	4.14
发行在外的普通股加权平均股数（股）	8 300 000	8 300 000	—
基本每股收益（元）	0.36	0.23	0.13
每股账面价值（元）	2.86	2.75	0.11

分析对象：0.36－0.23＝0.13

①由于每股账面价值变动对每股收益的影响

（2.86－2.75）×8.43%＝0.01

②由于普通股权益报酬率变动对每股收益的影响

2.86×（12.57%－8.43%）＝0.12

每股账面价值的变动使每股收益增加了 0.01 元，普通股权益报酬率的变动使每股收益增加了 0.12 元，两项因素共同作用的结果，使每股收益增加了 0.13 元。企业经济实力和营利能力比 2015 年均有提高。

5. 答：

（1）销售净利率＝净利润÷销售收入×100%

2016 年销售净利率＝2 669÷32 168＝8.3%

2015 年销售净利率＝3 385÷30 498＝11.1%

2014 年销售净利率＝3 305÷29 248＝11.3%

为进行该指标的分析，需要进行比较，可以跟同行业比较，也可以和本公司以前年度数据进行比较。根据相关数据，A 公司的销售净利率在最近三年逐渐下降。

（2）销售毛利率＝(销售收入净额－销售成本)÷销售收入净额×100%

2016 年销售毛利率＝(32 168－20 281)÷32 168＝36.95%

2015 年销售毛利率＝(30 498－18 531)÷30 498＝39.24%

2014 年销售毛利率＝(29 248－17 463)÷29 248＝40.29%

经以上计算可知，A 公司的销售毛利逐年上升，但销售毛利率却在下降。

6. 答：

（1）总资产收益率＝净利润＋总资产平均额×100%＝8 000÷10 000×100%＝80%

销售净利润＝8 000÷32 000×100%＝25%

总资产周转率＝销售收入÷总资产平均额＝32 000÷10 000＝3.2（次）

（2）行业平均总资产收益率＝销售净利率×总资产周转率＝20%×2.5＝50%

（3）该公司总资产收益率高于行业平均值，因为销售净利润与总资产周转率平均高于行业平均值。

第九章　企业营运能力分析

内容概要

一、重点、难点

1. 重点：企业营运能力分析的基本方法与基本内容。
2. 难点：存货周转率和应收账款周转率分析。

二、基本要求

1. 了解企业营运能力分析的目的，把握企业营运能力指标的含义。
2. 明确企业营运能力指标的影响因素，熟练地运用因素分析法对企业营运能力指标进行因素分析。
3. 掌握企业营运能力分析的基本方法与基本内容。

三、章节内容

第一节　营运能力分析的目的与内容

（一）营运能力分析的目的

营运能力是指企业基于外部市场环境的约束，充分利用现有资源创造价值的能力，它的实质是企业营运资产的效率与效益。

营运能力分析能够评价一个企业的经营水平和管理水平，甚至预期其发展前景，所以进行营运能力分析主要目的是：

1. 评价企业资产营运的流动性。
2. 评价企业资产利用的效益。
3. 营运能力分析是偿债能力分析的基础与补充。

（二）营运能力分析的内容

1. 全部资产营运能力分析。

通过对全部资产产值率、全部资产收入率和全部资产周转率的分析，揭示全部资产周转速度和利用效率变动的原因，评价全部资产营运能力。

2. 流动资产周转速度分析。

通过对应收账款周转率、存货周转率和流动资产周转率的分析，揭示流动资产周转速度变动的动因，评价资产的利用效率和资产的流动性。

3. 固定资产营运能力分析。

通过对固定资产产值率和固定资产收入率的分析，揭示固定资产利用效果变动的原因，评价固定资产的营运能力。

第二节　全部资产营运能力分析

全部资产营运能力是指企业全部资产使用的效率与效益。全部资产营运能力其实就是全部资本的运作能力，是企业经济效益的影响因素。全部资产营运能力分析就是要对企业全部资产的营运效率进行综合分析。

全部资产周转率是指企业一定时期的营业收入与总资产平均额的比值，是从资产流动性方面反映全部资产的利用效率。其计算与全部资产收入率相同，即：

$$全部资产周转率 = \frac{营业收入}{总资产平均额}$$

该指标反映了企业的全部资产在 1 年内周转了几次，反映企业全部资产的管理质量和利用效率。该指标也可以理解为，企业每占用 1 元资产在 1 年内带来了多少营业收入。该指标越高，说明企业利用全部资产进行经营的效率越高。

企业资金循环包括短期资金循环和长期资金循环，长期资金循环必须依赖短期资金循环，因此，流动资产周转速度的快慢是决定企业总资产周转速度的关键性因素。计算公式如下：

$$\begin{aligned}全部资产周转率 &= \frac{营业收入}{平均流动资产} \times \frac{平均流动资产}{平均总资产} \\ &= 流动资产周转率 \times 流动资产占总资产的比重\end{aligned}$$

可见，全部资产周转率的快慢取决于两大因素：一是流动资产周转率，因为流动资产的周转速度要高于其他类资产的周转速度，加速流动资产周转，就会使总资产周转速度加快；反之，则会使总资产周转速度减慢。二是流动资产占总资产的比重。由于流动资产周转速度快于其他类资产周转速度，所以，企业流动资产所占比例越大，总资产周转速度越快；反之则越慢。

全部资产周转速度也可以用周转期（天数）来表示。其计算公式是：

$$全部资产周转天数 = \frac{平均总资产 \times 计算期天数}{营业收入} = \frac{计算期天数}{全部资产周转率}$$

第三节　流动资产周转速度分析

流动资产营运能力是指衡量企业组织、管理和营运流动资产绩效的能力，它是指通过企业生产经营资金周转速度的有关指标所反映出来的企业流动资金利用的效率，以及企业在经营管理活动中运用流动资金的能力。流动资产营运能力分析一般从两个方面进行：一是计算全部流动资产营运能力的指标，如流动资产周转率，并分析流动资产结构是否合理；二是计算衡量流动资产主要项目营运能力指标，如存货周转率、应收账款周转率等。

（一）全部流动资产周转率的计算与分析

1. 流动资产周转率计算。

流动资产周转率是指企业在一定时期内的营业收入与全部流动资产平均余额的比值，是反映流动资产周转速度的指标，也是综合反映流动资产利用效果的主要指标。其计算公式如下：

$$流动资产周转率（周转次数）=\frac{流动资产周转额}{流动资产平均余额}$$

$$流动资产平均余额=\frac{期初流动资产+期末流动资产}{2}$$

资产周转次数表示在一定时期内完成几个从资产投入到资产收回的循环，流动资产的周转次数越多，表明企业以相同的流动资产实现了更多的营业收入，说明流动资产的使用效率比较高。如果流动资产年周转次数降低，则说明企业利用流动资产进行经营活动的能力差，流动资产的使用率低。流动资产周转率也可以表示为流动资产天数，表示流动资产周转一次所需要的平均天数。其计算公式如下：

$$流动资产周转天数=\frac{计算期天数}{流动资产周转次数}$$

$$=\frac{流动资产平均余额\times计算期天数}{流动资产周转额}$$

流动资产的周转天数和周转次数从两个不同的方向表示资产的周转速度。资产周转天数表示完成一个从资产投入到资产收回的循环需要多长时间。在一定时期内，资产周转次数越多，或周转一次所需的天数越少，说明流动资产周转速度就越快，营运效率就越高；反之，如果流动资产周转速度慢，就会增加流动资产占用，企业需要补充流动资产参加生产经营周转，从而造成资金浪费，降低企业的营利能力。

2. 流动资产周转率分析。

为了分析流动资产周转率变动的原因，首先应找出影响流动资产周转率的因素。根据流动资产周转率的计算公式可以推导出影响流动资产周转率的因素。其计算公式如下：

$$流动资产周转率=\frac{营业收入}{流动资产平均余额}$$

$$=\frac{营业成本}{流动资产平均余额}\times\frac{营业收入}{营业成本}$$

$$=流动资产垫支周转次数\times成本收入率$$

上式表明，影响流动资产周转率的因素，一是流动资产垫支周转次数，二是成本收入率。流动资产垫支周转率反映了流动资产的真正周转速度，成本收入率说明了企业经营收入和经营耗费的比例关系，反映出流动资产的利用效率。如果成本收入率大于1，说明企业有经济效益，此时流动资产垫支周转次数越快，流动资产营运能力越强。

在流动资产周转率分析基础上，进一步对流动资产垫支周转次数进行分析。影响流动资产垫支次数的因素可从以下分解中得出：

$$流动资产垫支周转率（次数）=\frac{营业成本}{流动资产平均余额}$$

$$=\frac{\text{营业成本}}{\text{平均存货}}\times\frac{\text{平均存货}}{\text{流动资产平均余额}}$$

$$=\text{存货周转率}\times\text{存货构成率}$$

（二）各项流动资产周转率分析

1. 存货周转率分析。

存货周转率，是一定时期内销货或营业成本与平均存货余额的比率。它是反映企业销售能力和存货运营效率的一个指标。指的是企业在一定时期内存货占用资金可周转的次数，或存货每周转一次所需要的天数。存货周转率指标有两种表示方法，一种是以次数表示的存货周转率，即存货周转次数，另一种是以天数表示的存货周转率，即存货周转天数。

$$\text{存货周转次数}=\frac{\text{营业成本}}{\text{平均存货余额}}$$

$$\text{平均存货余额}=\frac{\text{期初存货}+\text{期末存货}}{2}$$

$$\text{存货周转天数}=\frac{\text{计算期天数}}{\text{存货周转次数}}=\frac{\text{计算期天数}\times\text{平均存货余额}}{\text{营业成本}}$$

一般来讲，存货周转率的评价标准是存货周转率越高，存货的占用水平越低，流动性越强，存货转换为现金或应收账款的速度就越快。但有些情况下也不是越高越好，因为存货周转率过高，也可能是企业管理方面存在其他一些问题，如降价销售或赊销，存货水平太低，甚至经常缺货，或者采购次数过于频繁，批量太小等。

2. 应收账款周转率分析。

应收账款周转率是指商品赊销收入或营业收入净额与应收账款平均余额的比率，它表示企业应收账款在一定时期内（通常为 1 年）的周转次数，是衡量企业应收账款变现速度的指标。计算公式为：

$$\text{应收账款周转次数}=\frac{\text{赊销收入净额}}{\text{应收账款平均余额}}$$

赊销收入净额 = 赊销收入 − 赊销退回 − 赊销折让 − 赊销折扣

由于外部分析者难以取得赊销收入的资料，因此一般用营业收入净额代替赊销收入净额。

$$\text{应收账款平均余额}=\frac{(\text{期初应收账款}+\text{期末应收账款})}{2}$$

应收账款是指商品购销关系所产生的债权资产，而不是单指会计核算上的应收账款科目，一般包括应收账款和应收票据。

一定时期内，企业的应收账款周转率越高，周转次数越多，说明企业应收账款回收速度越快，企业应收账款的管理效率越高，资产流动性越强，短期偿债能力越强。另外，较高的应收账款周转率可有效地减少坏账损失和收账费用，从而相对增加企业流动资产的收益能力。

反映应收账款周转速度的另一个指标是应收账款周转天数又称应收账款账龄，是指企业自商品或产品销售出去开始，至应收账款收回为止所需经历的天数。其计算公式为：

$$\text{应收账款周转天数}=\frac{\text{计算期天数}}{\text{应收账款周转率}}$$

$$=\frac{\text{应收账款平均余额}}{\text{赊销收入净额}}\times \text{计算期天数}$$

一般情况下，应收账款周转天数越小，表明应收账款回收速度越快，资金被其他企业占用的时间越短，企业管理应收账款的效率也越高。但是该指标也不宜太小。指标太小可能是企业奉行了严格的信用政策，采用了过于苛刻的信用标准与付款条件，其结果可能不利于销售的扩大，造成存货积压和流动资金周转缓慢，影响获利水平和整体流动资金配置效率的提高。

第四节　固定资产营运能力分析

固定资产周转率是指企业一定时期的产品营业收入与固定资产平均总值的比值。指企业每 1 元固定资产所获得的营业收入，其计算公式为：

$$\text{固定资产周转率}=\frac{\text{营业收入}}{\text{平均固定资产原值}}\times 100\%$$

该指标是反映企业在一定时期内（通常为 1 年）的营业收入与固定资产资金占用之间的关系，指标值越高，说明每 1 元固定资产投资所创造的营业收入越多，固定资产使用效率越高。反之，则说明固定资产使用效率越低。

同步练习

一、单项选择题

1. 企业营运能力主要指企业营运资产的（　　）。

A. 结构与分布　　B. 效率与效益　　C. 产出与耗费　　D. 积累与分配

2. 企业的流动资产周转率高，说明（　　）。

A. 企业的营业收入较高　　B. 企业的营利能力较强

C. 企业的流动资产周转速度较快　　D. 流动资产较少

3. 影响总资产收入率的因素除总资产产值率外，还有（　　）。

A. 总资产报酬率　　B. 总资产周转率

C. 固定资产产值率　　D. 产品销售率

4. 某企业 2016 年度主营业务收入净额为 72 000 万元，主营业务成本为 32 000 万元，流动资产平均余额为 4 000 万元，固定资产平均余额为 8 000 万元，则该企业 2016 年度的总资产周转率为（　　）。

A. 4　　B. 6　　C. 8　　D. 9

5. 下列各项中，能体现企业资产运用效率及资产营利能力的是（　　）。

A. 总资产周转率　　B. 存货周转率

C. 总资产报酬率　　D. 应收账款周转率

6. 当流动资产占用量不变时，流动资产周转加快会形成流动资金的（　　）。

A. 绝对浪费额　　B. 相对浪费额

C. 绝对节约额　　D. 相对节约额

7. 公司应收账款周转率的下降可能是其（　　）引起的。

A. 放宽了信用政策

B. 加快了收账速度

C. 赊账收入增长的速度快于应收账款的增长速度

D. 回收了以前期间大量的应收账款

8. 提高固定资产产值率的关键在于（　　）。

A. 提高销售率　　B. 增加生产设备

C. 增加生产用固定资产　　D. 提高生产设备产值率

9. 影响总资产周转速度的关键因素是（　　）。

A. 固定资产周转速度　　B. 企业的营利能力

C. 流动资产周转速度　　D. 企业的融资方式

10. 流动资产占总资产的比重是影响（　　）指标变动的重要因素。

A. 总资产周转率　　B. 总资产产值率

C. 总资产收入率　　D. 总资产报酬率

11. 下列财务比率中，反映企业营运能力的是（　　）。

A. 资产负债率　　B. 流动比率　　C. 存货周转率　　D. 利息保障倍数

12. 一般而言，平均收现期越长，应收账款周转率则（　　）。

A. 不变　　B. 越低　　C. 越高　　D. 波动越大

13. 下列财务指标中，不属于营运能力分析比率的是（　　）。

A. 应收账款周转率　　B. 存货周转率

C. 再投资比率　　D. 平均收现期

14. 某公司 2016 年销售收入净额为 6 000 万元。年初应收账款余额为 300 万元，年末应收账款余额为 500 万元，坏账准备按销售净额的 10% 计提。每年按 360 天计算，则该公司的应收账款周转天数为（　　）。

A. 15 天　　B. 17 天　　C. 22 天　　D. 24 天

15. 某公司 2016 年营业收入净额为 36 000 万元，流动资产周转天数为 20 天，固定资产周转天数为 100 天。假定没有其他资产，则该公司 2008 年的总资产周转率为（　　）。

A. 2.9 次　　B. 3 次　　C. 3.2 次　　D. 3.4 次

16. 下列各项中，不影响应收账款周转率指标使用价值的因素是（　　）。

A. 销售折让与折扣的波动　　B. 季节性经营引起的销售额波动

C. 大量使用分期收款结算方式　　D. 大量使用现金结算的销售

17. 影响营运能力的内部因素是（　　）。

A. 行业特性　　B. 经营背景

C. 经营周期　　D. 资产的管理政策与方法

18. 如果企业应收账款周转率突然恶化，其主要原因可能是（　　）。

A. 销售下降、赊销政策过宽　　B. 销售上升、赊销政策过紧

C. 库存量减少、现金周期缩短　　D. 库存量增加、现金周期延迟

19. 企业为粉饰财务报表而在会计期末采取突击进货方式，其结果是（　　）。

A. 存货周转率下降，会计利润虚增　B. 存货周转率下降，会计利润虚减
C. 销售利润率上升，会计利润虚增　D. 销售利润率下降，会计利润虚减
20. 企业的流动资产周转率高，说明（　　）。
A. 企业的营业收入较高　B. 企业的营利能力较强
C. 企业的流动资产周转速度较快　D. 流动资产较少

二、多项选择题

1. 下列项目中，能够影响资产周转率的有（　　）。
A. 营业收入　B. 资产规模
C. 利润总额　D. 营业利润
E. 净利润
2. 反映流动资产周转速度的指标有（　　）。
A. 应收账款周转期　B. 生产设备产值率
C. 总资产产值率　D. 存货周转率
E. 流动资产垫支周转率
3. 下列经济业务中，会影响企业应收账款周转率的有（　　）。
A. 赊销产成品　B. 现销产成品
C. 期末收回应收账款　D. 发生销售退回
E. 发生现金折扣
4. 应收账款周转率越高越好，因为它表明（　　）。
A. 收款迅速　B. 减少坏账损失
B. 资产流动性高　D. 营业收入增加
E. 利润增加
5. 存货周转率偏低的原因可能有（　　）。
A. 应收账款增加　B. 降价销售
C. 产品滞销　D. 销售政策发生变化
E. 大量赊销
6. 以下属于流动资金相对节约额的情况有（　　）。
A. 流动资产存量不变，销售收入增加
B. 流动资产存量不变，流动资产周转加速
C. 营业收入增长速度超过流动资产增长速度
D. 营业收入不变，流动资产存量减少
E. 流动资产减少速度大于销售收入减少速度
7. 总资产周转率受到下列哪些因素的影响（　　）。
A. 流动资产周转率　B. 固定资产周转率
C. 存货周转率　D. 应收账款周转率
E. 营运资本结构
8. 影响存货周转率的因素有（　　）。
A. 材料周转率　B. 在产品周转率

C. 总产值生产费　　D. 产品生产成本

E. 产成品周转率

9. 能够对流动资产周转情况进行综合分析的指标有（　　）。

A. 营业周期　　B. 现金周期

C. 营运资本周转率　　D. 应收账款周转率

E. 流动资产周转率

10. 下列关于企业资产周转的表述中，正确的有（　　）。

A. 流动资产周转率和固定资产周转率越高，总资产周转率就越高

B. 一般来说，总资产周转率越高，同样的资产取得的收入越多，因而资产的管理水平越高

C. 分析流动资产、固定资产和总资产的周转率和周转天数，可以为分析企业的营利能力提供很好的证据

D. 在其他条件不变的情况下，用银行存款偿还债务会引起总资产周转率的上升

E. 流动资产周转率是指一定时期内流动资产周转额与流动资产的平均占用额之间的比率

11. 下列选项中，会对现金周期产生影响的有（　　）。

A. 营业周期　　B. 应收账款周转天数

C. 存货周转天数　　D. 应付账款周转天数

E. 预付账款周转天数

12. 企业上一年的存货周转率为 5 次，本年变为 7 次，说明企业可能（　　）。

A. 产品适销对路，销售规模扩大，减少了库存积压

B. 产品发生滞销，确认的销售收入和结转成本均下降，平均存货增加

C. 加快了材料周转率，提高了生产效率，同时减少了在产品周转天数

D. 处于高速发展期，收入逐年增加，但存货增长率低于成本增长率

E. 处于成熟期，收入缓慢增加，存货增长率高于成本增长率

13. 导致营运资本周转率较低的可能原因有（　　）。

A. 企业拥有高额存货　　B. 企业拥有较高的应收账款

C. 企业进行配股融资　　D. 营运资本被长期资产过多占用

E. 企业采取激进的营运资本筹集政策

14. 下列各项中，可能缩短营业周期的事项有（　　）。

A. 存货周转率（次数）上升

B. 应收账款余额减少

C. 提供给顾客的现金折扣增加，对他们更具吸引力

D. 供应商提供的现金折扣降低，提前付款

E. 流动资产占用数量增加

15. 存货周转率偏低的原因有（　　）。

A. 应收账款增加　　B. 降价销售

C. 产品滞销　　D. 销售政策发生变化

E. 大量赊销

三、判断题

1. 企业生产经营资金周转天数越长，表明企业资金利用效果越好，效率越高。（　）
2. 企业要想提高资产的营运能力，只需要改进生产工艺，提升产值率。（　）
3. 利用应收账款周转天数和收入基础的存货周转天数之和可以简化计算营业周期。（　）
4. 在其他条件不变时，流动资产比重越高，总资产周转速度越快。（　）
5. 流动资产周转速度越快，需要补充流动资产参加周转的数额就越多。（　）
6. 使用营业收入作为周转额是用来说明垫支的流动资产周转速度。（　）
7. 资产周转次数越多越好，周转天数越短越好。（　）
8. 营业收入增加时，流动资产存量减少所形成的节约额是绝对节约额。（　）
9. 为准确计算应收账款的周转效率，其周转额应使用赊销金额。（　）
10. 只要流动资产实际存量大于基期，就会形成绝对浪费额。（　）
11. 从一定意义上讲，流动性比收益性更重要。（　）
12. 营业周期越短，资产流动性越强，资产周转相对越快。（　）
13. 企业只要提高营运能力，营利能力就一定能够提升。（　）
14. 资产的运用效率也会受到资产质量的影响。（　）
15. 应收账款周期越长，表明周转速度越快。（　）
16. 流动资产周转率与销售收入总是成正比关系。（　）
17. 企业总资产营运能力的高低主要取决于流动资产营运能力的高低。（　）
18. 总资产周转率越高，说明企业的销售能力越强，资产投资的效益越好。（　）
19. 流动资产周转越快，表明其实现的周转额越多。（　）
20. 计算应收账款周转率时，分子只包括应收账款。（　）

四、解答题

1. 阐述营运能力分析的目的。
2. 阐述反映总资产营运能力的指标。
3. 阐述总资产周转率与流动资产周转率的关系。
4. 阐述流动资产周转率与流动资产垫支周转率的区别与联系。
5. 阐述存货周转率指标分析。
6. 阐述应收账款周转率指标分析。
7. 阐述固定资产产值率指标分析。
8. 阐述固定资产产值率与固定资产收入率的关系。

五、计算题

1. 总资产营运能力指标分析（某公司相关资料见表9－1）。

表 9－1　　总资产周转率分析信息资料表　　单位：元

项目	2016 年	2015 年
销售净额	80 710 806 825	65 133 211 929
总资产平均余额	83 273 466 317	64 277 513 397
流动资产平均余额	56 942 546 526	43 263 558 624

注：2015 年年初总资产为 54 989 356 920 元，流动资产为 36 402 916 057 元。

要求：用连环替代法计算各因素变动对总资产营运能力的影响程度。

2. 流动资产周转速度指标的计算（某公司相关资料见表 9－2）。

表 9－2　　流动资产周转率分析资料表　　单位：元

项目	2016 年	2015 年
产品销售净额	80 710 806 825	65 133 211 929
流动资产平均余额	56 942 546 526	43 263 558 624
其中：平均存货	17 817 781 703	14 574 177 297
产品销售成本	65 305 481 200	53 673 308 285

注：2015 年年初存货余额为 11 415 070 253 元，2016 年年末存货余额为 17 733 284 340 元。

要求：（1）计算流动资产周转速度指标。

（2）计算流动资产垫支周转速度指标。

（3）用连环替代法计算各因素变动对流动资产周转速度的影响程度。

3. 根据表 9－3 的相关信息资料，计算总资产周转率、流动资产周转率、应收账款周转率、存货周转率、固定资产周转率。

表 9－3　　某公司相关财务信息资料　　单位：万元

项目	2015－12－31	2016－12－31
营业收入	1 687 520.00	1 601 800.00
营业成本	1 425 690.00	1 377 520.00
应收票据	504 265.00	454 731.00
应收账款	220 903.00	277 615.00
存货	148 382.00	180 966.00
流动资产合计	1 328 980.00	1 415 790.00
固定资产净值	318 459.00	393 410.00
资产总计	2 021 790.00	2 150 450.00

4. C 公司相关财务数据见表 9－4。

表 9－4　　某公司相关财务信息资料　　单位：万元

销售收入	25 000
销售成本	20 000
应收账款平均余额	2 500
存货——期初余额	2 000
存货——期末余额	2 300
应付账款平均余额	1 700

要求：

（1）计算 C 公司的存货周转天数；

（2）计算 C 公司的应收账款周转天数；

（3）计算 C 公司的营业周期；

（4）计算 C 公司的应付账款周转天数；

（5）计算 C 公司的现金周期。

（1 年按 365 天计算，存货采取赊购方式）

5. 某公司 2017 年销售收入为 15 000 万元，其中 80% 为赊销收入，产品的销售毛利率为 20%。该公司存货年初数 240 万元，年末数为 280 万元；应收账款年初数为 5 000 万元；年末为 6 000 万元。假设同行业其他企业的应收账款周转率平均值为 5 次。

要求：

（1）计算该公司存货周转率、应收账款周转率及营业周期；

（2）对该公司应收账款周转情况进行简要分析。（1 年按 360 天计算）

案例导读

案例一：赢康股份现金流数据异常，存货“包袱”成潜在风险

作为一家专业为客户提供视音频系统应用解决方案的公司，北京赢康科技股份有限公司（以下简称“赢康股份”）在今年 10 月 23 日报送了第一版招股说明书（申报稿），拟在创业板首次公开发行不超过1 562.50 万股 A 股，所募资金将全部计划用于“智能会控视音频解决方案项目”“特种影院视音频解决方案项目”和“研发中心项目”。

赢康股份的招股书，内容除了呈现出企业上市后的美好愿景外，同时也暴露出公司在近年来混乱的采销现金流问题，无论是用于采购的现金支出，还是体现营收的现金收入方面都有较大金额的出入。

一、异常的现金流入

招股书显示，赢康股份的营业收入在报告期内（2014—2017 年 6 月）一直呈现出增长趋势，然而如果考虑其营收与现金流，以及和经营性债权之间的账务勾稽关系时，可以发现

公司持续增长的营业收入并未与自己"销售商品、提供劳务收到的现金"同步，甚至在剔除相关因素影响后，还出现了莫名大额现金流入的现象。

以2016年为例，这一年的营业收入31 162.66万元，大部分是由"系统集成"和"产品销售"构成，少量的则是由"运维服务"和"其他"收入构成。虽然招股书并未具体披露各项收入所适用的增值税税率，但在一般情况下，"系统集成"和"产品销售"都是销售自产的产品，因此其应当适用17%的增值税税率。由此即可推算出公司在当年含税营业收入大约在33 032.42万元。

从相关财务数据勾稽关系看，取得这个金额的含税营业收入必然有相应的现金流入和新增的应收款项。招股书披露的内容显示，2016年赢康股份的应收账款余额为4 354.31万元、应收票据余额为459.83万元，合计金额相比上年同期的3 878.25万元应收款项，新增了935.89万元。扣除该部分数据的影响后，从合理角度分析，公司还应有32 096.53万元含税营收和"销售商品、提供劳务收到的现金"大致相等，可实际情况如何呢？

招股书中的"合并现金流量表"显示，2016年"销售商品、提供劳务收到的现金"有39 342.66万元，考虑到现金流入量数据还受到预收款项新增的影响，因此在剔除预收款项新增的4 683.14万元后，当年的现金流入了34 659.52万元，与前述的32 096.53万元含税营收相比，现金流入要多出2 562.99万元，很显然这是不符合正常的财务勾稽逻辑的。

用同样的方法去核算2015年情况，可以看到2015年的营业收入有23 396.82万元，考虑17%的增值税销项税额影响，含税营业收入为24 800.63万元。在这一年中，应收账款和应收票据项合计为3 878.25万元，相比上年同期新增了515.91万元。剔除该部分应收款项新增的影响，2015年应该还有24 284.72万元销售需要获得现金支付。

不过，从公司现金流量表来看，当年"销售商品、提供劳务收到的现金"项仅有25 588.46万元，叠加预收款项减少的395.83万元早已获得的现金流入部分，则可发现当年在剔除应收影响后的现金流入应该有25 984.28万元，可实际上，该数值对比前述的24 284.72万元含税营收来说，有1 183.65万元的现金流入为不明原因所导致的。

2017年1—6月同样如此，含税营业收入16 657.25万元在应收款项增加823.50万元基础之上，还应收到15 833.75万元的现金流入才对，可实际上，当年"销售商品、提供劳务收到的现金"项为19 152.57万元，在剔除2 033.64万元的预收款项增加额的影响后，仍有18 329.07万元流入，也就是说，与含税营收相比，公司在今年上半年存在2 495.32万元异常现金流入的现象。

二、凭空消失的支出

相较于异常的现金流入数据，公司的采购方面数据也有一定异常之处，如2016年就出现了近千万元的现金支出没有获得合理的解释。

招股书披露，报告期内公司的第一大供应商一直都是"科视"公司（美国科视数字系统公司），每年赢康股份都要向其大量采购，采购的金额占公司自身采购总额比例的50%以上。以2016年为例，赢康股份向"科视"采购了14 745.31万元，占采购总额的59.24%，由此可推算出，赢康股份2016年的采购总额应为24 890.80万元。考虑赢康股份采购的主要原材料包括了投影机及其相关部件、切换器、发送器及接收器等中控传输组件，以及其他多种原材料。从这些原材料的种类来看，不管是国内采购还是从国外进口，均适用17%的增值税税率，由此可以进一步推算出，赢康股份2016年的含税采购总额大约为29 122.24

万元。

从一般的会计核算角度看，赢康股份的采购必然会在当年有相对应金额的现金流出，以及应付款项的变化。其中，2016 年应付账款有 2 927.04 万元，相较 2015 年年末减少了 299.95 万元，这意味着，公司很可能在 2016 年用手中的现金支付了一部分往年的应付款项，但不管如何，剔除这部分数据的影响后，赢康股份为支付采购在理论上还应支付现金 29 422.18 万元才对，可实际上，在不考虑预付款项变化时，公司当年用于采购的“购买商品、接受劳务支付的现金”项的 29 764.75 万元确实与之非常接近，似乎很合理，但如果要考虑这一年中预付款项的变化，即比 2015 年减少 623.12 万元后，则公司为采购而实际支付的现金则达到了 30 387.87 万元，这比前述的现金流出理论值 29 422.18 万元要多出 965.69 万元。那么公司实际多支出的近千万元现金去了哪儿？

用同样的逻辑核算报告期内其余年份的变化，则除了 2016 年现金流出出现大额异常外，其他年份的差异却又不明显，均在可接受的范围之内。

当然，固定资产、无形资产等非流动资产的购置也有可能会影响到应付账款和现金流量的配比，但是，从赢康股份的“合并资产负债表”可以看到，赢康股份的非流动资产占比较小，而且报告期内也呈少量减少趋势，仅此来看，非流动资产的变化对应付账款的影响并不是很大，不足以改变前述分析得出的异常数据说明。

三、存货“包袱”太重

在报告期内，赢康股份除了现金流量数据连续出现异常之外，招股书中披露的信息还显示该公司的存货有大量增加，各期末存货账面价值分别达到了 9 021.52 万元、13 154.83 万元、16 814.52 万元和 17 977.53 万元，占流动资产的比例高达 49.69%、60.68%、59.29% 和 57.38%，呈现出快速增长趋势，如此一来也使公司存货跌价风险也处在同步增加中。但是令人惊奇的是，赢康股份在报告期内几乎没有新计提的存货跌价准备（仅在 2015 年计提 0.13 万元），这令人很难理解。

而正是存货大幅提升，使赢康股份存货周转压力大增，存货周转率出现了连续下降，从 2014 年的每年 1.64 次下降到 2015 年，2016 年的 1.56 次和 1.48 次，相比较来看，同行业可比公司存货周转率的平均值却是 3.13 次、3.71 次和 3.84 次，很显然，同行业公司的存货周转率不仅远高于赢康股份的周转率，且还呈现出一定的增长趋势，而赢康股份存货周转率却持续下滑，说明其比同行业公司背负着更加沉重的存货“大包袱”。

“大包袱”或许并不容易卸下来。招股书显示，赢康股份在报告期内的前五名客户变动很大，极少有稳定的大客户，与此同时前五名客户的销售额占比也都不高，大多在 3% ~ 8%。值得注意的是，2014 年第一大客户，中国京冶工程技术有限公司”直到 2017 年 6 月底仍有 651.81 万元账款仍未能被收回，这从侧面反映出赢康股份不太理想的大客户关系。据此，实在令人担心公司大额存货的消化能力，如果企业成功上市后去扩大生产规模，则新增产能又该如何消化呢？

招股书披露，赢康股份拟计划通过募投项目大幅增加生产，报告期内公司资产总额仅两三亿元，而 IPO 募投项目的规模就高达 21 330.84 万元，建设期为 2 年。也就是说，赢康股份要在两年内把生产规模差不多扩大 1 倍，其产能、产量和存货也由此将会大幅增加，如果没有稳定或新增的大客户去帮助其消化新增产量和库存，则很容易造成存货周转能力进一步下降，库存大幅积压也必将导致存货管理效率的下降，减值也就在所难免。

需要注意的是，如果占流动资产一半以上且金额较大的存货发生大额减值，些许百分点的存货减值必然对本已微薄的净利润（1 907.98 万元 1 503.48 万元、2 535.08 万元和 1 201.21 万元）造成严重打击，而这或许也正是公司为什么有高库存，却始终不计提存货跌价准备的重要原因之一。

（资料来源：红周刊 http：// www. hongzhoukan. com）

案例二：运达风电营收连续数年莫名大增，“抢装潮”后经营能力持续下滑

浙江运达风电股份有限公司（以下简称“运达风电”）是一家主要从事大型风电机组研制与总装的企业，2017 年 10 月 18 日，公司报送了招股说明书（申报稿），拟在创业板发行 7 349 万股 A 股，计划将所募集资金 5.9 亿元投入到“生产基地智能化改造项目”等 4 个项目。

对于运达风电报送的招股书，《红周刊》记者在阅读后发现，该公司采、销、现金流量数据方面的勾稽关系“一团乱麻”，在资产负债率居高不下的同时，现金资产出现了大量消耗，相较同行业可比公司存在明显劣势。

一、营收莫名大增

招股书显示，运达风电在报告期内（2014—2017 年 6 月）分别取得 21.905 亿元、38.774 亿元、31.340 亿元和 11.552 亿元的营业收入，呈现出先扬后抑的发展趋势。通过已披露的财务数据进行分析，《红周刊》记者发现运达风电报告期内的营业收入与同期应收、预收以及现全流量之间的财务勾稽关系存在异常。

2015 年，运达风电营业收入为 38.774 亿元，考虑 17% 的增值税销项税额影响，含税营业收入达 45.365 亿元。从一般财务勾稽关系分析，这数十亿元的收入需要有相应的现金流入和应收账款等财务数据与之对应。

而在现金流方面，运达风电 2015 年的“销售商品、提供劳务收到的现金”项为 32.911 亿元，相较 45.365 亿元含税营收，收到的现金比含税营收要少 12.455 亿元，这意味着运达风电当年应该有超过 10 亿元的经营性债权产生。

在经营性债权方面，2015 年年末应收账款为 6.561 亿元、应收票据为 1.678 亿元，合计应收款项比上年年末的应收款项合计 4.796 亿元新增 3.443 亿元。此外，2015 年年末预收款项余额为 7.031 亿元，相比 2014 年年末的 5.878 亿元新增了 1.153 亿元。综合考虑两项数据影响，可以发现 2015 年的经营债权实际上仅新增了 2.290 亿元，相比前述应该出现 12.455 亿元经营债权的结果相差甚远，这意味着在当年有 10.165 亿元含税收入没有得到现金流量或相应债权数据的合理支持。

2016 年同样如此。当年的含税营业收入为 36.667 亿元，相比同期的“销售商品、提供劳务收到的现金”项的 22.406 亿元要多出 14.261 亿元。从财务数据的勾稽关系看，这必然会形成相应的债权，可实际情况却并非如此。

当年的应收账款为 10.971 亿元、应收票据为 0.919 亿元，合计金额比上年年末的 8.239 亿元应收款项余额新增了 3.652 亿元；同期，预收款项余额为 3.232 亿元，相比上年年末预收款项余额 7.031 亿元减少了 3.799 亿元。综合考虑应收和预收的影响，公司在 2016 年合计新增了 7.451 亿债权，这与前述含税营收与现金流量之间的 14.261 亿元差额仍存在 6.811

亿元差额。那么，这多出的6亿多元含税营收又是从何而来的呢？

相较上述两年，刚刚出炉的2017年1—6月数据依照上述逻辑进行分析，同样有近亿元含税营收不知从何而来现象。对于运达风电连续几年出现营收大增的问题，其背后有何隐秘呢？

二、应付账款与现金流不匹配

相较营收方面出现莫名大增的问题，《红周刊》记者发现，运达风电的采购方面的数据也同样不容乐观。

招股书中，运达风电并未直接披露采购总额的情况，但根据其向前五大供应商采购金额总和11.955亿元、14.376亿元、11.926亿元和4.436亿元，以及占当年采购总额的比例46.92%，46.27%，55.22%和48.49%，可以推算出，报告期内运达风电的采购总额分别达到了25.479亿元、31.070亿元、21.598亿元和9.148亿元。

在2015年采购总额31.070亿元的基础上，考虑17%的增值税进项税因素的影响后，运达风电含税采购总额为36.352亿元，相比同期“购买商品、接受劳务支付的现金”项的30.983亿元多出了5.369亿元。从财务勾稽关系看，这意味着公司存在超过5亿元采购没有支付现金，从而形成相应债务。

资产负债表显示，公司在2015年年末有应付账款16.157亿元、应付票据14.549亿元，合计金额相比上年年末应付款项合计28.409亿元仅新增了2.298亿元；同期，预付款项在2015年年末为0.044亿元，相比2014年年末减少了0.414亿元。综合考虑应付、预付款项的增减因素，可以发现公司有2.657亿元的含税采购总额没有获得现金支付或相应债务数据的支持。

2016年的情况同样如此。当年的含税采购总额为25.269亿元，相比同期“购买商品、接受劳务支付的现金”项的22.710亿元，有2.559亿元含税采购未获得现金支付。从财务勾稽关系看，这需要形成相应的债务。可实际上，2016年年末应付账款16.837亿元和应付票据11.376亿元的合计要比2015年年末的应付款项合计30.706亿元减少了2.493亿元；与此同时，0.043亿元预付款项余额也比上年减少了7万多元。如此一来，原本只有2.559亿元含税采购未获得现全支付，在考虑同期债务变动情况后，采购与现金流之间的差额扩大到6.811亿元。同样的逻辑分析可发现，2017年1—6月也存在1.262亿元的含税采购总额得不到现全流出量和相应债务数据的支持。

那么，这持续数年出现含税采购不能获得现金流和债务数据的支持，是不是该公司的固定资产等非流动资产的变化导致这个差异的出现呢？

招股书直接披露了报告期内各期“在建工程”本期增加额，因此，必然使现金流出相应金额或者应付账款增加。从“固定资产”和“无形资产”的账面原值增减情况来看，为了使得这两项资产增加，也要支付现金，或者承担相应金额的应付账款等负债。不过，“固定资产”的增加会受到“在建工程”转固的影响，因此，在计算固定资产增加对现金流出、应付账款的影响时，剔除了转固部分的影响。

虽然“在建工程”本期增加额、剔除转固之后的“固定资产”账面原值增加额与“无形资产”账在原值增加额合计得到了6 760.68万元、7 085.56万元和738.55万元的非流动资产增加，导致在一般情况下必然有相同金额的现金流出或应付账款与之相对应，但是由于“购建固定资产、无形资产和其他长期资产支付的现金”几乎与前述3个项目的增加额合计数相当，仅仅在2016年有2 861.53万元的较大差额。

三、“抢装潮”后经营情况难容乐观

招股书披露，运达风电在报告期内经历了一个比较艰难的2014年，当年营收虽然达到21.905亿元，但营业总成本却达到了21.993亿元，即便是加上363.87万元的投资收益之后，营业利润仍亏损510.94万元，幸亏有2 206.50万元的政府补助和444.10万元的土地回购补偿款，才最终使得净利润达到1 827.40万元，“勉强过关”。

否极泰来，风电行业在2015年经历了一轮“抢装潮”，不仅使运达风电在2015年营收达到38.774亿元、同比增长了77%，且营业利润也由负转正达到1.46亿元，然而2015年的提前抢装透支了公司未来两年的业务经营能力，自2016年开始，营收和利润双双回落。其中，2016营业收入相较2015年减少7.434亿元、降幅19.17%，营业利润也大幅下降到0.82亿元、降幅43.76%；2017年上半年，营收仅有11.55亿元，相当于2016年营收的36.86%；营业利润1 321.67万元，仅相当于2016年营业利润的16.09%。

从2014年的艰难到2015年的“抢装潮”带来营收利润双增，再到2016年，2017年经营能力的大幅下滑，运达风电的经营情况可谓是坐了一次“过山车”，而就在经营能力持续下滑的同时，经营生产中所面临的负债率过高、现金流萎缩等问题也对公司的发展带来不容忽视的影响。

从整体债务看，报告期内运达风电的资产负债率（母公司）高达85.91%、86.29%、83.06%和83.31%，相较招股书提到的最近三年同行业上市公司资产负债率平均值的58.13%、52.27%和45.26%，运达风电的债务压力显然高出同行业公司很多。短期债务上，虽然运达风电报告期内流动资产分别有35.500亿元、33.775亿元、30.507亿元和29.758亿元，但其流动负债却高达35.046亿元、40.816亿元、35.892亿元和35.321亿元。除2014年外，明显可看到其他年份的流动负债均超过了流动资产规模。由此可见，公司在经营上对流动负债的依赖性很大，资金链相对比较紧张，很可能存在延长对供应商的账期等措施来应付流动性问题。

与此同时，运达风电报告期内的货币资金分别为14.914亿元、10.793亿元、9.168亿元和4.044亿元，呈逐步减少状态，三年半的时间消耗掉了10亿元。而“经营活动产生的现金流量净额”也显示，公司2014年度时有95 222.89万元，2015年变为3 321.83万元，而到了2016年和2017年1—6月时，则只有-16 969.70万元和-52 391.84万元。这组数据的变化，明显可看出公司在2015年经历“抢装潮”后，不仅没有带来多少现金流入，相反还因“抢装潮”的原因导致货币现金被大量消耗。

更为重要的是，在债务压力较大的同时，其综合毛利率还不乐观。相较报告期内同行业上市公司20.36%、23.86%、24.40%、25.10%的平均值而言，公司仅有13.08%、14.66%、19.20%、18.99%，这说明运达风电的产品在同行业竞争中还处于相对弱势状态。

总之，在经历“抢装潮”后，经营能力持续下滑，相较同行业公司又没有多少优势可言的运达风电，其前景实在令人担忧。

（资料来源：红周刊 http：//www.hongzhoukan.com）

案例三：营利持续性差，震有科技遭遇上市“烦恼”

深圳震有科技股份有限公司（简称“震有科技”）于6月20日发布首次公开发行股票招股说明书，拟向社会公众发行4 550万股股份并在创业板上市。震有科技致力于通信系统

设备的研发、设计、生产和销售，主要产品为软交换、接入、光网络、应急调度、无线宽带通信等系统。在阅读其招股说明书后，笔者发现该公司可能存在营利持续性差等问题。

一、存货和应收款周转落后于行业均值

2014—2016 年，震有科技应收账款周转天数分别为 268 天、234 天和 245 天，平均在 8 个月以上。震有科技的解释主要是，公司营业收入呈现明显的季节性波动，收入确认主要集中在下半年尤其是第四季度。2016 年末，公司应收账款余额 12 944. 62 万元，截至 2017 年 5 月 31 日，期后已累计收回 5 392. 52 万元，收回比例为 41. 66%，2016 年年末的应收账款余额期后收回比例较低。

与其应收账款周转天数的情况类似，震有科技的存货周转天数分别为 201 天、237 天和 265 天，货物在仓库里平均要呆 8 个月左右。应收账款周转天数越来越多，存货周转速度一年比一年慢，这对一家企业的资金流是个压力。

不过，对比行业情况，震有科技以上两项指标本身也有些异常。以 2016 年为例，行业应收账款周转率平均值为 3. 46 次/年（周转天数约为 105 天），震有科技仅为 1. 49 次/年（周转天数约为 245 天）；行业存货周转率 2. 41 次/年（周转天数约为 151 天），震有科技仅为 1. 38 次/年（周转天数约为 264 天）。震有科技明显比行业平均值要落后很多。

在这种情况下，震有科技的毛利率却高出同行业平均水平 1. 96 ~ 6. 55 个百分点。公司在风险提示中称，不排除未来随着竞争的加剧以及海外运营商客户议价能力的增强，公司主要产品价格可能出现下降。

据招股说明书，2014—2016 年，震有科技实现的海外销售收入分别为 2 349. 77 万元、8 340. 77 万元和 8 759. 19 万元，占营业收入的比例分别为 21. 43%、53. 61% 和 47. 62%。

那么，震有科技的存货有多少是海外订单？发出商品是否为尚未取得验收单或签收单的在途存货？截至 2016 年 12 月 31 日，震有科技发出商品金额为 3 503. 90 万元，占存货期末余额的比重为 47. 59%，主要系印度 BSNL 项目。"因尚未取得终端用户的验收单，暂时未确认收入并结转成本，故导致发出商品尤其是接入网系统期末余额较大。"

而最近三年，震有科技发出商品分别为 1 568. 32 万元、680. 15 万元和 3 503. 90 万元，分别占全部存货的 38. 75%、12. 79% 和 47. 59%。如果全部费用化，那么震有科技这三年的利润将会直接变为微利或负数。那么，其也有必要向投资者说明发出商品中去往海外的有多少是在途，以及是不是收到验收单等。

公司综合毛利率与上述可比上市公司对比情况如下：

2014—2016 年营业收入分别为 10 963. 85 万元、15 558. 08 万元、18 395. 69 万元，经过我们整理，主要有几个问题。

二、营利持续性存疑

2014—2016 年，震有科技营业外收入占比较高，分别占利润总额的 352. 27%、28. 87% 和 15. 98%，扣除非经常性损益后归属于母公司股东的净利润分别为 245. 01 万元、1 931. 98 万元、2 932. 29 万元，其销售收入总计分别为 10 963. 85 万元、15 558. 08 万元、18 395. 69 万元，扣非后销售净利率为 2. 23%、12. 42% 和 15. 94%。但是，其每股收益分别仅为 0. 02 元、0. 17 元和 0. 21 元，资本报酬率较低。

从现金流量来看，2014—2016 年震有科技的经营活动现金流量净额分别为 -1 669 万元、454. 29 万元和 -1 248. 01 万元，基本为净流出。投资活动从扩大变为收缩，筹资活动在 2015

年因股改融资过亿，但2016年又表现为流出。截至2016年，震有科技的现金状况并不乐观。

震有科技紧张的资金状况，在预收款和应收款等指标中也有端倪。预收款反映了公司产品的核心竞争力和议价能力，是一个企业市场能力的衡量点。震有科技2014—2016年预收款余额分别为411.14万元、765.51万元和162.09万元。降幅剧烈的2016年，震有科技在市场中的议价能力实际在降低。其中，国网山东省电力公司连续三年都是其前5大客户，销售额分别为2 273.21万元、969.20万元和1 378.89万元。但震有科技仅在2014年和国网山东省电力公司发生预收款，余额为122.41万元，2015—2016年没有预收款，而是应收账款。2014—2016年，震有科技对国网山东省电力公司应收账款分别为1 467.46万元、1 347.27万元和971.69万元，占当年销售的55%、118%和60%。Uniadex. ltd. 是震有科技目前最大的客户，2015年预收账款余额就有648.43万元，但到了2016年就直接是应收账款余额804.48万元；深圳国人通信股份有限公司2016年的销售额几乎全部变成了应收账款；震有科技对大客户更是没有议价能力，2015—2016年销售额分别为3 268.33万元和3 396.63万元，预收账款余额为0，年末应收账款余额为1 806.67万元和2 867.44万元，占销售额比例高达55%~84%。

也就是说，对这些大型通信系统集成商及电力系统的大客户，震有科技原来有一定的议价能力，能够预收款项，但是在2016年预收款迅速变少，公司的议价能力降低。如果其议价能力未变，那么就可能存在扩大赊销范围和延长信用期，以实现账面销售规模扩大，营业收入增多的目的。

（资料来源：红周刊 http：//www. hongzhoukan. com）

同步练习参考答案

一、单项选择题

1. B　2. C　3. D　4. B　5. C　6. D　7. A　8. D　9. C　10. A　11. C　12. B　13. C　14. D　15. B　16. D　17. D　18. A　19. A　20. C

二、多项选择题

1. AB　2. ADE　3. ACDE　4. ABC　5. CD　6. ABC　7. ABCD　8. ABE　9. BDE　10. ABDE　11. ABCD　12. ACD　13. ABC　14. ABC　15. CD

三、判断题

1. √　2. ×　3. √　4. √　5. ×　6. ×　7. ×　8. ×　9. √　10. ×　11. √　12. √　13. ×　14. √　15. ×　16. ×　17. √　18. √　19. ×　20. ×

四、解答题（略）

五、计算题

1. 总资产营运能力指标分析。

表 9 - 5　　总资产周转率分析表

项目	2016 年	2015 年	差异
舗售净额（元）	80 710 806 825	65 133 211 929	15 577 594 896
总资产平均余额（元）	83 273 466 317	64 277 513 397	18 995 952 920
流动资产平均余额（元）	56 942 546 526	43 263 558 624	13 678 987 902
总资产周转次数（次）	0. 97	1. 01	- 0. 04
流动资产周转次数（次）	1. 42	1. 51	- 0. 09
流动资产占总资产比率（%）	68. 38	67. 31	1. 07

注：2015 年年初总资产为 54 989 356 920 元，流动资产为 36 102 916 057 元

表内各数据运算：

2016 年：

①销售净额 = 营业收入 = 80 710 806 825

②总资产平均余额 =（期初余额 + 期末余额）÷2

= （92 786 390 777 + 73 760 541857）÷2 = 83 273 466 317

③流动资产平均余额 =（期初余额 + 期末余额）÷2

= （63 607 344 475 + 50 277 748576）÷2 = 56 942 546 526

④总资产周转次数 = 销售净额 ÷ 平均总资产

= 流动资产周转率 × 流动资产占总资产的比重

= 80 710 806 825 ÷ 83 273 466 317 = 0. 97

⑤流动资产周转次数 = 销售净额 ÷ 平均流动资产 = 80 710 806 825 ÷ 56 942 546 526 = 1. 42

⑥流动资产占总资产比率 = 流动资产平均余额 ÷ 总资产平均余额

= 56 942 546 526 ÷ 83 273 466317 = 68. 38%

2015 年：

①销售净额 = 营业收入 = 65 133 211 929

②总资产平均余额 =（期末余额 + 期初余额）÷2

= （73 565 669 874 + 54 989 356 920）÷2 = 64 277 513 397

③流动资产平均余额 =（期末余额 + 期初余额）÷2

= （50 124 201 190 + 36 402 916 057）÷2 = 43 263 558 624

④总资产周转次数 = 销售净额 ÷ 平均总资产

= 流动资产周转率 × 流动资产占总资产的比重

= 65 133 211929 ÷ 64 277 513 397 = 1. 01

⑤流动资产周转次数 = 销售净额 ÷ 平均流动资产 = 65 133 211 929 ÷ 43 263 558 624 = 1. 51

⑥流动资产占总资产比率 = 流动资产平均余额 ÷ 总资产平均余额

= 43 263 558 624 ÷ 64 277 513 397 = 67. 13%

根据表 9 - 1 可知，集团本年总资产周转率比上年度降低了 0. 04，其原因是：

因为流动资产周转速度下降，使总资产周转速度下降：

（1. 42 - 1. 51）× 67. 31% = - 0. 06（次）

因为流动资产占总资产比率提高使总资产周转速度加快：

1.42×(68.38% -67.31%)=0.02（次）

计算结果表明，公司本年总资产周转速度下降，主要原因是流动资产周转速度下降的影响，其次是资产结构的变动。由于提高了流动资产在总资产中的比率，使资产流动性增强了，促进了总资产周转速度加快。

2. 流动资产周转速度指标的计算。

表9-6　流动资产周转率分析资料表

项目	2016年	2015年
产品销售净额（元）	80 710 806 825	65 133 211 929
流动资产平均余额（元）	56 942 546 526	43 263 558 624
其中：平均存货（元）	17 817 781 703	14 574 177 297
产品销售成本（元）	65 305 481 200	53 673 308 285
流动资产周转率（次）	1.42	1.51
流动资产垫支周转率（次）	1.15	1.24
成本收入率（%）	123.59	121.35

注：2015年年初存货余额为11 415 070 253元
　　2015年年末存货余额为17 733 284 340元

表内数据运算：

2016年：

①产品销售净额=营业收入=80 710 806 825

②流动资产平均余额=(期初余额+期末余额)÷2
=(63 607 344 475+50 277 748 576)÷2=56 942 546 526

③平均存货=(期初余额+期末余额)÷2
=(17 841 990 859+17 793 572 546)÷2=17 817 781 703

④产品销售成本=营业成本=65 305 481 200

⑤流动资产周转率=产品销售净额÷流动资产平均余额
=80 710 806825÷56 942 546 526=1.42

⑥流动资产垫支周转率=产品销售成本÷流动资产平均余额
=65 305 481200÷56 942 546 526=1.15

⑦成本收入率=产品销售净额÷产品销售成本=87 710 806 825÷65 305 481 200=134.31%

2015年：

①产品销售净额=营业收入=65 133 211 929

②流动资产平均余额=(期末余额+期初余额)÷2
=(50 124 201 190+36 402 916 057)÷2=43 263 558 624

③平均存货=(期初余额+期末余额)÷2
=(17 733 284 340+11 415 070 253)÷2=14 574 177 297

④产品销售成本=营业成本=53 673 308 285

⑤流动资产周转率=产品销售净额÷流动资产平均余额
=65 133 211 929÷43 263 558 624=1.51

⑥流动资产垫支周转率 = 产品销售成本 ÷ 流动资产平均余额

= 53 673 308 285 ÷ 43 263 558 624 = 1. 24

⑦成本收入率 = 产品销售净额 ÷ 产品销售成本 = 65 133 211 929 ÷ 53 673 308 285 = 121. 35%

根据表 9 - 6，对流动资产周转率作如下分析：

分析对象：1. 42 - 1. 51 = - 0. 09（次）

因素分析：

流动资产垫支周转率的影响 = (1. 15 - 1. 24) × 121. 35% = - 0. 11（次）

成本收入率的影响 = 1. 15 × (134. 31% - 121. 35%) = 0. 15（次）

计算结果表明，本期流动资产周转率下降时流动资产垫支周转率下降和成本收入率增长的结果，其中流动资产垫支周转率的下降是主要原因。

3. 根据表 9 - 7 的相关信息资料，计算总资产周转率、流动资产周转率、应收账款周转率、存货周转率、固定资产周转率。

表 9 - 7　　某公司相关财务信息资料　　单位：万元

项目	2015 - 12 - 31	2016 - 12 - 31
营业收入	1 687 520. 00	1 601 800. 00
营业成本	1 425 690. 00	1 377 520. 00
应收票据	504 265. 00	454 731. 00
应收账款	220 903. 00	277 615. 00
存货	148 382. 00	180 966. 00
流动资产合计	1 328 980. 00	1 415 790. 00
固定资产净值	318 459. 00	393 410. 00
资产总计	2 021 790. 00	2 150 450. 00

①总资产周转率 = 营业收入 ÷ 总资产平均余额 = 1 601 800 ÷ 2 086 120 = 0. 77（次）

②流动资产周转率 = 营业收入 ÷ 流动资产平均余额 = 1 601 800 ÷ 1 372 385 = 1. 17（次）

③应收账款周转率 = 营业收入 ÷ 商业债权平均余额 = 1 601 800 ÷ 728 757 = 2. 19（次）

④ 存货周转率 = 营业成本 ÷ 存货平均余额 = 1 377 520 ÷ 164 674 = 8. 37（次）

4. 答：

①存货周转天数 = 365 ÷ 存货周转率 = (存货平均余额 × 365) ÷ 主营业务成本

存货周转天数 = 365 × [(2 000 + 2 300) ÷ 2] ÷ 20 000 = 39. 24（天）

②应收账款周转天数 = 365 ÷ 应收账款周转率 = (应收账款平均余额 × 365) ÷ 主营业务收入

应收账款周转天数 = 2 500 × 365 ÷ 25 000 = 36. 5（天）

③营业周期 = 存货周转天数 + 应收账款周转天数

营业周期 = 39. 24 + 36. 5 = 75. 74

④应付账款周转天数 = 365 ÷ 应付账款周转率 = (应付账款平均余额 × 365) ÷ 赊销净额

= (应付账款平均余额 × 365) ÷ 本期存货增加净额

本期存货增加净额 = 销货成本 + 期末存货 - 期初存货

本期存货增加净额 = 20 000 + 2 300 - 2 000 = 20 300（万元）

应付账款周转天数 = 1 700 × 365 ÷ 20 300 = 30. 57（天）

⑤现金周期 = 营业周期 - 应付账款周转天数

现金周期 = 75.74 - 30.57 = 45.17（天）

5. 答：

①存货周转率 = 主营业务成本 ÷ 存货平均余额 = 15 000 ×（1 - 20%）÷［（240 + 280）÷ 2］= 46.15

应收账款用转率 = 赊销收入净额 ÷ 应收账款平均余额 = 15 000 × 80% ÷［（5 000 + 6 000）÷ 2］= 2.18

营业周期 = 存货周转天数 + 应收账款周转天数 = 360 ÷ 46.15 + 360 ÷ 2.18 = 7.8 + 165.14 = 172.94（天）

②该公司应收账款周转次数明显小于行业平均值；说明该公司应收账款周转天数较长，发生坏账的可能性比行业中其他企业大，需进一步找出原因并采取措施进行调整。

第十章　企业偿债能力分析

内容概要

一、重点、难点

1. 重点：短期偿债能力的指标体系和长期偿债能力的指标体系。
2. 难点：偿债能力各指标之间的内在联系。

二、基本要求

1. 了解偿债能力分析的目的和内容，理解不同财务分析主体对企业偿债能力的要求，了解偿债能力分析与营利能力之间的关系。
2. 理解资产负债表、利润表和现金流量表为偿债能力分析所提供的基础信息。
3. 掌握偿债能力分析的基本内涵，基本目的和相关指标计算与分析。

三、章节内容

第一节　偿债能力分析的目的与内容

（一）偿债能力分析的目的

偿债能力是指企业偿还到期债务的能力。企业的资金来源除了所有者权益外，还有一部分是负债，由于任何一笔债务都负有支付利息和到期偿还本金的责任，因此企业利用经济资源偿还债务本金和利息的能力就是其偿债能力。

企业有无支付现金的能力和偿还债务的能力是企业能否生存和发展的关键。因此，企业有无偿债能力是企业经营者、投资者、债权人等非常关心的问题。

（1）债权人最关心的就是企业的偿债能力，因为债权人无权与企业所有者分享利润，也无权参与企业的经营管理，只能期望企业按时还本付息。所以债权人对企业偿债能力分析，目的在于做出正确的借贷决策，保证其资金的安全。

（2）投资人更重视企业的营利能力和长远发展。他们认为只有企业拥有一个良好的财务环境和较强的偿债能力，才能降低财务风险，提高营利能力。因此，他们同样关心企业的偿债能力。

（3）企业经营者是从企业资金管理角度进行偿债能力分析，以便监督和控制偿债能力，保证生产经营能力正常进行。如果企业偿债能力不足直接表现为企业日常现金支付的困难，直接影响到企业的持续经营，甚至陷入破产清算的境地。企业经营者通过进行偿债能力分析，了解企业的财务状况，清楚企业所承担的财务风险程度，预测企业筹资前景，可以及时发现问题，并采取措施加以解决。

（二）偿债能力分析的内容

1. 短期偿债能力分析。

通过对反映短期偿债能力的主要指标和辅助指标的分析，了解企业短期偿债能力的高低及其变动情况，说明企业的财务状况和风险程度。

2. 长期偿债能力分析。

通过对反映企业长期偿债能力指标的分析，了解企业长期偿债能力的高低及其变动情况，说明企业整体财务状况和债务负担及偿债能力的保障程度。

第二节　短期偿债能力分析

（一）影响短期偿债能力的具体因素

对企业短期偿债能力进行分析，必须了解影响短期偿债能力的因素，这是进行短期偿债能力分析的基础。影响短期偿债能力的因素，总的来说可以分为企业内部因素和企业外部因素。

1. 企业的内部因素。

（1）企业经营活动现金流量。

（2）企业流动资产结构。

（3）企业流动负债结构。

（4）企业的融资能力。

2. 企业的外部因素。

（1）宏观经济形势。

（2）证券市场的发育与完善程度。

（3）银行的信贷政策。

（二）短期偿债能力指标的计算与分析

1. 营运资金的计算与分析。

营运资金，也称净流动资金，它是流动资产超过流动负债的数额，即企业流动资产与流动负债的差额。其计算公式为：

劳动资金（净流动资产）= 流动资产 - 流动负债

2. 动比率的计算与分析。

流动比率，又称为营运资金比率或清偿比率，是指流动资产与流动负债之间的比率。流动比率是相对数指标，不受企业规模的影响，是实际工作中普遍采用的短期偿债能力衡量指标。计算公式为：

$$流动比率 = \frac{流动资产}{流动负债}$$

3. 速动比率的计算与分析。

速动比率，又称酸性试验，是企业速动资产与流动资产的比率。速动比率的含义是每 1 元流动负债有多少元速动资产作保障。速动比率指标越高，说明流动性越好，表明企业偿还流动负债的能力越强，债权人的权益或利益越有保障。速动比率的计算公式为：

$$速动比率 = \frac{速动资产}{流动负债}$$

速动资产是企业流动资产中流动性（变现能力）较强的那部分资产，主要包括货币资金、交易性金融资产和应收款项。流动资产中的存货因变现速度比较慢，不包括在速动资产中。速动资产的计算方法通常有两种。

一种方法是把存货从流动资产中剔除。即：

速动资产 = 流动资产 − 存货

另一种方法是将变现能力较强的货币资金、交易性金融资产和应收款项净额相加得出，即：

速动资产 = 货币资金 + 交易性金融资产 + 应收票据 + 应收账款 + 其他应收预付款

4. 现金比率的计算与分析。

现金比率，也称为超速动比率或绝对流动比率，是指现金类资产对流动负债的比率。表示企业即时付款或随时还债的能力。其通常有两种计算方法：

一种是按货币资金与流动负债之比计算的现金比率，也称货币资金率，其中货币资金包括现金、银行存款和其他货币资金。即：

$$现金比率（货币资金率） = \frac{货币资金}{流动负债}$$

第三节　长期偿债能力分析

长期偿债能力是指企业偿还一年期或超过一年的一个营业周期以上的长期债务的现金的保障程度。主要是分析企业资本结构的合理性及偿还长期债务本金和定期支付长期债务利息的能力。

（一）影响长期偿债能力的具体因素

1. 企业的营利能力。

2. 企业的资本结构。

（二）长期偿债能力指标的计算与分析

1. 营利能力对长期偿债能力的影响分析。

（1）利息保证倍数的计算与分析。利息保证倍数是指企业生产经营所获得的息税前利润与利息费用的比率。用以衡量偿付借款利息的能力。其计算公式为：

$$利息保证倍数 = \frac{息税前利润}{利息费用}$$

$$= \frac{利润总额 + 利息费用}{利息费用}$$

$$= \frac{净利润 + 所得税费用 + 利息费用}{利息费用}$$

（2）债务本息保证倍数的计算与分析。债务本息保证倍数是指企业一定时期息税前利润与还本付息金额的比率，它是现金流入量对财务需要（现金流出）的保证程度的比率，通常用倍数来表示。其计算公式为：

$$债务本息保证倍数=\frac{息税前利润}{利息费用+\frac{年度还本额}{1-所得税率}}$$

2. 资本结构对长期偿债能力的影响分析。

（1）资产负债率的计算与分析。资产负债率也称为债务比率，是指企业的负债总额与资产总额之间的比率。资产负债率反映在资产总额中负债筹资的比例，用于衡量企业利用债务资本进行财务活动的能力，同时也能反映企业在清算时对债权人利益的保护程度。其计算公式为：

$$资产负债率=\frac{负债总额}{资产总额}\times100\%$$

（2）股东权益比率的计算与分析。股东权益比率是所有者权益总额同资产总额的比率，反映企业全部资产中有多少是投资人投资所形成的。其计算公式为：

$$股东权益比率=\frac{所有者权益总额}{资产总额}\times100\%$$

$$所有者权益总额=资产总额-负债总额$$

$$股东权益比率=\frac{资产总额-负债总额}{资产总额}\times100\%=1-资产负债率$$

在实务中，可将该指标以倒数的形式表示，称为权益乘数。是指资产总额相当于股东权益的倍数，表示企业的负债程度。

$$权益乘数=\frac{总资产}{股东权益总额}$$

$$=\frac{1}{1-资产负债率}$$

（3）净资产负债率的计算与分析。净资产负债率也称为产权比率或权益负债率，指企业的负债总额与所有者权益总额之间的比率，反映债务资本与权益资本的对比关系。其计算公式为：

$$净资产收益率=\frac{负债总额}{所有者权益总额}\times100\%$$

（4）有形净资产负债率的计算与分析。有形净资产负债率是企业负债总额与有形资产净值的百分比。有形资产净值是所有者权益减去无形资产净值后的净值，即所有者具有所有权的有形资产净值。其计算公式为：

$$有形净资产负债率=\frac{负债总额}{所有者权益-无形资产}\times100\%$$

（5）长期负债率的计算与分析。长期负债率是反映企业长期偿债能力的指标之一。通常是用企业的非流动负债与非流动资产的比率进行计算。其计算公式为：

$$长期负债率=\frac{非流动负债}{非流动资产}\times100\%$$

同步练习

一、单项选择题

1. 下列选项中，会导致资产负债率发生变化的是（　　）。
A. 收回应收账款　　B. 用现金购买债券
C. 接受所有者投资转入的固定资产　　D. 以固定资产对外投资

2. 如果流动比率大于1，则下列结论成立的是（　　）。
A. 速动比率大于1　　B. 现金比率大于1
C. 营运资本大于0　　D. 短期偿债能力绝对有保障

3. 下列属于分析短期偿债能力财务指标的是（　　）。
A. 现金比率　　B. 资产负债率　　C. 产权比率　　D. 权益乘数

4. 某企业年初流动比率为2.2，速动比率为1；年末流动比率为2.4，速动比率为0.9。发生这种情况的原因可能是（　　）。
A. 存货增加　　B. 应收账款增加
C. 应付账款增加　　D. 预收账款增加

5. 利息保障倍数是（　　）。
A. 息税前利润与财务费用的比值　　B. 息税前利润与债务利息的比值
C. 净利润与财务费用的比值　　D. 净利润与债务利息的比值

6. 影响企业短期偿债能力最根本的原因是（　　）。
A. 企业的经营业绩　　B. 企业的融资能力
C. 企业的权益结构　　D. 企业的资产结构

7. 影响速动比率可信性的主要因素是（　　）。
A. 存货的变现能力　　B. 短期投资的变现能力
C. 预付账款的变现能力　　D. 应收账款的变现能力

8. 能够反映企业利息偿付安全性的最佳指标是（　　）。
A. 利息保障倍数　　B. 流动比率
C. 现金流量利息保障倍数　　D. 税后利息率

9. 与资产负债率指标之和等于1的指标是（　　）。
A. 业主权益乘数　　B. 股东权益比率　　C. 产权比率　　D. 资产长期负债率

10. 下列项目中，属于从动态方面反映企业短期偿债能力的指标是（　　）。
A. 流动比率　　B. 现金比率　　C. 速动比率　　D. 现金流量比率

11. 某企业现在的流动比率为2，下列经济业务中会引起该比率降低的是（　　）。
A. 用银行存款偿还应付账款　　B. 发行股票收到银行存款
C. 收回应收账款　　D. 开发短期票据借款

12. 在企业速动比率是0.8的情况下，会引起该比率提高的经济业务是（　　）。
A. 从银行提取现金　　B. 赊购商品

C. 收回应收账款　　D. 开出短期票据借款

13. 如果流动资产大于流动负债，则月末用现金偿还一笔应付账款会使（　　）。

A. 营运资金减少　　B. 营运资金增加　　C. 流动比率提高　　D. 流动比率降低

14. A 公司去年每股收益为 5 元，每股发放股利 3 元，留存收益在过去一年中增加了 1 000 万元。年底每股净资产为 20 元，负债总额为 8 000 万元，则该公司的资产负债率为（　　）。

A. 40%　　B. 44.44%　　C. 50%　　D. 80%

15. 运用资产负债表可计算的比率有（　　）。

A. 应收账款周转率　　B. 总资产报酬率

C. 已获利息倍数　　D. 现金比率

16. 下列项目中，不属于速动资产的项目是（　　）。

A. 应收账款　　B. 预付账款　　C. 其他货币资金　　D. 交易性金融资产

17. 下列关于速动资产的描述，正确的是（　　）。

A. 促销不影响速动资产

B. 存货变现能力越强，速动资产质量越高

C. 应收账款的可回收性影响速动资产的质量

D. 速动资产完全能够反映企业的现时支付能力

18. 企业的产权比率越高表明（　　）。

A. 所有者权益的保障程度越高　　B. 负债在资产总额中所占的比重越小

C. 债权人的风险越小　　D. 资产负债率越高

19. 影响企业短期偿债能力的主要因素是（　　）。

A. 营利能力　　B. 销售收入　　C. 资产的变现能力　　D. 资产的结构

20. 下列财务比率中，最为稳健的偿债能力指标是（　　）。

A. 资产负债率　　B. 流动比率　　C. 速动比率　　D. 现金比率

21. 下列说法正确的是（　　）。有形净值债务比率高，说明负债高，投资人对债务利用得充分。

A. 有形净值债务比率越高对债权人越有利

B. 有形净值债务比率越低对债权人越有利

C. 有形净值债务比率越高对投资人越有利

D. 有形净值债务比率越低对投资人越有利

22. 下列各项中，能使企业实际长期偿债能力小于财务报表所反映能力的是（　　）。

A. 融资租赁　　B. 经营租赁

C. 向银行借入款项已偿还旧债　　D. 可转换债券转换成普通股

23. 决定权益乘数大小的主要指标是（　　）。

A. 资产周转率　　B. 销售净利润　　C. 资产利润率　　D. 资产负债率

24. 能使企业实际偿债能力大于财务报表所反映的能力是（　　）。

A. 存在很快将变现的存货　　B. 存在未决诉讼案

C. 为别的企业提供担保　　D. 未使用的银行贷款限额

25. 反映企业资本结构、财务杠杆程度以及偿债能力的重要指标是（　　）。

A. 权益乘数　　B. 权益净利率　　C. 总资产收益率　　D. 资产周转率

二、多项选择题

1. 影响速动比率的因素有（　　）。
A. 应收账款　　B. 存货　　C. 短期借款　　D. 应收票据
E. 预付账款

2. 分析企业短期偿债能力时，需要用到的财务指标有（　　）。
A. 营运资本　　B. 流动比率　　C. 速动比率　　D. 现金比率
E. 产权比率

3. 在企业短期偿债能力分析中，可能增加变现能力的因素有（　　）。
A. 可动用的银行贷款指标　　B. 担保责任引起的负债
C. 准备很快变现的长期资产　　D. 偿债能力的声誉
E. 未作记录的或有负债

4. 计算速动资产时，把存货从流动资产中扣除的原因有（　　）。
A. 存货的变现速度慢　　B. 存货的周转速度慢
C. 存货的成本与市价不一致　　D. 有些存货可能已经报废
E. 有些存货可能已经被抵押

5. 某企业流动比率为2，以下业务会使该比率下降的有（　　）。
A. 收回应收账款　　B. 赊购商品与材料
C. 偿还应付账款　　D. 从银行取得短期借款已入账
E. 赊销商品

6. 反映短期偿债能力的动态指标有（　　）。
A. 近期支付能力系数　　B. 流动比率
C. 现金比率　　D. 现金到期债务比率
E. 现金流动比率

7. 计算速动比率时，扣除存活项目是因为（　　）。
A. 存货的数量不易确定　　B. 存货的变现速度慢
C. 存货受到市场价格的影响大　　D. 存货的质量难以保证
E. 存货的变现价值具有较大的确定性

8. 影响速动比率可信性的主要因素有（　　）。
A. 预付账款的变现能力　　B. 存货的变现能力
C. 其他流动资产的变现能力　　D. 短期证券的变现能力
E. 应收账款的变现能力

9. 下列选项中，会对企业造成实际偿债压力、时间刚性强的债务有（　　）。
A. 短期借款　　B. 应付账款
C. 预收账款　　D. 应付票据
E. 应交税费

10. 下列选项中，属于长期偿债能力静态分析指标的有（　　）。
A. 资产负债率　　B. 产权比率　　C. 权益乘数　　D. 股权比率

E. 利息保障倍数

11. 下列项目中，属于速动资产的有（　　）。

A. 现金　B. 应收账款　C. 其他应收款　D. 固定资产

E. 存货

12. 下列有关资产负债率的描述中，正确的有（　　）。

A. 资产负债率是一衡量企业长期偿债能力的静态指标

B. 一般来说，资产负债率越高，企业的负债越安全、财务风险越小

C. 资产负债率没有考虑负债的偿还期限

D. 资产负债率没有考虑资产的结构

E. 在评价企业的资产负债率时，需要在收益和风险之间权衡利弊，充分考虑企业内部

13. 下列各项指标中，可用来衡量企业长期偿债能力的有（　　）。

A. 已获利息倍数　B. 产权比率　C. 应付账款周转率　D. 现金流动比率

E. 到期债务本息偿付比率

14. 企业采取备抵法核算坏账损失，如果实际发生一笔坏账，冲销应收账款，则会引起（　　）。

A. 流动比率提高　B. 流动比率降低　C. 流动比率不变　D. 速动比率不变

E. 营运资金不变

15. 企业的长期偿债能力受到下列哪些因素的影响？（　　）。

A. 营利能力　B. 资本结构

C. 长期资产保值增值程度　D. 应收账款周转率

E. 营运资本结构

16. 下列各项中，属于影响业主权益乘数的因素有（　　）。

A. 资产总额　B. 无形资产　C. 待摊费用　D. 股东权益

E. 负债总额

17. 企业短期偿债能力的影响因素有（　　）。

A. 流动资产的规模与质量　B. 流动负债的规模与质量

C. 长期资产的保值程度　D. 企业的经营现金流量

E. 每公司与子公司之间的资金调拨

18. 利息保障倍数指标所反映的企业财务层面包括（　　）。

A. 营利能力　B. 长期偿债能力

C. 短期偿债能力　D. 发展能力

E. 营运能力

19. 下列关于营业资本计算，正确的有（　　）。

A. 营运资本 = 流动资产 - 流动负债

B. 营运资本 = 所有者权益 - 非流动负债

C. 营运资本 = 长期资本 - 长期资产

D. 营运资本 = 所有者权益 - 非流动负债 - 非流动资产

E. 营运资本 = 所有者权益 - 非流动资产

20. 列各项指标中，可用来分析企业长期偿债能力的有（　　）。

A. 现金到期债务比率　　B. 强制性现金支付比率
C. 产权比率　　D. 销售利息比率
E. 净资产负债率

三、判断题

1. 产权比率为4/5，则权益乘数为5/4。（　）
2. 对企业而言，速动比率应该大于1才是正常的。（　）
3. 由于速动资产易于变现，因此速动资产完全等同于企业的现时支付能力。（　）
4. 流动比率越高，表明企业资产运用效果越好。（　）
5. 企业偿债能力不仅与债务结构有关，还与企业的未来收益能力紧密联系。（　）
6. 已获利息倍数，债务本息保证倍数，固定费用保证倍数越高，则长期偿债能力就越强。（　）
7. 权益乘数越高，则财务杠杆程度越低，偿债能力相对越弱。（　）
8. 资产负债率越高，财务杠杆利益就越大。（　）
9. 企业的长期偿债能力强，短期偿债能力也一定强。（　）
10. 从稳健角度出发，现金比率用于衡量企业偿债能力最为保险。（　）
11. 将积压的存货若干转为损失，将会降低流动比率。（　）
12. 企业的营利能力是影响企业最终偿债能力的最重要因素。（　）
13. 产权比率就是负债总额与所有者权益总额的比值。（　）
14. 对于应收账款和存货变现存在问题的企业，分析速动比率尤为重要。（　）
15. 企业偿债能力的高低不仅看其偿付利息的能力，更重要的是看其偿还本金的能力。（　）
16. 对债权人而言，企业的资产负债率越高越好。（　）
17. 分析企业的长期偿债能力除了关注企业资产和负债的规模与结构外，还需要关注企业的营利能力。（　）
18. 现销业务越多，应收账款周转率越高。（　）
19. 速动比率越高，说明企业的流动性越强，流动负债的安全程度越高，因此从企业角度看，速动比率越高越好。（　）
20. 营利能力强的企业，其长期偿债能力弱。（　）
21. 权益乘数是资产、负债和企业三者关系的体现。（　）
22. 企业的负债最终要以企业的资产去偿还。（　）
23. 企业销售一批存货，如果货款收回，速动比率则增大；如果货款未收回，速动比率则不变。（　）
24. 期末支付能力系数和近期支付能力系数是反映短期偿债能力的指标。（　）
25. 会计政策的变更会增加企业偿债能力指标的虚假性。（　）

四、解答题

1. 简述偿债能力分析的目的与内容。
2. 影响短期偿债能力的因素与影响长期偿债能力的因素有何不同？

3. 流动比率与速动比率的优点与不足有哪些？
4. 简述资产负债率与权益乘数之间的关系。
5. 简述流动比率、速动比率、现金比率之间的关系。

五、计算题

1. 根据表 10－1 信息资料计算流动比率。

表 10－1　**流动比率相关信息资料**　单位：元

项目 年份	流动资产	流动负债
2016	12 880 254 550. 42	11 395 679 131. 64
2015	4 026 881 793. 95	3 140 598 164. 77

2. 根据表 10－2 信息资料计算速动比率。

表 10－2　**速动比率相关信息资料**　单位：元

项目 年份	流动资产	存货	流动负债
2015	12 798 131 095. 88	2 563 150 425. 96	11 503 881 726. 35
2016	4 026 881 793. 95	842 626 264. 04	3 140 598 164. 77

3. 根据表 10－3 信息资料计算现金比率。

表 10－3　**现金比率相关信息资料**　单位：元

项目 年份	现金	现金等价物	流动负债
2016	3 540 250 569. 18	237 310. 00	11 503 881 726. 35

4. 根据表 10－4 信息资料计算现金流量比率。

表 10－4　**现金流量比率相关信息资料**　单位：元

项目 年份	现金流量净值	流动负债
2015	363 094 845. 27	11 503 881 726. 35
2016	4 126 759 461. 00	8 032 173 429. 00

5. 根据表 10－5 信息资料计算资产负债率。

表 10－5　**资产负债率相关信息资料**　单位：元

项目 年份	负债总额	资产总额
2015	11 889 231 089. 28	19 408 761 849. 95
2016	10 082 517 721. 00	56 716 002 774. 00

6. 根据表10－6信息资料计算股东权益比率和权益乘数。

表10－6　股东权益比率相关信息资料　单位：元

项目 年份	股东权益总额	资产总额
2015	5 347 209 448.26	19 408 761 849.95
2016	46 633 485 053.00	56 716 002 774.00

7. 根据表10－7信息资料计算产权比率。

表10－7　产权比率相关信息资料　单位：元

项目 年份	股东权益总额	负债总额
2015	5 347 209 448.26	11 889 231 089.28
2016	46 633 485 053.00	10 082 517 721.00

8. 根据表10－8信息资料计算利息保证倍数。

表10－8　产权比率相关信息资料　单位：元

项目 年份	税前利润	利息费用
2015	619 846 038.78	33 747 919.90
2016	5 382 698 714.00	177 783 878.00

9. 某公司2015年与2016年财务报告中的部分数据如下：

表10－9　某公司相关信息资料　单位：万元

	2016年	2015年
应付职工薪酬	3 422	4 059
长期借款	4 359	5 293
其他债务	6 867	7 742
所有者权益	4 389	4 038
负债与所有者权益合计	19 037	21 132

要求：

（1）计算该公司2016年度权益乘数，说明该指标的含义；（按平均数计算）

（2）计算该公司2015年和2016年的资产负债率、产权比率，并说明其变动趋势。

10. 某公司所得税率为25%，在2016年度部分财务数据见表10－10：

表 10－10 某公司 2016 年部分财务数据 单位：万元

项目	金额
利润总额	5 000
利息费用	400
经营活动现金净流量	9 000

该公司当年的所得税和利息费用全部用现金偿还。要求：

（1）反映公司长期偿债能力的动态指标有哪几个？

（2）计算长期偿债能力指标并进行简要分析。

案例导读

案例一：安阳钢铁业绩“逆市下滑”，百亿负债“包袱”沉重

2017 年 5 月中旬以来，黑色金属板块走出了一波可观的行情，近 3 个月内最大涨幅超过了 30%。其中，以安阳钢铁（600569）为代表的钢铁股在 8 月初更是出现多个涨停板，吸引了大量资金的关注。也就在安阳钢铁股价表现气势如虹之时，8 月 10 日，安阳钢铁趁势交出了 2017 年半年报成绩单，但让人失望的是，公司营业收入虽略有增长，但净利润却出现了大幅下滑。

就在安阳钢铁半年报出炉后的数天，上交所于 8 月 15 日向安阳钢铁发出对其半年报的事后审核问询函，就其经营业绩下滑、环保限产、资产负债率连续居高不下、预付账款等问题提出了问询。

一、经营业绩“逆市下滑”

2017 年上半年，因供给侧改革的深入，环保和去产能带来钢铁产品价格大幅上涨，使得行业内上市公司经营效益有明显好转，二级市场上安阳钢铁股价自 5 月 11 日创下近期新低 2.57 元之后一路上扬，截至 8 月 17 日创近期新高 5.14 元。

安阳钢铁披露的半年报显示，2017 年 1—6 月营业收入为 115.26 亿元，同比上年同期的 114.80 亿元仅略微增长了 0.40%，而在上年同期，其同比增幅还有 2.75%，营收增速有一定下滑。值得注意的是，相较百亿级别的营业收入，上半年“归属于上市公司股东的净利润”却只有 2 776.30 万元，相比于上年同期的 9 440.82 万元减少了 6 664.52 万元，降幅高达 70.59%。如果考虑扣除非经常性损益，则“归属于上市公司的扣非净利润”又有进一步下降，仅有 2 095.68 万元，比上年同期的 8 854.29 万元减少幅度达 76.33%。营收有增长而利润却大幅下滑，这是非常典型的增收不增利情况。

其实，这种增收不增利的现象早在安阳钢铁一季报时就已经有所体现。一季度，安阳钢铁取得 54.88 亿元的营业收入，和 2016 年同期 49.30 亿元相比，增幅达 11.33%，但是“归属于上市公司股东的净利润”却是亏损了 2.01 亿元，相较上年同期亏损 1.74 亿元，亏损幅度同比增加了 15.38%。

就在这样的经营业绩表现之下，安阳钢铁如今还面临着环保限产、产品结构调整等诸多现实的问题需要解决，这对于安阳钢铁而言可谓是前途艰难。对此，安阳钢铁在半年报中表示："2017年上半年公司品种钢、品种材比例分别达到73.89%，83.25%。品种钢、材比例的逆势提升凸显了公司产品结构调整的效果。"表述内容虽然显得中肯，但净利润事实上的同比大幅下滑凸显出报告表述内容与实际业绩的真实背离。

二、持续增长的负债吞食公司利润

在环保限产、增收不增利、利润微薄等问题之下，安阳钢铁资产负债率连续居高不下的情况已经是一项急需解决的难题。

半年报显示，安阳钢铁的期末资产负债率高达82.89%，相较上年同期的82.49%有小幅提升。"合并资产负债表"显示，公司总资产虽然高达325.10亿元，但是负债合计也高达269.46亿元，所有者权益仅有55.64亿元。虽然对于正常经营企业而言，没有负债不是好事，但负债太高也不是好事，毕竟太高的负债，使得公司财务费用会有明显高企，吞食企业利润。

半年报披露，期末安阳钢铁的长期借款和短期借款分别有176亿元和56.5亿元，同时，财务费用从上年同期的4.39亿元增加到本报告期的5.27亿元，增加了8 789.52万元，增幅20.03%，财务费用的增幅远远高于营业收入增幅0.40%。需要注意的是，这8 789.52万元财务费用增加额不仅远远大于其净利润表现，且还远远大于同期营业收入4 585.69万元同比增加额，这是非常不正常的现象。对此，公司虽然表示财务费用的增加是因为承兑贴现费用增加，但却没有在半年报披露出更详细的解释信息。

百亿元负债，半年就需数亿元的财务费用，其增加的财务费用不仅大大超过营业收入的增加额，且还吞食公司来之不易的利润，这样的"包袱"实在是太大了。

（资料来源：红周刊 http：//www.hongzhoukan.com）

案例二：和科达财务指标现短板

主要从事精密清洗设备的研发、设计、生产与销售的深圳市和科达精密清洗设备股份有限公司（和科达）近期进入证监会预先披露更新企业名单，离A股市场已经越来越近。

然而，红刊财经记者翻阅其招股说明书后发现，和科达除了营业收入与净利润越来越不理想外，企业的实力也明显偏弱，随着其应收账款的快速增加，经营风险与日俱增，其诸多财务指标远低于同行业公司，而让其在税收方面获益不少的"高新技术企业"的金字招牌也是岌岌可危。

一、多项财务指标低于行业水平，发展前景不容乐观

据招股书介绍，报告期各期末，和科达应收账款账面价值分别为12 339.69万元、15 213.95万元、20 522.14万元和20 135.44万元，呈现出快速增长的趋势，其中2013年和2014年，应收账款分别增长了23.29%和34.89%，而相应年份营业收入的增幅却分别仅为1.62%和－9.55%，尤其是2014年，在营业收入快速下滑的情况下，应收账款却出现了激增的局面。要知道2014年该公司营业收入总额也仅仅35 972.36万元，而应收账款就占到了营业收入的57.05%，这一比例远高于其招股书所选的三家同行业上市公司。其中佳士科技的应收账款占营业收入的比例仅为19.73%。机器人的也仅为32.76%，兴源环境的比较高，为 51.60%. 但是依然低于和科达。这一方面说明该公司应收账款风险已经相当高，另一方面则意味着其现金回款能力明显不足，资金利用效率偏低，可能已经出现现金流吃紧的局面。

随着应收账款的激增，和科达应收账款周转率也快速走低，从 2012 年到 2015 年 6 月，其应收账款周转率分别为 3.79、2.66、1.84 和 0.73。该指标下降速度明显过快，而佳士科技、机器人、兴源环境三家同行业上市公司应收账款周转率的算术平均值分别为 3.85、3.42、3.13 和 1.27，虽然也有所下降，但下降速度明显慢于和科达。

此外，该公司另一运营能力指标——存货周转率也不尽如人意，从 2012 年至 2015 年 6 月，该指标数值分别为 1.44、1.75、1.93 和 0.79，而三家同行业公司算术平均值则分别为 2.10、2.09、2.64 和 1.04，虽然该公司存货周转率在报告期内有增加趋势，但仍然无法与同行业公司比肩。这意味着和科达的资金流动性根本达不到行业平均水平，资金利用率不高，企业运营能力堪忧。

那么该公司偿债能力指标又如何呢？依据和科达招股说明书提供的数据来看，依旧是不容乐观。

先来看看资产负债率，从 2012 年至 2015 年 6 月和科达资产负债率分别高达 59.38%、42.91%、41.45%和 43.77%，而三家同行业公司平均值则分别为 21.09%、21.93%、26.39%和 26.60%，和科达资产负债率远高于同行业平均水平，公司经营风险已经很大。

再来看看流动比率与速动比率，报告期内该公司的流动比率分别为 1.47、2.02、2.15 和 2.03，而速动比率则分别为 0.80、1.30、1.50 和 1.33。而同行业三家公司的流动比率平均值分别为 4.40、4.58、4.42 和 4.76。速动比率平均值则分别为 3.51、3.63、3.54 和 3.83，可以看出和科达以上两个比率的值还不到三家同行业公司平均水平的一半，很明显，从这一指标看来，该公司与同行业公司相比差距太大。

这也说明和科达资产变现能力较差，偿付外债的能力非常有限，企业陷入债务危机的可能性较高，未来发展前景堪忧。

二、“高新技术企业”金字招牌难保

和科达在招股书中表示：本公司深圳市和科达精密清洗设备股份有限公司于 2012 年 11 月 5 日取得由深圳市科技创新委员会、深圳市财政委员会、深圳市国家税务局、深圳市地方税务局联合核发的《高新技术企业证书》（证书编号为：GR201244200523，发证时间为 2012 年 11 月 5 日），认定有效期为 3 年。公司自获得高新技术企业认定后 3 年内（2012—2014 年），企业所得税按 15%的优惠税率征收。根据国家税务总局《关于高新技术企业资格复审期间企业所得税预缴问题的公告》国家税务总局公告 2011 年第 4 号文，高新技术企业应在资格期满前 3 个月内提出复审申请，在通过复审之前，在其高新技术企业资格有效期内，其当年企业所得税暂按 15%的税率预缴。本公司高新技术企业资格正在复审中，2015 年 1—6 月，本公司按照 15%的税率计提和预缴企业所得税。

然而，依据招股书提供的其他数据来看，和科达的高新技术企业资质却值得商榷。

按照高新技术企业认定的相关要求，企业研发人员必须占当年职工总数的 10%以上，而最近一年销售收入在 20 000 万元以上的企业，近三个会计年度的研究开发费用总额占销售收入总额的比例不低于 3%。那么和科达的情况又如何呢？

从招股书数据来看，2015 年 6 月和科达的员工总人数为 1 092 人，而研发人员为 98 人，占员工总数的8.97%，根本达不到10%的标准，即使是在其高新技术企业初审法人，2012年，其员工总数为1 085人，98人的研发人员依然达不到10%的要求。

除此之外，更加可疑的则是其研发费用，和科达在招股书中表示，从2012—2015年6月，该公司研发费用发生额分别为1 232.45万元、1 159.59万元、1 066.53万元和681.30万元，然而该公司相应会计年度的营业收入分别为39 135.10万元、39 770.15万元、35 972.36万元和16 391.61万元，研发而费用占营业收入的比例分别为3.15%、2.92%、2.96%和4.16%。显然2013年和2014年中，这一比例根本达不到3%的要求。

2015年高新技术企业资质尚在复审之中，和科达研发人员的数量，显然达不到相关要求，而其研发费用占营业收入的比例也屡次踩破红线，更重要的是其研发费用在逐年减少，那么，该公司怎能保证其2015年一定能通过高新技术企业的复审呢？也就是说该公司有可能失去这个高新技术企业的金字招牌，而其在2015年1—6月按照15%的税率计提和预缴企业所得税是否合适？失去这一招牌，意味着所得税将大幅增加，这对于和科达已经快速下降的净利润来说，就真的是雪上加霜了。

（资料来源：红周刊 http：//www.hongzhoukan.com）

案例三：翔港科技采购与经营负债不匹配，税费比例牵出营收数据异常

2017年7月21日，上海翔港包装科技股份有限公司（简称“翔港科技”）披露了新版招股说明书，拟发行不超过2 500万股A股。作为一家已经进入二次披露环节的企业，《红周刊》记者发现，其新版招股书中依然存在采购金额与现金流等相关数据不匹配的现象，与此同时，营业收入数据与税费之间的关系也存在异常。

一、采购与经营负债不匹配

招股书披露，报告期内（2014—2016年），翔港科技向前十大供应商合计分别采购了5 738.70万元、5 766.91万元和6 765.07万元，占采购总额的56.20%、43.74%和46.99%。由此推算，近3年的采购总额分别是10211.21万元、13 184.52万元和14 396.83万元。如果招股书披露的采购金额无误，那么，在既定的采购金额基础上，相关现金流量、应付款项、预付款项在正常的财务勾稽关系上必将与之相对应。

以2016年数据为例，该年度采购总额为14 396.83万元，考虑17%增值税因素，含税采购总额为16 844.29万元，与同期“购买商品、接受劳务支付的现金”项18 004.47万元相比，要多出1 160.18万元。从财务勾稽关系看，这个差额必然会体现在资产负债表中相关项目中。

2016年年末翔港科技应付账款余额为8 650.32万元，应付票据余额为3 476.30万元，合计12 126.62万元，相比上年末应付款项合计10 762.55万元，不但没有减少，反而增加了1 364.07万元。与此同时，2016年年末的预付款项余额为313.48万元，相比2015年年末的131.41万元也增加了182.07万元。

在既定的含税采购总额基础上，“购买商品、接受劳务支付的现金”项已经比含税采购要多出1 000多万元，如今经营负债又增加了1 000多万元，导致差额扩大到2 342.19万元，即有2 000多万元的现金支出没有体现在采购中。

同样，2015年也出现类似问题。2015年，翔港科技的含税采购总额为15 425.89万元，

这比同期的“购买商品、接受劳务支付的现金”项 12 987.84 万元也要高出 2 438.05 万元，这意味着在资产负债表必然有相应债务与之对应。

2015 年年末，应付账款余额为 7 402.26 万元，应付票据余额为 3 360.29 万元，合计金额相比 2014 年末的应付款项总和 4 327.72 万元增加了 6 434.83 万元，该数值远远超过前述 2 400 多万元的差额。那是不是公司的预付款项有一定减少呢？数据显示，2015 年年末预付款项余额为 131.41 万元，相比 2014 年年末的 161.36 万元仅减少了 29.94 万元。

由此，综合考虑预付款项的抵减效果，可以发现公司莫名新增了 4 026.72 万元经营性负债。

2014 年含税采购总额为 11 947.12 万元，相比于同期的“购买商品、接受劳务支付的现金”项的 14 499.45 万元要少 2 552.33 万元，从财务勾稽关系看，有 2 500 多万元的现金流出需要在资产负债表中体现。

因新版招股书没有 2013 年数据，我们借用 2016 年发布第一版招股书中相关数据进行核算，可以看到，该公司 2013 年年末应付款项余额合计为 5 143.79 万元（应付账款 2 973.22 万元、应付票据 2 170.57 万元），而 2014 年的应付款项余额合计为 4 327.72 万元，两者相比，2014 年应付款项余额相比 2013 年要减少 816.07 万元；同期，预付账款余额 161.36 万元，相比 2013 年的 57.83 万元增加了 103.52 万元。一减一增，可以发现公司的经营性负债仅减少了 919.59 万元，这相比前述的 2 552.33 万元差额仍有 1 632.74 万元现金支出不知去向。

综上所述，翔港科技连续三年都存在采购、相关现金流量与经营负债之间数据勾稽关系不成立现象，这是值得深思的。那么，这是否是由固定资产购置等其他方面因素所导致的呢？

二、报告期内连续出现千万元负债新增

实际上，就算是考虑了固定资产、无形资产等长期资产变动因素的影响，翔港科技依然存在相关财务数据勾稽关系不合理现象。

在招股书中，翔港科技披露了报告期内固定资产及其购置情况，其中，2014—2016 年的固定资产为 12 532.26 万元、13 113.65 万元和 12 055.17 万元，数值变动并不明显。与此同时，招股书还披露了各年固定资产的增加，分别为 3 498.00 万元、2 399.60 万元和 759.39 万元。

虽然招股书中并未披露为在建工程而进行的采购情况，也没有工程材料等用于在建工程的原材料，但是，从“在建工程”项目金额来看，报告期内分别有 22.5 万元、3 592.22 万元和 11 271.02 万元。2016 年 6 月报送的招股书中显示，2013 年在建工程为 360.84 万元。由此可推算出，在建工程在 2014 年减少了 338.34 万元，在 2015 年和 2016 年则增加了 3 569.72 万元和 7 678.80 万元。

同样，无形资产在 2013 年至 2016 年年末分别有 703.57 万元、3 439.55 万元、3 401.85 万元和 3 355.41 万元，这意味着，无形资产在 2014 年增加了 2 735.98 万元，2015 年减少了 37.69 万元，2016 年减少了 46.44 万元。

此外，“其他非流动资产”在 2013—2016 年年末分别有 369.80 万元、2 366.03 万元、99.23 万元和 3 170.65 万元，由此可推算出，“其他非流动资产”在 2014 年增加了 1 996.23 万元，2015 年减少了 2 266.81 万元，2016 年增加了 3 071.43 万元。

若暂不考虑金额较小的“长期待摊费用”和“递延所得税资产”。则报告期内上述非流动资产主要项目增减的整体情况分别增加了 7 891. 87 万元、3 664. 82 万元和 11 463. 18 万元，这相较相应年度的“购建固定资产、无形资产和其他长期资产支付的现金”项的 7 523. 36 万元、1 119. 81 万元和 10 747. 43 万元，主要的“非流动资产项目”新增金额比相关现金流量要多出 368. 51 万元、2 545. 01 万元和 715. 75 万元。这意味着，除了“购建固定资产、无形资产和其他长期资产支付的现金”外，新增的非流动资产还会形成相应金额的负债，体现在应付款项或预付款项的增减金额之中。

然而，在前述采购相关数据分析中提到，在只考虑采购金额的时候，报告期内经营负债与采购、现金流量之间分别存在 1 632. 74 万元、4 026. 72 万元和 2 342. 19 万元的差额。这部分负债在一般情况下应该由取得固定资产、无形资产等非流动资产形成的才对，但是很明显的是，两者金额根本对不上，各年度仍存在 1 264. 23 万元、1 481. 71 万元和 1 626. 44 万元的差额。

在此需要进一步说明的是，固定资产的增加有两种方式，一种是外购之后稍加调整即可进入使用状态，另一种是需要一定时期的建设，通过“在建工程”科目转入。而招股书中并未披露“在建工程”科目转入“固定资产”科目的情况，因此，前述内容中只是假设了报告期内新增的固定资产都不含通过“在建工程”科目转入的金额，而如果考虑转入的金额，则这个差异金额将会变得更为明显。

三、税费关系异常引出营收数据异常

招股书披露，报告期内，公司的营业收入分别为 24 103. 44 万元、27 444. 74 万元和 28 490. 52 万元，出现了持续增长，从常理来说，公司的增值税及城建税、教育费附加等也应该会随之发生相应增减变化才合理。

招股书中，翔港科技披露了增值税、城市维护建设税、教育费附加和地方教育费附加在“应交税费”中的具体金额。考虑受会计政策变更的影响，可以发现公司 2016 年应交税费中的增值税的绝大多数（518. 86 万元）都调增到“其他流动负债”，仅剩下 2. 74 万元，这不属于异常情况。而与之相关的城建税（占增值税 1%）、教育费附加（占增值税 3%）、地方教育费附加（占增值税 2%）等税费金额占比也无异常。

不过，需要注意的是，翔港科技 2014 年和 2015 年“应交税费”中的城建税占增值税比例大约只有 0. 5%，教育费附加占比只有 1. 5% 左右，而地方教育费附加占比在 1% 左右，而根据相关规定，这三项税费的占比应该分别在 1%（位于乡镇）、3% 和 2% 才对，出现如此差异是为什么？而税费上存在的这些差异，是否又意味着缴纳这些税费所依据的营业收入也不正常？

通过对翔港科技报告期内各年度营业收入与现金流量、应收款项等数据之间的核算比对，《红周刊》记者发现，2014 年几乎没有差异，2015 年有少量差异，而在 2016 年则出现了千万元级别的差异。

以 2016 年为例，公司营业收入 28 490. 52 万元，考虑增值税因素，含税营业收入为 33 333. 91万元，相比同期“销售商品、提供劳务收到的现金”项要多出 3 230. 62 万元。在财务勾稽关系中，这意味着除了销售收入体现的现金流外，这多出的收入还应当形成相应金额的新增应收款项，或者相应金额的预付款项减少，抑或这两项兼而有之。

2016 年翔港科技有应收账款 12 251. 60 万元（没有应收票据），上年的应收账款为

10 036.55 万元，同比增加了 2 215.06 万元，而同期的预收款项只有 43.47 万元，和上年的 24.78 万元相比，只增加了 18.70 万元。综合这两项金额的增加额，最后仍相差 1 034.26 万元，也就是说，有 1 000 多万元含税营业收入既没有形成现金流入，也没有形成新增的应收账款。

2015 年就没有 2016 年这么大的差异了。招股书披露，2015 年的营业收入为 27 444.74 万元，考虑 17% 的增值税销项税额因素，含税营业收入为 32 110.35 万元，这比当年的"销售商品、提供劳务收到的现金"项 27 816.55 万元要多出 4 293.80 万元。从财务勾稽关系看，该差额将会体现在资产负债表中应收款项和预收款项中。

资料显示，翔港科技 2015 年末应收款项余额为 10 036.55 万元，相比上年末的 6 119.14 万元大幅增加了 3 917.41 万元，而 24.78 万元的预收款项也比上年末的 51.46 万元减少了 26.68 万元。一增一减后，前述的 4 293.80 万元差额被缩小至 349.71 万元。同样的方法去测算 2014 年营业收入、现金流量与应收账款、预收款项的情况，可以发现，差额缩小到 37.94 万元，几乎可以忽略不计。

为什么表面上看增值税与城建税、教育费附加之间有正常比例关系的 2016 年，存在 1 000 多万元营收不仅未形成现金流入，且也未形成新增应收账款现象，而在税费的比例关系异常的 2014 年和 2015 年，其营业收入与现金流、负债之间的财务勾稽关系又显得正常？

（资料来源：红周刊 http：//www.hongzhoukan.com）

同步练习参考答案

一、单项选择题

1. C　2. C　3. A　4. A　5. B　6. A　7. D　8. C　9. B　10. D　11. D　12. D　13. C　14. B　15. D　16. B　17. C　18. D　19. C　20. D　21. C　22. B　23. D　24. D　25. A

二、多项选择题

1. ACD　2. ABCD　3. ACD　4. ACDE　5. BD　6. ADE　7. BC　8. DE　9. ADE　10. ABC　11. ABC　12. ACDE　13. ABE　14. CDE　15. ABC　16. ADE　17. ABDE　18. AB　19. AC　20. BCDE

三、判断题

1. ×　2. ×　3. ×　4. ×　5. √　6. ×　7. ×　8. ×　9. ×　10. √　11. √　12. √　13. √　14. ×　15. √　16. ×　17. √　18. ×　19. ×　20. ×　21. ×　22. √　23. ×　24. √　25. √

四、解答题（略）

五、计算题

1. 根据表 10－11 信息资料计算流动比率。

表 10－11　流动比率相关信息资料　单位：元

项目 年份	流动资产	流动负债
2016	12 880 254 550. 42	11 395 679 131. 64
2015	4 026 881 793. 95	3 140 598 164. 77

①2015 年流动比率＝流动资产÷流动负债＝1. 13

②2016 年流动比率＝流动资产÷流动负债＝1. 28

2. 根据表 10－12 信息资料计算速动比率。

表 10－12　速动比率相关信息资料　单位：元

项目 年份	流动资产	存货	流动负债
2015	12 798 131 095. 88	2 563 150 425. 96	11 503 881 726. 35
2016	4 026 881 793. 95	842 626 264. 04	3 140 598 164. 77

①2015 年速动比率＝速动资产÷流动负债＝0. 89

②2016 年速动比率＝速动资产÷流动负债＝1. 01

3. 根据表 10－13 信息资料计算现金比率。

表 10－13　现金比率相关信息资料　单位：元

项目 年份	现金	现金等价物	流动负债
2016	3 540 250 569. 18	237 310. 00	11 503 881 726. 35

2016 年现金比率＝（现金＋现金等价物）÷流动负债＝0. 31

4. 根据表 10－14 信息资料计算现金流量比率。

表 10－14　现金流量比率相关信息资料　单位：元

项目 年份	现金流量净值	流动负债
2015	363 094 845. 27	11 503 881 726. 35
2016	4 126 759 461. 00	8 032 173 429. 00

①2015 年现金流量比率＝经营活动产生的现金流量净额÷流动负债＝ 0. 03

②2016 年现金流量比率＝经营活动产生的现金流量净额÷流动负债＝ 0. 05

5. 根据表 10－15 信息资料计算资产负债率。

表 10－15　资产负债率相关信息资料　单位：元

项目 年份	负债总额	资产总额
2015	11 889 231 089. 28	19 408 761 849. 95
2016	10 082 517 721. 00	56 716 002 774. 00

①2015 年资产负债率＝负债总额÷资产总额＝ 46. 47%

②2016 年资产负债率 = 负债总额 ÷ 资产总额 = 47.78%

6. 根据表 10 - 16 信息资料计算资产负债率。

表 10 - 16　股东权益比率相关信息资料　单位：元

年份＼项目	股东权益总额	负债总额
2015	5 347 209 448.26	19 408 761 849.95
2016	46 633 485 053.00	56 716 002 774.00

①2015 年股东权益比率 = 股东权益总额 ÷ 资产总额 = 0.276

②2016 年股东权益比率 = 股东权益总额 ÷ 资产总额 = 0.822

③2015 年权益乘数 = 资产总额 ÷ 股东权益总额 = 3.63

④2016 年权益乘数 = 资产总额 ÷ 股东权益总额 = 1.22

7. 根据表 10 - 17 信息资料计算产权比率。

表 10 - 17　产权比率相关信息资料　单位：元

年份＼项目	股东权益总额	负债总额
2015	5 347 209 448.26	11 889 231 089.28
2016	46 633 485 053.00	10 082 517 721.00

①2015 年产权比率 = 负债总额 ÷ 股东权益总额 = 0.45

②2016 年产权比率 = 负债总额 ÷ 股东权益总额 = 0.04

8. 根据表 10 - 18 信息资料计算利息保证倍数。

表 10 - 18　利息保证倍数相关信息资料　单位：元

年份＼项目	税前利润	利息费用
2015	619 846 038.78	33 747 919.90
2016	5 382 698 714.00	177 783 878.00

①2015 年利息保证倍数 =（税前利润 + 利息费用）÷ 利息费用 = 19.37

②2016 年利息保证倍数 =（税前利润 + 利息费用）÷ 利息费用 = 31.27

9. 答：

（1）权益乘数 = 资产总额 ÷ 所有者权益总额 =（负债总额 + 所有者权益总额）÷ 所有者权益总额

2016 年权益乘数 = [（19 037 + 21 132）÷ 2] ÷ [（4 389 + 4 038）÷ 2] = 4.77

权益乘数为 4.77，表明每 4.77 元的资产中包含 1 元的权益；指标越大，对负债经营利用的越充分，但反映企业的偿债能力越弱。

（2）资产负债率 = 负债总额 - 资产总额产权比率 = 负债总额 ÷ 所有者权益总额

2015 年资产负债率 =（4 059 + 5 293 + 7 742）÷ 21 132 = 80.89%

2016年资产负债率 =（3 422 +4 359 +6 867）÷ 19 037 =76.94%

2015年产权比率 =（4 059 +5 293 +7 742）÷4 038 =4.23

2016年产权比率 =（3 422 +4 359 +6 867）÷4 389 =3.34

该公司资产负债率和产权比率都呈下降趋势，说明公司债务占资产的比重有所下降，企业的偿债能力有所提高。

10. 答：

（1）两个指标：利息保障倍数和现金流量利息保障倍数。

（2）利息保障倍数 =（利润总额 + 利息费用）÷利息费用 =（5 000 +400）÷400 = 13.5

利息保障倍数较高，说明该公司支付利息的能力比较强。

所得税支出 = 利润总额 × 所得税率 =5 000 ×25% =1 250（万元）

现金流量利息保障倍数 =（经营活动现金净流量 + 现金所得税支出 + 现金利息支出）÷现金利息支出 =（9 000 +1 250 +400）÷400 =26.63

该公司经营活动所带来的现金流量对利息偿付的保障程度较高。

第十一章　企业增长能力分析

内容概要

一、重点、难点

1. 重点：利用资产增长率、销售增长率和收益增长率等增长能力指标评价企业的增长质量。
2. 难点：运用增长率指标分析企业的增长能力。

二、基本要求

1. 了解增长能力分析的基本内容与基本方法。
2. 解增长能力的内涵；明确增长能力分析的目的。
3. 掌握资产增长率、销售增长率、收益增长率和可持续增长率等指标的内涵、计算和分析方法，掌握并运用增长率指标分析企业的增长能力。

三、章节内容

第一节　增长能力分析的目的与内容

（一）增长能力分析的目的

企业的增长能力，又称发展能力，也称企业的成长性，通常是指企业通过自身的生产经营活动，不断扩大积累而形成的发展潜能和发展趋势，如营业收入的不断增长、资金投入的不断增加、企业规模的不断扩大等能力。

企业增长能力分析的目的主要体现在：

（1）利用增长能力的有关指标衡量和评价企业的增长潜力，判断企业拥有资源的潜力。通过企业资产的增长能力分析，可以判断企业拥有资源的服务潜力、未来创利能力、变现能力等变化趋势。

（2）通过企业增长能力分析发现影响企业增长的关键因素，调整企业策略，正确确定企业未来发展的速度和政策。企业策略研究表明，在企业市场份额和行业分析既定的情况下，如果企业采取一定的经营策略和财务策略，就能够使企业的价值实现最大化。

（3）对企业的增长能力进行深入分析，对企业股东而言，可以衡量企业创造股东价值的能力；对经营者而言，可以发现影响企业未来的关键因素，从而采取正确的经营策略；对潜在投资者而言，可以分析评价企业的成长性，从而选择合适的目标企业进行投资；对债权人而言，可以判断企业未来的营利能力，从而做出正确的信贷决策。

（二）增长能力分析的内容

1. 增长能力指标分析。

企业的增长能力主要是指企业的资产、营业收入、收益等方面的发展趋势和发展速度，而为了更加全面、准确地分析企业的未来发展趋势和发展速度，我们可以借助一些财务指标对企业增长能力进行分析。

（1）资产增长能力分析，主要是对资产增长率进行分析与评价；

（2）销售增长能力分析，主要是对销售增长率进行分析与评价；

（3）收益增长能力分析，主要是对营业利润增长率和净利润增长率进行分析与评价。

2. 持续增长策略分析。

一个企业为了达到持续增长，通常需要利用销售政策、资产营运政策、融资政策和股利政策四个经济杠杆。前两者组成了企业的经营策略；后两者构成了企业的财务策略。因此持续增长策略分析内容包括：

（1）分析影响企业持续增长的因素，确定企业的可持续增长率；

（2）分析企业为达到发展目标应选择的增长策略，包括经营策略分析和财务策略分析两个方面。

第二节　增长能力分析指标

（一）资产增长率

资产增长率指标的定义和计算。

资产增长率是指本年总资产增长额同年年初（即上年年末）资产总额的比率，该指标从企业资产总量扩张方面衡量企业的发展能力，表明企业规模增长水平对企业发展后劲的影响。其计算公式为：

$$资产增长率 = \frac{本年总资产增长额}{年初总资产总额} \times 100\%$$

资本积累率是用于衡量企业所有者权益增长幅度的指标。其计算公式为：

$$资本积累率 = \frac{本年所有者权益增加额}{年初所有者权益} \times 100\%$$

（二）销售增长率

销售增长率指标的定义和计算。

销售增长率是指企业本年销售收入增长额同年年初（即上年年末）销售收入总额的比率。其计算公式如下：

$$销售增长率 = \frac{本年销售收入增长额}{年初销售收入总额} \times 100\%$$

（三）收益增长率

1. 营业利润增长率指标的定义和计算。

营业利润增长率又称作销售利润增长率，是企业本年营业利润增长额与上年营业利润总额的比率，反映企业营业利润的增减变动情况。利用营业利润增长率这一指标可以较好地考察企业的发展性。营业利润增长率的计算公式如下：

$$营业利润增长额=\frac{本年营业利润增长额}{年初营业利润额}\times100\%$$

其中：本年营业利润增长额 = 本年营业利润总额 - 上年营业利润总额

营业利润增长率越大，说明企业营业利润增长得越快，表明企业持续发展能力越强，企业的营利质量也就越高；营业利润增长率越小，说明企业营业利润增长得越慢，企业收益降低，营利质量不高。

2. 净利润增长率指标的定义和计算。

净利润是企业经营业绩的结果。因此净利润的增长是企业发展性的基本表现。净利润增长率的计算公式为：

$$净利润增长率=\frac{本年净利润增长额}{年初净利润}\times100\%$$

第三节　可持续增长策略分析

（一）可持续增长率

1. 可持续增长率指标定义和计算。

可持续增长率是企业当前经营策略和财务策略决定的内在增长能力。具体来说是指在不增发新股并保持目前经营策略和财务策略条件下，公司销售所能增长的最大比率。

可持续增长率 = 股东权益增长率 = 净资产收益率 ×（1 - 股利支付率）

2. 影响企业可持续增长率的因素分析。

（1）销售净利率。该指标是衡量企业生产经营的营利能力的，用来度量经营效率对企业增长能力的影响。

（2）总资产周转率。该指标是衡量企业资本营运能力的指标，用来度量资产使用效率对企业增长能力的影响。

（3）权益乘数。权益乘数是资产与权益之比，该指标表示企业的负债程度，权益乘数越大，企业负债程度越高，能给企业带来较大的杠杆利益，同时也给企业带来较大的风险。用来度量融资策略对企业增长能力的影响。

（4）股利支付率。股利支付率是指净收益中股利所占的比重，它反映企业的股利分配政策和支付股利的能力。该指标用来度量股利政策对企业增长能力的影响。

（二）可持续增长策略分析

1. 企业经营策略分析。

企业的经营策略分析实质是研究提高企业销售净利率和资产周转率的途径。因此，企业的经营策略分析就包括销售净利率分析和资产周转率分析两个方面：

（1）销售净利率分析。企业的销售净利率反映了企业控制产品价格和产品成本的能力，这是由企业所处的行业以及企业所采用的竞争战略决定的。因此，销售净利率的分析必须以行业分析和竞争战略分析为基础。

（2）资产周转率分析。对企业资产周转率的分析，需对影响资产周转的各因素进行分析，除了对资产的各构成部分在占用量上是否合理进行分析外，还应该分析流动资产周转率、存货周转率、应收账款周转率等有关组成部分的使用效率，以判明影响企业资产周转的主要问题出在哪里。

2. 企业财务策略分析。

如果经营者认为企业将长期保持较高的速度增长，此时可以考虑的财务策略主要包括增加权益资本、提高财务杠杆系数、降低股利支付率等。

（1）积极吸收权益资本；

（2）适度提高财务杠杆系数；

（3）合理降低股利支付率，保留更多的净利润在企业内部。

同步练习

一、单项选择题

1. 下列选项中，属于企业财务发展能力分析指标的是（　　）。

A. 股利增长率　　B. 销售增长率

C. 总资产增长率　　D. 资产成新率

2. 下列项目中，不属于企业资产规模增加的原因的是（　　）。

A. 企业对外举债　　B. 企业实现营利

C. 企业发放股利　　D. 企业发行股票

3. 可以反映股东权益账面价值增加变化的指标是（　　）。

A. 权益乘数　　B. 股东权益增长率

C. 产权比率　　D. 三年资本平均增长率

4. 下列指标中，用以评价股东权益的增长更有意义的是（　　）。

A. 股东权益增长率　　B. 净资产收益率

C. 股东净投资率　　D. EVA 改善率

5. 下列各项中，属于企业发展能力分析框架内容的是（　　）。

A. 企业竞争能力分析　　B. 企业管理能力分析

C. 企业自我保护能力分析　　D. 企业营销能力分析

6. 下列指标中，属于增长率指标的是（　　）。

A. 产权比率　　B. 资本收益率　　C. 不良资产比率　　D. 资本累积率

7. 如果说生存能力是企业实现营利的前提，那么企业实现营利的根本途径是（　　）。

A. 发展能力　　B. 营运能力　　C. 偿债能力　　D. 资本积累

8. 从根本上看，一个企业的股东权益增长应主要依赖于（　　）。

A. 净资产收益率　　B. 股东净投资率

C. 净损益占营业收入比率　　D. 资本累积率

9. 下列各项中，不属于企业发展能力分析框架内容的是（　　）。

A. 企业竞争能力分析　　B. 企业管理能力分析

C. 企业周期分析　　　　　　　　　D. 企业发展能力财务比率分析

10. 下列计算股东权益增长率的公式中，正确的是（　　）。

A.（本期股东权益期末余额÷股东权益期初余额）×100%

B.（本期股东权益增加额÷上期股东权益期末余额）×100%

C. 本期股东权益增加额÷上期股东权益期初余额×100%

D. 净资产收益率+股东净投资率

11. 下列不属于利润增长来源的是（　　）。

A. 企业正常经营活动带来的利润增长

B. 不构成企业日常经营活动的投资活动产生的收益

C. 非经常性收益项目，如资产重组收益、债务重组收益、财政补贴等

D. 股东对企业当年的新增长投资

12. 资本积累率是指（　　）。

A. 企业本年股本增长额同年年初股本的比率

B. 企业本年资本公积增长额同年年初资本公积的比率

C. 企业本年留存收益增长额同年年初留存收益的比率

D. 企业本年所有者权益增长额同年年初所有者权益的比率

13. 可以反映股东权益账面价值增减变化的指标是（　　）。

A. 权益乘数　　　　　　　　　　B. 股东权益增长率

C. 权益比率　　　　　　　　　　D. EVA 改善率

14. 下列关于 EVA 说法错误的是（　　）。

A. 相较于股东权益增长率，EVA 更真实地反映了企业的股东权益增长能力

B. EVA 改善率越大，表明公司的增长能力越强，反之，则表明公司增长能力越弱

C. 与传统财务指标相比，EVA 考虑了全部资本成本

D. EVA 改善率的计算仅扣除了股东权益资本成本，没有扣除债务资本成本

15. 利用财务报告对企业进行发展能力分析时，不涉及的方面是（　　）。

A. 企业竞争能力分析　　　　　　B. 企业周期分析

C. 企业发展能力财务比率分析　　D. 企业发展能力战略分析

16. 如果企业采取外向规模增长政策，对其发展能力的分析重点应该是（　　）。

A. 产品质量的优劣　　　　　　　B. 企业资产或资本的增长

C. 销售增长及资产使用效率　　　D. 产品价格的竞争优势

17. 下列关于资产增长率分析说法错误的是（　　）。

A. 企业资产增长率高并不意味着企业的资产规模增长就一定适当

B. 企业的销售增长，利润增长超过资产规模增长属于效益型增长

C. 在分析资产增长率时不需要分析企业资产增长的来源

D. 为全面认识企业资产规模的增长趋势和增长水平，应将企业不同时期的资产增长率加以比较

18. 如果企业某一种产品处于成熟期，其收入增长率的特点是（　　）。

A. 收入增长率较高

B. 与上期相比，收入增长率变动不大

C. 收入增长率较低

D. 与上期相比，收入增长率变动非常小，甚至为负数

二、多项选择题

1. 下列指标中，能够反映企业发展能力的有（　　）。

A. 销售增长率　　B. 三年销售平均增长率

C. 总资产增长率　　D. 固定资产成新率

E. 股利增长率

2. 企业单项发展能力包括（　　）。

A. 资产发展能力　　B. 收益发展能力

C. 营业收入发展能力　　D. 负债发展能力

E. 股东权益发展能力

3. 下列各项中，影响企业发展能力的有（　　）。

A. 企业竞争能力的强弱　　B. 企业周期的阶段性特征

C. 企业营业发展能力　　D. 企业各项财务指标的好坏

E. 注册会计师的审计意见

4. 下列指标中，能够衡量企业财务发展能力的有（　　）。

A. 资产成新率　　B. 资产周转率

C. 资本积累率　　D. 股利增长率

E. 销售增长率

5. 可以用来反映企业收益增长能力的财务指标有（　　）。

A. 净利润增长率　　B. 收入增长率

C. 总资产报酬率　　D. 资本累积率

E. 营业利润增长率

6. 一个发展能力强的企业，表现为（　　）。

A. 资产规模不断增加　　B. 营运效率不断提高

C. 股东财富持续增长　　D. 财务风险不断加大

E. 营利能力不断增强

7. 下列说法中正确的有（　　）。

A. 股东权益增长率越高，表现企业本期股东权益增加得越多

B. 股东权益增长率是受净资产收益率、股东净投资率、净损益占股东权益比率这三个因素驱动

C. 计算股东权益增长率时用到的“净利润”没有扣除非经常性损益

D. 相较于股东权益增长率，EVA 改善率更真实地反映了企业的股东权益增长能力

E. 一个企业的股东权益增长应主要依赖于企业运用股东投入资本所创造的利润

8. 产品竞争能力分析的主要内容包括（　　）。

A. 产品质量的竞争能力分析　　B. 产品品种的竞争能力分析

C. 产品成本的竞争能力分析　　D. 产品售后服务的竞争能力分析

E. 产品价格的竞争能力分析

9. 下列说法中正确的有（　　）。

A. 如果一个企业营业收入增长但利润并未增长，那么从长远看，它并没有增加股东权益

B. 判断企业收入增长率是否合理时，应该将其与企业成本增长率和费用增长率进行对比分析

C. 如果其业的营业利润增长率高于企业营业收入增长率，说明企业为成长型公司

D. 如果企业的营业利润增长率低于营业收入增长率，说明企业营利能力并不强，企业营业利润发展潜力受限，此时企业产品进入成熟期或衰退期

E. 应将企业连续的多期的净利润增长率和营业利润增长率指标进行对比分析

10. 对于收入增长率，下列表述中正确的有（　　）。

A. 它是评价企业成长状况和发现能力的重要指标

B. 收入增长率不会受到一些偶然的和非正常的因素的影响

C. 企业应收账款增长率大于企业收入增长率，表明企业应收账款管理存在问题

D. 收入增长率为正数，则说明企业本期销售规模增加；收入增长率为负数，则说明企业销售规模减少，销售出现负增长，则说明销售情况较差

E. 资产重组、外汇汇率变动以及会计政策或会计估计变更也可能会带来收入的增加

11. 下列关于权益资本成本率的观点正确的有（　　）。

A. 可以采用资本资产定价模型和风险溢价模型求得企业的权益资本成本率

B. 对于非上市公司来说，可以参考可比公司计算其自身的权益资本成本率

C. 可以用企业的债务资本成本代替

D. 权益资本成本率也就是股东权益报酬率

E. 权益资本成本率等于股利收益率加资本利得收益率

12. 影响 EVA 改善率增减变化的因素包括（　　）。

A. 股东净投资率　　B. 净资产收益率

C. 权益资本成本率　　D. 净资产

E. 净利润增长率

13. 下列说法中正确的有（　　）。

A. EVA 改善率考虑了权益资本成本

B. 股东权益增长率没有反映股东权益的真实增长

C. 股东权益增长率的计算扣除了债务资本成本

D. 股东权益增长率的计算忽略了对权益资本成本的补偿

E. EVA 改善率的计算没有扣除债务资本成本

14. 股东权益增长率的大小直接取决于的因素有（　　）。

A. 净资产收益率　　B. 总资产周转率

C. 总资产报酬率　　D. 股东净投资率

E. 净损益占股东权益比率

15. 有关企业发展能力分析，下列说法正确的有（　　）。

A. 企业发现能力的大小是一个相对概念，即分析期的股东权益、利润、收入和资产是相对于上一期的股东权益、利润、收入和资产而言的

B. 企业发展能力分析的目的之一是满足相关利益者的决策需求

C. 企业整体发展能力分析就是通过对股东权益增长率、利润增长率、收入增长率、资产增长率等指标进行相互比较与全面分析，综合判断企业的整体发现能力

D. 企业不同方面的增长率相互作用、相互影响，只有将各方面的增长率交叉比较分析，才能全面分析企业的发展能力

E. 仅利用增长额对比分析也能准确反映企业的发展能力

三、判断题

1. 快速成长期的企业的投资现金流通常情况下为正。（　　）

2. 企业能否持续增长对投资者、经营者至关重要，但对债权人而言相对不重要，因为他们更关心企业的变现能力。（　　）

3. 产业增长期内，一般产品的研发费用高，销售和利润增长速度快，产业内的竞争加剧。（　　）

4. 企业资产增长率越高，则说明企业的资产规模增长势头一定越好。（　　）

5. 市场销售增长率与产品生命周期的对应关系是：市场销售增长率在 1%~10% 间处于成长期，大于 10% 处于成熟期，小于零则认为已进入衰退期。（　　）

6. 尽管一个企业的价值在短期内可以通过筹集和投入尽可能多的资本来获得增加，但这种行为引起的增长不具有可持续性，而且它忽视了股东权益资本应获得合理投资报酬的事实。（　　）

7. 总资产增长率指标越高，表明企业一个经营周期内资产经营规模扩张的速度越快，企业发展后劲也就越大。（　　）

8. 获利能力强的企业，其增长能力也强。（　　）

9. 在产品生命周期的成熟期，产品销售收入增长率一般趋于稳定，与上期相比变化不大。（　　）

10. 只有把四种类型的增长率指标互相联系起来进行综合分析，才能正确评价一家企业的整体发展能力。（　　）

11. 增长能力大小是一个相对的概念。（　　）

12. 根据产品生命周期理论，每种产品的生命周期一般可以划分为三个阶段：投放期、成熟期和衰退期。（　　）

13. 从长远角度上看，上市公司的增长能力是决定公司股票价格上升的根本因素。（　　）

14. EVA 主要受净资产收益率、股东权益资本成本率、净资产这三个因素影响。（　　）

15. 股利支付率越高，可持续增长率就越高。（　　）

四、解答题

1. 增长能力分析的含义是什么？

2. 增长能力分析的目的是什么？

3. 如何理解可持续增长率的内涵？

4. 为什么在进行销售增长分析时要结合资产增长率？

5. 如何正确分析企业资产增长的来源？

6. 如何正确理解收益增长率分析中的效益性原则？
7. 影响可持续增长率的因素有哪些？
8. 为什么在应用增长率指标分析企业增长能力时应注意指标之间的关系？

五、计算题

1. 某公司2013—2016年有关的会计资料见表11－1：

表11－1　某公司发展能力评价相关会计资料　单位：万元

项目	2013年	2014年	2015年	2016年
资产总额	1 711	2 061	2 759	3 879
所有者权益	996	1 235	1 679	2 394
主营业务收入	5 720	7 742	10 839	15 516
净利润	498	688	1 091	1 616

要求：根据上述资料分析评价公司的发展能力。

2. A公司生产甲产品，从2013年开始连续4年的营业收入分别为540万元、675万元、928万元、1 380万元。

要求：

（1）计算各年销售增长率；

（2）判断甲产品所处生命周期的阶段。

3. 甲公司2013—2016年销售收入分别是1 000万元，1 300万元，1 500万元和1 200万元。要求：计算该公司每年的销售增长率和近三年的销售平均增长率。

4. T公司2013—2016年有关的财务数据见表11－2：

表11－2　丁公司相关财务信息　单位：万元

项目	2013年	2014年	2015年	2016年
资产总额	1 800	2 050	2 580	3 090
所有者权益	990	1 280	1 690	2 180
主营业务收入	5 860	6 580	7 850	8 860
每股股利	0.45	0.51	0.55	0.6

要求：（1）根据上述资料填写下表空格数据。

表11－3　丁公司发展能力评价相关财务指标

财务指标	2013年	2014年	2015年	2016年
销售增长率				
资本积累率				
总资产增长率				
股利增长率				

（2）简要分析评价丁公司的发展能力。

六、业务题

1. 表11－4是利飞公司2012—2015年有关会计资料。

表11－4　利飞公司有关会计资料　单位：万元

项目	2012年	2013年	2014年	2015年
资产总额	1 369	1 649	2 207	3 103
股东权益	797	988	1 343	1 915
营业收入	4 576	6 194	8 671	12 413
营业利润	674	913	1 298	1 866
净利润	398	550	873	1 293

要求：

（1）利用以上数据计算利飞公司的收入增长率，并分析其销售增长能力。你认为在分析增长时应特别注意哪些事项，以及分析销售增长能力对该公司还有哪些帮助？

（2）分析利飞公司的整体发展能力。

2. 表11－5是LF公司2013年、2014年和2015年3年的EVA改善率指标分析表。

表11－5　LF公司3年的EVA改善率指标分析表

项目	2013年	2014年	2015年
平均净资产（万元）	11 908 900	12 536 045	14 134 007
净资产收益率（%）	8.31	12.10	13.61
权益资本成本率（%）	6.40	7.31	7.52
EVA（%）			
EVA改善率（%）			

要求：利用因素分析法分析公司这几年EVA的变化，并指出对EVA改善率产生影响的主要原因有哪些？

案例导读

案例一：这些亮瞎眼球的公司，业绩同比暴增背后有何秘密？

Wind资讯数据显示，截至2017年8月10日，A股市场已有374家上市公司披露了正式中报，纵观这些公司业绩表现情况，目前净利润同比增长最高的3家公司分别是滨化股份、三峡新材和诚志股份，其中的滨化股份中报净利润同比增长率高达4 825.29%，三峡新材净利润同比增长率为4 252.14%，诚志股份净利润同比增长了2 632%。是什么原因驱动这3家公司中期业绩同比增长如此之高？

一、滨化股份

滨化股份所处行业为化工行业中的氯碱行业，报告期内，主营业务为有机、无机化工产品的生产、加工与销售，主要产品为烧碱、环氧丙烷、三氯乙烯等。从公司中报披露的数据来看，2017 年 1—6 月实现营业收入 30.72 亿元，比 2016 年同期的 20.64 亿元增长了 48.80%，归属母公司股东的扣非后净利润为 3.58 亿元，相比 2016 年同期的 4 600 多万元增长了 671.49%。回顾 2016 年全年，当时公司的营业收入也仅有 48.62 亿元，归属母公司股东的扣非净利润更是只有 3.25 亿元，相比之下，2017 年上半年所实现的归属母公司股东的扣非净利润已经超过了 2016 年全年。

对于中期净利润的大幅增长，滨化股份在中报中表示，上半年食品级液碱、片碱销量均较 2016 年同期增加 11%，共增加直接经济效益 684 万元。而对于利润的大幅增长，公司给出的解释是，公司的主导产品环氧丙烷、烧碱、三氯乙烯价格较去年同期都有一定程度的上涨，特别是烧碱产品市场形势良好，效益大幅增加，同时 2016 年同期子公司榆林滨化绿能有限公司计提了大额固定资产减值准备，对 2016 年同期利润影响较大。

产品销量增加，价格上涨，再加上对比周期减值准备等因素使滨化股份业绩表现优异，也直接反映到滨化股份近期的股价表现上，股价由 5 月 23 日最低时的 6.06 元至 8 月 2 日最高时的 9.58 元，两个多月时间上涨了 58.09%。

当然，近两个多月股价的大幅上涨与该公司在 7 月 28 日公布的与中国五洲工程设计集团有限公司以及北京清华工业开发研究院签署了战略合作框架协议也不无关系。公司与中国五洲、清华工研院三方共同建设滨州军民融合产业园暨高端化工产业园，包括位于滨州城区的军民融合产业园和位于北海新区的滨州高端化工产业园两部分。因合作之事涉军民融合题材，在这一协议公告后的第二天，滨化股份便受到了上交所的问询，而公司对此也进行相应回复。从哪个角度看，滨化股份的发展前景似乎都可圈可点，然而，大煞风景的事却是滨化股份大股东在 8 月 10 日发布的减持公告，公司董事、副总经理于江持、财务总监孔祥金将分别拟减持股份不超过 150 万股和 65 万股。按照 8 月 10 日收盘价计算，两人此次的减持如成功，将至少分别套现 1 284 万元和 556 万元。需要注意的是，早在 2015 年 6 月，就在滨化股份股价也处在阶段高位时，上述两人就曾精准减持，其中余江减持了 50 万股，套现 500 多万元，孔祥金减持了 2 万股，套现 24 万多元，而就在两人精准套现后，滨化股份的股价却是一路下跌。如今，随着公司股价重新出现大幅上涨后，滨化股份于 8 月 10 日又发布了减持公告，而股价也是应声下跌了 2.28%。那么，此次减持公告的出炉会否如 2015 年一样成为公司股价下滑的起点呢？

二、三峡新材

三峡新材于 7 月 14 日发布了半年度报告，从数据看，2017 年前 6 个月实现营业收入 60.28 亿元，相比上年同期 5.04 亿元，同比增长了 1 014.61%，归属于母公司公司股东的扣非净利润为 1.72 亿元，相比去年同期的 260 万元，同比增长更是高达6 494.94%。

从中报披露的内容看，三峡新材净利润实现大幅增长的原因主要是公司 2016 年下半年的并购重组。2016 年下半年，三峡新材完成了非公开发行股票工作，利用募集资金 217 000 万元收购了恒波公司 100% 的股权，使公司主营业务在原有的平板玻璃及玻璃深加工基础上，新增了移动互联网终端业务。从几大业务线的业绩收成看，原来的平板玻璃业务增长并不明显，上半年共销售平板玻璃 961.61 万重箱，同比减少了 129.45 万重箱，仅完成年度目标 44.73%；实现营业收入 5.87 亿元，同比仅增加 0.73 亿元。相比而言，2016 年完成并购的恒波公司 2017 年上半年整体营收规模高达 54.24 亿元，实现净利润达 12 652.95 万元。

然而需要注意的是，依照并购时恒波公司当时给出的业绩承诺，2015年、2016年、2017年及2018年，恒波公司税后净利润数（以归属于母公司股东的扣除非经常性损益前后孰低的净利润为准）分别为15 636.38万元、24 328.35万元、29 677.48万元及32 961.77万元。仅从2016年并购当年恒波公司实际营利看，仅实现了17 993.39万元，相较其业绩承诺的24 328.35万元，很明显根本没有达标。为此，公司也曾发布过致歉声明，但就今年上半年净利润数据12 652.95万元来看，全年能否达到业绩承诺的29 677.48万元仍存在很大不确定性。

另外值得一提的是，虽然三峡新材完成了对恒波公司的并购，资产规模出现大幅增加，收入和利润增幅也表现抢眼，但整体看其研发投入却没有多大变化。2017年前6个月研发支出仅为1 809万元，而在去年同期，在公司尚未并购完成时的研发支出就已经达到了1 785万元。

这种现象只能说明，上半年业绩增长虽然看起来很猛，但这只是建立在并购成本很高的基础之上，如今并购已经完成后且资产规模出现大幅扩大，但依然没有相应规模的研发投入，这种短期的业绩快速提升还能坚持多久呢？

三、诚志股份

仅从今年中报数据看，诚志股份中期业绩增长很唬人，2017年前六个月实现的营业收入高达28.11亿元，比去年同期的13.11亿元增长了114.30%，归属于母公司股东的扣非净利润则由去年亏损2 800多万元，到今年上半年实现营利4.03亿元，增幅高达1 539.83%。

然而，仔细分析诚志股份净利润大幅增长的原因，可以发现其一方面是由于去年同期大幅亏损，另一方面则与其最新并购有着很大关系。2016年年底，诚志股份募资124.86亿元，其中以97.52亿元的作价收购了南京诚志［原名为：惠生（南京）清洁能源股份有限公司］99.6%股权，27.34亿元用于建设南京诚志全资子公司惠生新材料的60万吨/年MTC）项目。今年初，公司又以3 800万元收购了南京诚志其他0.4%的股权。而正是因对南京诚志的并购，让诚志股份今年上半年净利润表现一鸣惊人。

南京诚志是国内领先的工业气体及基础化工原料综合运营商，运营模式基于产业园区，主要为大型下游客户提供基础化工原料综合配套。主要产品是工业气体产品（包括合成气、一氧化碳、氢气等），以及乙烯、丁辛醇等基础化工原料产品，其中工业气体产品、乙烯主要销售给南京化学工业园区内其他下游生产企业，丁辛醇及部分乙烯销往园区外其他长三角下游客户。

在收购前，诚志股份的业务比较复杂，有TN型、STN型、TFT型等系列液晶显示材料以及ITO导电玻璃、显示器减薄玻璃、真空镀膜玻璃、手机屏幕玻璃、各种规格模组、触摸屏、显示器等化工产品的生产和销售，有机动车尾气激光遥感监测仪器的研发、生产、销售、服务，有D－核糖、L－谷氨酰胺等生命科技产品的生产和销售，还提供医疗健康服务以及化工原料为主的相关贸易。而正因业务的复杂性，在收购南京诚志之前，该公司在2014年、2015年还分别亏损了1 130万元和584万元，而在并购前的2016年前三个季度归属于上市公司股东的扣除非经常性损益的净利润也都一直在亏损，等到了第四季度完成收购后，才一扭颓势，使2016年全年扭亏为盈，实现归属于上市公司股东的扣除非经常性损益的净利润3 826万元。就今年上半年诚志股份业绩贡献来看，子公司南京诚志实现的营业收入为8.03亿元，净利润为6.85亿元，其净利润贡献数超过了合并报表的3.88亿元净利润，也就是说，如果不考虑南京诚志的贡献，则诚志股份原有业务在今年上半年是大幅亏损的。

由上述分析来看，诚志股份看似超乎寻常的业绩增长，其实质还是源自并购的贡献，原主营业务依然低迷。而诚志股份所存在的提升业绩方法也正是今年以来很多业绩下滑的创业板公司正在积极运作的事，希望通过高成本并购来刺激短期业绩增长。

（资料来源：红周刊 http：//www. hongzhoukan. com）

案例二：蓝黛传动固定资产增长存疑

重庆蓝黛动力传动机械股份有限公司（简称“蓝黛传动”）近日发布了更新版招股说明书，为其 IPO 做最后的冲刺准备。

然而，从公司披露的财务信息显示，该公司近年来经营业绩呈“过山车”式波动。报告期内，该公司 2013 年主营业务相较 2012 年下降了 6.29%，而到了 2014 年又出现高达 19.24%的增长，很显然公司的营业收入波动过大，经营态势并不稳定。

数据显示，蓝黛传动营业收入近八成是来自于前五大客户，其中 2012 年前五大客户的销售额占其营业总收入的比例高达 77.70%，2013 年这一比例增长到 82.74%，而到了 2014 年，比例为 84.86%。而正是这种营业收入高度集中于前五大客户的现状，大客户自身经营一旦出现异动则会给蓝黛传动带来巨大影响。如在 2012 年和 2013 年，因国际社会对伊朗进行制裁，致使蓝黛传动大客户中韩国卡斯特和伊朗赛帕汽车先后从其前五大客户名单中消失，就直接导致公司营业收入在这两年中分别下降了 11.74%和 6.29%。

一、神秘的“帝瀚动力”

据招股书介绍，重庆帝瀚动力机械有限公司（简称“帝瀚动力”）由蓝黛传动与其全资子公司重庆蓝黛科博传动技术有限公司（简称“蓝黛科博”）以及重庆力帆汽车发动机有限公司（简称“重庆力帆”）共同出资成立，其中蓝黛传动出资占比 32%；蓝黛科博出资占比 32%；重庆力帆出资占比 36%。

查询蓝黛动力招股书和力帆股份 2013 年年度报告，发现帝瀚动力的管理层很多都是由力帆股份和蓝黛动力两家公司的管理层兼任。从资料来看，重庆蓝黛和力帆股份之间存在着千丝万缕的联系，换句话说，重庆蓝黛一旦上市成功，则控股子公司帝瀚动力必然从中受益而实力大增，相应地，作为共同控股方的力帆股份也会由此沾光，因此重庆蓝黛能否成功上市对于力帆股份来说意义非常重大，从经营角度考虑，他们之间的交易难免会存在利益倾斜和利益输送的可能，依据实质重于形式的原则，双方应该属于关联公司，其之间的交易应当属于关联交易。

事实上从蓝黛传动经营情况看，在 2012 年和 2013 年力帆股份均为其第二大客户，2014 年则更进一步跃升为第一大客户，在这 3 年里，力帆股份每年为蓝黛传动贡献的销售额都高达亿元之多，2014 年贡献的销售额更是高达 2.4 亿元，占当年营业收入的比例高达 30.78%。就目前的发展趋势看，双方的这种“密切交往”仍在不断加强中，这种“密切交往”带给蓝黛传动的自然是对力帆股份越来越强的依赖性。仅报告期内的这 3 年中，双方之间的关联交易金额就超过了 6 亿元。但如此巨额的关联交易，蓝黛传动却未能进行相应披露。

二、高新技术企业资质存疑

除了关联交易不予披露，蓝黛传动高新技术企业资质的招牌也疑点重重。

据了解，蓝黛传动一直以高新技术企业的身份进行经营活动，而高新技术企业这块金字招牌不但能给企业带来荣誉之名，每年还能为企业带来不菲的政府补助和税收优惠等好处。据《关于公布重庆市2014年复审高新技术企业名单的通知》来看，蓝黛传动已经通过了复审，其高新技术企业的招牌有效期从2014年9月22日至2017年9月21日。然而据蓝黛传动所公布的资料看，其高新技术企业资质申报疑点重重。

据招股书介绍，截至2014年12月31日，蓝黛传动（含控股子公司）在册员工总数为1 764人，大专以上学历人数为537人，占总人数的比重为30.44%。依据高新技术企业的相关认定条件，具有大学专科以上学历的科技人员须占企业当年职工总数的30%以上，其中研发人员占企业当年职工总数必须在10%以上。照此来看，其学历标准在人数上已经达标，但在企业实际经营中，大专以上学历员工并非一定都为科技人员，在近些年大学扩招的大背景下，很多管理人员和销售人员的学历并不低，而其恰巧踩着红线的达标数据未免太巧合，难免让人怀疑其有凑数的嫌疑。

公司在介绍研发机构和专业技术人员构成时，蓝黛传动在招股书中表示：公司的研究开发工作由技术中心具体负责，作为重庆市市级企业技术中心，技术中心承担新产品开发、工艺开发、工装开发、知识产权研究、项目合作开发等职能。技术中心拥有各类研发人员72人，其中高级工程师2人，工程师11人，公司技术人员主要来源于公司内部培养，部分为引进的高级技术人才。由此我们不难计算出其研发人员占当年职工总人数的比例仅仅为4.08%，根本达不到10%的相关要求。那么，公司的高新技术企业的金字招牌究竟是如何弄到手的呢？

在蓝黛传动员工专业结构中，其技术人员为193人，占员工总数的比例达到了10.94%，正好超过10%的红线。而有专业人士表示，很多企业在申请高新技术企业过程中，为了达标，就会拿技术人员来“浑水摸鱼”充当研发人员，企图蒙混过关。然而技术人员并非都是研发人员，这显然与高新技术企业认定的相关要求是不相符的。而蓝黛传动是否真的是蒙混过关的，我们并不知晓，就以上数据来看，其高新技术企业的招牌显然是有“水分”的。

三、涉嫌虚增资产

另外，依据蓝黛传动招股书数据来看，其固定资产的快速增长，并没有充足的现金支撑，那么这些固定资产的增长，又是如何实现的呢？

正常情况下，企业固定资产、无形资产及其他长期资产的增加，伴随着相应的资金支出，因此企业资产的增加与投入应该相匹配才对。

我们先来看一下蓝黛传动的固定资产增长情况，据招股书显示，报告期内其固定资产原值每年都有6 000多万元的增加额度，也就是说，如果不考虑在建工程转为固定资产的话，每年应该有差不多金额的资金投入才对，然而在其现金流量表中，购建固定资产、无形资产和其他长期资产支付的现金却每年都低于固定资产原值增加的金额，而且每年的差额都上千万元，尤其2014年，固定资产增加额比其实际支出的现金多出近4 000万元。

实际上，购建固定资产、无形资产和其他长期资产支付的现金，不仅包括固定资产增值支付的现金，还包括了在建工程增加支付的现金，以及取得无形资产和其他长期资产支付的现金。那么蓝黛传动2014年固定资产的新增会不会是因为该年度其在建工程转为固定资产而产生的呢？答案是否定的，因为在报告期内，其在建工程金额每年都在增加。2012年年末，2013年年末和2014年年末，该公司在建工程余额分别为2 867.43万元、3 051.06万元和3 108.46万元。其中2013年年末公司在建工程净值增加183.63万元，增长6.40%，2014年年末公司在建工程净值增加57.40万元，增长1.88%。也就是说即使2013年年末的在建工程全部转为2014年的固定资产，再加上当年支付的全部现金，总计也仅仅5 200多万元，无法实现固定资产原值增加6 000多万元的结果，而更别说2014年还有3 100多万元的在建工程。

蓝黛传动没有现金支出的这部分固定资产的新增，有没有可能是企业以应付账款方式获得的呢？答案仍然是否定的，因为蓝黛传动在招股书中表示，其应付账款主要为原材料款和加工费。也就是说机器设备及工程方面的费用占比不会很大。而2014年蓝黛传动应付账款总计1.11亿元，但是报告期内固定资产增加金额总计高出了其现金支付部分达6 000多万元，如果没有现金支出这部分固定资产新增真是应付账款形成，则应付账款的结构与其招股书描述明显不符，显然不可能是应付账款形成的。

再看无形资产，蓝黛传动2013年年末无形资产账面价值为9 063.82万元，较上年末减少209.17万元，2014年年末公司无形资产账面价值为8 788.68万元，较2013年年末减少275.14万元，对于此减少情况，该公司解释为主要是正常摊销所致。也就是说报告期内该公司在无形资产方面，并没有大额的投入。那么这多出的数千万元固定资产，究竟从何而来呢？这让人不得不怀疑蓝黛传动是否涉嫌虚增固定资产。

（资料来源：红周刊 http：// www.hongzhoukan.com）

同步练习参考答案

一、单项选择题

1. B　2. C　3. B　4. D　5. A　6. D　7. A　8. A　9. B　10. B　11. D　12. D　13. B　14. D　15. D　16. B　17. C　18. B

二、多项选择题

1. ABCDE　2. ABCE　3. ABCD　4. CD　5. AE　6. ABCE　7. ABDE　8. ABCDE　9. ABCDE　10. ACDE　11. ABDE　12. BCD　13. ABD　14. ADE　15. ABCD

三、判断题

1. ×　2. ×　3. ×　4. ×　5. ×　6. √　7. ×　8. ×　9. √　10. √　11. √　12. ×　13. √　14. √　15. ×

四、解答题（略）

五、计算题

1. 答：

表 11-6 某公司发展能力评价指标

财务指标	2013年	2014年	2015年	2016年	三年平均增长率
销售增长率	—	35.35%	40.00%	43.15%	39.46%
股东权益增长率	—	24.00%	35.95%	42.58%	33.95%
资产增长率	—	20.46%	33.87%	40.59%	31.37%
净利增长率	—	38.15%	58.58%	48.12%	48.05%

从表 11-6 我们可以发现该公司在 2013—2016 年除净利增长率以外，其他各项指标均保持一个比较稳定的增长，同时增长率也较高。但是在销售高速增长的情况下，公司的净利增长率 2016 年比 2015 年却有所下降，因此企业应从成本费用方面入手进行分析，以便进一步降低成本费用，保持净利增长率和销售增长率之间稳定的同步增长。除此以外，该企业在发展能力上问题不大。

2. 答：

（1）应用某种产品销售增长率计算公式，分别计算 2014 年，2015 年，2016 年这 3 年的甲产品销售增长率见表 11-7。

表 11-7 A 公司 2013—2016 年销售增长率计算表

项目	2013年	2014年	2015年	2016年
甲产品营业收入（万元）	540	675	928	1 380
本年甲产品销售增长额（万元）	—	135	253	452
甲产品銷售增产率（%）	—	25.00	37.18	48.71

（2）从表 11-7 的相关数据可以看出，该公司甲产品 2013 年以来的销售额不断增长。从销售增长率来看，2014 年、2015 年、2016 年这三年的销售增长率均不低于 25%，应该属于增长较快的情况，这充分说明该公司甲产品市场不断拓展，生产规模不断增加，销售量迅速扩大，由此可判断甲产品正处于成长期。

3. 答：

2014 年销售净利率 =（1 300 - 1 000）÷1 000 ×100% =30%

2015 年销售净利率 =（1 500 - 1 300）÷1 300 ×100% =15.38%

2016 年销售净利率 =（1 200 - 1 500）÷1 500 ×100% = -20%

近三年的销售平均增长率 =（1 200 ÷1 000）^（1 ÷3）-1 =6.27%

4. 答：

（1）数据见表 11-8：

表 11－8　丁公司发展能力评价指标

财务指标	2013 年	2014 年	2015 年	2016 年
销售增长率	—	12.29%	19.30%	12.87%
资本积累率	—	29.29%	32.03%	28.99%
总资产增长率	—	13.89%	25.85%	19.77%
股利增长率	—	13.33%	7.84%	9.09%

（2）销售收入、总资产、所有者权益以及股利都保持了增长，但是相比较来看，股利增长率较低。尤其在 2015 年，销售增长率增长高达 19.30%，总资产增长率高达 25.85%、资本积累率高达 32.03% 的情况下，而股利增长率仅为 7.84%，股利增长率与企业价值有密切关系。因此，企业应当保持股利与其他指标同步稳定增长。

六、业务题

1.（1）利用题目给出的有关资料，计算该公司的收入增长率，计算过程见表 11－9。

表 11－9　收入增长率计算表

项目	2012 年	2013 年	2014 年	2015 年
营业收入（万元）	4 576	6 194	8 671	12 413
营业收入增加额（万元）	—	1 618	2 477	3 742
收入增长率（%）	—	35.36	39.99	43.16

根据表 11－9 的计算结果，我们可以看出，利飞公司的营业收入规模不断扩大，收入增长率呈现不断上升的趋势，且收入增长率均高于 20%，保持着较高的比率。因此可以初步判断该公司的销售增长性良好，产品正处于成长期。

在分析时我们首先要注意判断企业在销售方面是否具有良好的成长性，必须分析销售增长是否具有效益性。如果收入增长率低于资产增长率，说明这种销售增长不具有效益性，同时也反映企业在销售方面可持续发展能力不强。

其次要全面、正确地分析和判断一个企业营业收入的增长趋势和增长水平，必须将一个企业不同时期的收入增长率加以比较和分析。因为收入增长率仅仅就某个时期的销售情况而言，某个时期的收入增长率可能会受到一些偶然的和非正常的因素的影响，而无法反映出企业实际的销售发展能力。

再次要观察企业产品的结构情况，每种产品在不同的阶段反映出的销售情况也不同：投放期的收入增长率往往较低；成长期的收入增长率较高；成熟期的收入增长率与上一期相比变动不大；衰退期的收入增长率较上一期变动非常小，甚至表现为负数。对一个具有良好发展前景的企业来说，较为理想的产品结构是“成熟一代，生产一代，储备一代，开发一代”。此外，还要注意分析收入增长的来源。

企业的收入增长可能源于外汇汇率的变动，也可能源于债务重组产生的利润，还可能源于会计政策或会计估计变更引起的变动，如果是由于诸如此类原因引起的收入增加，那么这种增长力是不可持续的，不能说明企业的销售能力。另外，收入的质量也值得关注，有些收入造成的坏账准备数额较大，这种收入并没有给企业带来发展的动力。

根据这样的增长趋势，我们可以初步推测公司以后几年的收入增长率，当然在实际预测分析中还要结合企业具体情况加以调整，或者利用多角度预测进行支持性验证，以便为进行其他预测和价值评估等提供更具有参考意义的信息。

（2）利用题目中给出的有关数据，计算利飞公司的股东权益增长率、营业利润增长率、净利润增长率、收入增长率、资产增长率，进而分析该公司的整体发展能力。其计算过程见表 11 -10：

表 11 -10　　增长率计算表

项目	2012 年	2013 年	2014 年	2015 年
股东权益（万元）	797	988	1 343	1 915
股东权益增加额（万元）	—	191	355	572
股东权益增长率（%）	—	23. 96	35. 93	42. 59
营业利润（万元）	674	913	1 298	1 866
营业利润增加额（万元）	—	239	385	568
营业利润增长率（%）	—	35. 46	42. 16	43. 76
净利润（万元）	398	550	873	1 293
净利润增加额（万元）	—	152	323	420
净利润增长率（%）	—	38. 19	58. 73	48. 11
营业收入（万元）	4 576	6 194	8 671	12 413
营业收入增加额（万元）	—	1 618	2 477	3 742
收入增长率（%）	—	35. 36	39. 99	43. 16
资产总额（万元）	1 369	1 649	2 207	3 103
资产增加额（万元）	—	280	558	896
资产增长率（%）	—	20. 45	33. 84	40. 60

下面具体分析该公司在股东权益、利润、收入、资产等方面的增长能力。

第一，从表 11 -10 中可以看出，该公司自 2012 年以来，股东权益一直在增加，分析其增长原因，可以发现公司 3 年的净利润增长率一直高于其当年的股东权益增长率，这说明该公司 3 年的股东权益增长主要来自于生产经营活动所造成的利润，可以判断该公司的股东权益发展能力较好。

第二，对比 3 年的净利润增长率，可以发现该公司 3 年来净利润增长率呈现出先升后降的趋势，这说明该公司的净利润增长不太稳定。对比 3 年的营业收入与净利润可知，3 年的净利润增长率均高于当年的收入增长率，这反映出该公司 3 年的净利润增长能力较好，市场竞争能力较强。在与营业利润相比来看，3 年的净利润增长率均高于营业利润增长率，说明净利润的增长除了来自营业利润的增加外，还有非正常性损益所起的作用，需要结合非经营性损益所占营业利润的比重来分析净利润的稳定性。

第三，根据 2013 年，2014 年、2015 年的收入增长率指标，可知该公司 3 年的营业利润增长率均高于收入增长率，且营业利润增长率本身呈现出上升趋势，说明该公司营业收入的增长超过营业成本，期间费用等成本费的增加，营业利润增长能力较好。

第四，比较该公司 3 年的收入增长率，可知该公司 3 年来收入增长率一直保持较高的比率，并呈现上升的趋势，这说明该公司的销售具备良好的增效趋势。利用上表中的资产增长率指标，分析各年销售增长是否具有效益性。2013 年、2014 年、2015 年 3 年的收入增长率分别都高于当年的资产增长率，这说明该公司 3 年中每一年的销售增长都具有效益性，也就是说具备良好的成长性。但是收入的质量值得关注，有些收入造成的坏账准备额较大，这种收入并没有给企业带来发展的动力。

第五，从表 11－10 中可以看出，该公司自 2012 年以来，其资产总额不断增加，从 2012 年的1 369 万元增加到 2015 年的 3 103 万元。该公司 2012 年以来的资产增长率一直保持较高的比率，这说明该公司近几年资产规模不断增加。在分析该公司资产增长的效益性和资产增长的来源。从上表中可以看出，该公司 3 年的资产增长率均低于当年的收入增长率，这说明每年的资产增长是正常适当的；从股东权益增加额占资产增加额比重可以看出该公司 3 年资产的增加主要来源于股东权益的增加，而不是主要依赖于负债的增加。

综合以上几个方面，除了净利润的稳定性值得进一步探讨以外，可知利飞公司股东权益增长率、资产增长率、营业收入增长率和净利润增长率基本都能够保持同步增长，且保持较高水平，因此可以判断公司具有良好的整体发展能力。

2. 表 11－11 是 LF 公司 2013 年、2014 年和 2015 年 3 年的 EVA 改善率指标分析表。

表 11－11　　LF 公司 3 年的 EVA 改善率指标分析表

项目	2013 年	2014 年	2015 年
平均净资产（万元）	11 908 900	12 536 045	14 134 007
净资产收益率（%）	8.31	12.10	13.62
权益资本成本率（%）	6.40	7.31	7.52
EVA（万元）	227 459.99	600 476.56	862 174.43
EVA 改善率（%）	—	163.99	43.58

对 2013 年到 2015 年的 EVA 变化进行因素分析：

分析对象：

600 476.56－227 459.99＝373 016.57（万元）

连环替代分析：

2013 年的 EVA 值＝227 459.99（万元）

第一次替代（替代净资产收益率）＝11 908 900×（12.10%－6.40%）

＝678 807.30（万元）

第二次替代（替代权益资本成本率）＝11 908 900×（12.10%－7.32%）

＝569 245.42（万元）

2014 年的 EVA 值＝600 476.56（万元）

净资产收益率变动的影响＝678 807.30－227 459.99＝451 347.31（万元）

权益资本成本率变动的影响＝569 245.42－678 807.30＝－109 561.88（万元）

净资产变动的影响＝600 476.56－569 245.42＝31 231.14（万元）

然后对公司 2014 年到 2015 年的 EVA 变化进行因素分析：

分析对象：

862 174.43－600 476.56＝261 697.88（万元）

连环替代分析：

2014 年的 EVA 值 = 600 476.56（万元）

第一次替代（替代净资产收益率）= 12 536 045 × (13.62% − 7.31%)
　　　　　　　　　　　　　　　　= 791 024.44（万元）

第二次替代（替代权益资本成本率）= 12 536 045 × (13.62% − 7.52%)
　　　　　　　　　　　　　　　　　= 764 698.75（万元）

2015 年的 EVA 值 = 862 174.43（万元）

净资产收益率变动的影响 = 791 024.44 − 600 476.56 = 190 547.88（万元）

权益资本成本率变动的影响 = 764 698.75 − 791 024.44 = −26 325.69（万元）

净资产变动的影响 = 862 174.43 − 764 698.75 = 97 475.68（万元）

由上述分析可以看出，2014 年公司的高 EVA 改善率主要是得益于净资产收益率的提高，由于净资产收益率的提高而带来的 EVA 改善率为 198.43%（451 347.31 ÷ 227 459.99）；相对于净资产收益率变动的影响，权益资本成本率和净资产变动对 EVA 改善率的影响则较小，分别为 −47.64%（−108 370.99 ÷ 227 459.99）和 13.21%（30 040.25 ÷ 227 459.99），这说明 2014 年公司的营利能力明显增强，并因此而导致股东财富大幅增加。同理，2015 年由于净资产收益率提高带来的 EVA 改善率为 31.73%；由于权益资本成本率提高导致 EVA 改善率下降了 4.38%；由于净资产变动使 EVA 改善率提高 16.23%。从数据中不难看出，2015 年对 EVA 改善率起主导作用的仍然是净资产收益率的提高，但是相比于 2014 年，三个影响因素的作用幅度均下降，但这种下降并不表示企业没有增长能力，而是放缓了增长的脚步。总的来说，该公司这几年增长能力较强，发展趋向稳定，且状态良好。我们可以基本推断以后几年，在宏观环境相对稳定条件下，企业 EVA 改善率将稳步提高，由此得到企业之后几年的 EVA，并以此预测值为基础对 LF 公司价值进行评估，这将是经营者、投资者及其他利益相关者进行决策的重要信息。

第十二章　财务综合分析与评价

内容概要

一、重点、难点

1. 重点：企业财务综合分析和评价的基本内容与基本方法。
2. 教难点：杜邦分析体系、沃尔评分法。

二、基本要求

1. 了解财务报表综合分析的内涵与意义。
2. 理解财务综合分析与财务综合评价的关系。
3. 掌握杜邦分析体系、沃尔评分法。

三、章节内容

第一节　财务综合分析的内涵

（一）财务综合分析的含义与特点

1. 财务综合分析的含义。

所谓综合财务分析，就是将营运能力、偿债能力和营利能力等诸多方面的分析纳入一个有机的整体之中，全面地对企业的经营状况、财务状况进行解剖和分析，从而对企业经济效益的优劣作出准确的评价与判断。

2. 财务综合分析的特点。

财务综合分析的特点体现在其财务指标体系的要求上。一个健全有效的财务综合分析体系至少应当具备以下三个基本要素：

（1）指标要素齐全适当。财务综合分析所设置的评价指标体系，应该能够涵盖营运能力、偿债能力和营利能力等方面总体考察或考核的要求。

（2）主辅指标功能匹配。一方面，在确立营运能力、偿债能力、营利能力和发展能力等诸方面评价指标的同时，要进一步明确各项指标在综合分析体系中的主辅地位。另一方面，不同范畴的主要指标所反映的企业经营状况、财务状况和现金流量的不同侧面和不同层次的信息要有机统一，应当能够全面翔实地揭示企业经营理财的实绩。

（3）满足多方信息需求。财务综合评价指标体系要能够提供多层次、多角度的信息资料，既能满足企业管理当局实施决策的需要，又能为职工、供应商、客户、投资者和政府等利益相关人提供决策有用的信息。

（二）财务综合分析的意义

1. 财务综合分析与单项分析的区别。

财务综合分析，要求将各项分析指标有机地联系起来，作为一套完整的体系，相互配合，做出系统的综合评价，才能从总体上把握企业绩效的优劣。财务综合分析与一般的单项分析在分析方法和分析重点等方面都有一定的区别。

（1）分析方法不同。

（2）分析重点和基准不同。

2. 财务综合分析的意义。

（1）评价综合绩效。

（2）预测未来趋势。

（3）价值评估基础。

第二节 杜邦分析法

1. 杜邦分析体系含义。

杜邦分析法（Dupont Financial Analysis），又称为杜邦分析体系，它是利用相关财务比率的内在联系构建一个综合的指标体系，来考察企业整体财务状况和经营成果的一种分析方法。这种方法由美国杜邦（Dupont）公司在20世纪20年代率先采用，故称杜邦分析法。

2. 杜邦分析体系。

杜邦分析体系的特点是将若干反映企业承包营利状况、财务状况和营运状况的比率按其内在联系有机结合起来，形成一个完整的指标体系，并通过净资产收益率（或资本收益率）这一核心指标来综合反映。在杜邦分析体系中，包含以下几种主要的比率关系。

$$净资产收益率=\frac{净利润}{平均股东权益}=\frac{净利润}{平均资产总额}\times\frac{平均资产总额}{平均股东权益}=总资产报酬率\times平均权益乘数$$

$$总资产报酬率=\frac{净利润}{平均资产总额}=\frac{净利润}{主营业务收入}\times\frac{主营业务收入}{平均资产总额}=主营业务净利润\times总资产周转率$$

所以有：

$$净资产收益率=主营业务净利率\times总资产周转率\times平均权益乘数$$

第三节 沃尔评分法

（一）沃尔评分法的原理

亚历山大·沃尔在20世纪初出版的《信用晴雨表研究》和《财务报表比率分析》中提出了信用能力指数的概念，以此来评价企业的信用水平。他选择了7个财务比率，分别给定各个比率在100分的总分中所占的分数，即权重，然后确定各个比率的标准值，并用比率的实际值与标准值相除得到的相对值乘以权重，计算出各项比率的得分，最后将7个比率的得分加总得到总分，即信用能力指数，这就是沃尔评分法。

（二）沃尔评分法的步骤

1. 选择财务比率。

不同的分析者所选择的财务比率可能都不尽相同，但在选择财务比率时应注意以下几点原则：

（1）所选择的比率要具有全面性，反映偿债能力、营利能力、营运能力等的比率都应包括在内，只有这样才能反映企业的综合财务状况；

（2）所选择的比率要具有代表性，即在每个方面的众多财务比率中要选择那些典型的、重要的比率；

（3）所选择的比率最好具有变化方向的一致性，即当财务比率增大时表示财务状况的改善，当财务比率减小时表示财务状况的恶化。例如，在选择反映偿债能力的比率时，最好选择股权比率而不选择资产负债率，因为通常认为在一定的范围内，股权比率高说明企业的偿债能力强，而资产负债率高则说明企业的负债安全程度低。

2. 确定各个财务比率的权重。

如何将100分的总分合理地分配给所选择的各个财务比率，是沃尔评分法中的一个非常重要的环节。分配的标准是依据各个比率的重要程度，越重要的比率分配的权重越高。对各个比率重要程度的判断，应结合企业的经营状况、管理要求、发展趋势以及分析的目的等具体情况而定。

3. 确定各个财务比率的标准值。

财务比率的标准值也就是判断财务比率高低的比较标准。只有有了标准，我们才能判断企业的某个财务比率是偏高还是偏低。这个比较的标准可以是企业的历史水平，可以是竞争企业的水平，也可以是同行业的平均水平，等等。其中，最常见的是选择同行业的平均水平作为财务比率的标准值。

4. 计算各个财务比率的实际值。

利用相关的财务数据计算企业各个财务比率的实际值。

5. 计算各个财务比率的得分。

通过各个财务比率实际值与标准值的比较，得出对各个财务比率状况好坏的判断，再结合各个比率的权重即所分配的分数，计算各个财务比率的得分。计算得分的方法有很多，其中最常见的是用比率的实际值除以标准值得到一个相对值，再用这个相对值乘以比率的权重得到该比率的得分。

6. 计算综合得分。

将各个财务比率的实际得分加总，即得到企业的综合得分。企业的综合得分如果接近

100分，说明企业的综合财务状况接近于行业的平均水平；企业的综合得分如果明显超过100分，则说明企业的综合财务状况优于行业的平均水平；相反，企业的综合得分如果大大低于100分，则说明企业的综合财务状况较差，应当积极采取措施加以改善。

第四节　平衡计分卡

平衡计分卡（The Blanced Score Card）简称BSC，是哈佛大学工商管理学院罗伯特·S·卡普兰和与诺朗研究院的执行长戴维·P·诺顿于1990年从事的“未来组织绩效衡量方法”一种绩效评价体系。经过近20年的发展，平衡计分卡现今不仅是一种绩效评价系统，还是最具影响力的战略管理工具，在集团战略规划与执行管理方面发挥着非常重要的作用。

（一）平衡计分卡的分析思路

当企业管理进入战略管理阶段后，孤立地从某一方面研究业绩评价系统显得毫无意义，管理一个企业的高度复杂性要求经理们能同时从几个方面来考察业绩。传统的财务综合分析模式只能衡量过去发生的事项（落后的结果因素），但无法评估企业前瞻性的投资（领先的驱动因素）。平衡计分卡强调将一个将组织的远景转变为一组由四个维度组成的绩效指标架构来评价组织的绩效，此四个维度分别是：财务（Financial）、客户（Customer）、内部流程（Internal Business Processes）、学习与创新（Learning and Growth）。

（二）平衡计分卡的综合评价指标设计

1. 财务指标的设计。

2. 客户维度评价指标设计。

3. 内部流程评价指标设计。

4. 学习与成长评价指标设计。

（三）平衡计分卡的实施程序

1. 确定平衡计分卡项目的目标。

2. 选择适当的业务部门。

3. 就该部门的战略目标达成共识。

4. 选择和设计评估手段。

5. 制订实施计划。

6. 通过最终的实施计划，把平衡计分卡融入企业的管理制度并发挥作用。

第五节　财务综合评价

（一）财务综合评价的内涵

财务综合评价是在财务综合分析的基础上，运用财务综合评价方法对财务活动过程和财务效果得出综合的结论。

1. 财务综合评价的目的。

（1）财务综合评价是进行财务决策的依据

（2）在投资决策中，通过财务综合评价可确定被投资企业在同行业中的水平和地位，可明确投资潜力与投资风险。

（3）财务综合评价是完善激励机制的基础。

2. 财务综合评价的内容与方法。

财务综合评价的内容，根据评价对象与评价目的的不同而有所不同。例如，它可以是对筹资活动、投资活动、经营活动和分配活动的综合评价；它也可以是对营利能力、营运能力、偿债能力和增长能力的综合评价。我国企业经济效益评价从指标体系看，是对营利能力、偿债能力和社会贡献能力三个方面进行综合评价。我国国有资本金效绩评价从指标体系看，是对财务效益状况、资产营运状况、偿债能力状况和发展能力状况四个方面进行评价。

财务综合评价的方法有许多，如综合指数法、综合评分法、功效系数法、分析判断法等。目前我国企业经济效益综合评价使用的是综合指数法，企业经营效绩评价使用的是功效系数法和分析判断法。

（二）经营业绩评价综合指数法

运用综合指数法进行业绩评价的一般程序或步骤包括选择经营业绩评价指标，确定各项业绩指标的标准值，计算各项业绩指标的单项指数，确定各项业绩指标的权数，计算综合经济指数，评价综合经济指数。

同步练习

一、单项选择题

1. 杜邦财务分析的核心指标是（　　）。

A. 权益收益率　B. 资产净利率　C. 净利润　D. 销售净利率

2. 最能体现企业经营目标的财务指标是（　　）。

A. 总资产周转率　B. 净资产收益率　C. 销售利润率　D. 成本利润率

3. 企业价值评估的基础是（　　）。

A. 营利能力分析　B. 偿债能力分析　C. 营运能力分析　D. 发展能力分析

4. 企业进行综合财务分析的根本目标是（　　）。

A. 综合分析企业的偿债能力

B. 综合分析企业的营利能力

C. 综合分析企业偿债能力、营运能力、营利能力、成长能力、综合经营管理及其内在联系与影响

D. 综合分析企业的成长能力

5. 以下指标中，属于正指标的是（　　）。

A. 资产负债率　B. 流动比率

C. 流动资产周转天数　D. 资本收益率

6. 某公司资产净利率为10%，若产权比率为0.4，则权益净利率为（　　）。

A. 6.67%　B. 10%　C. 15%　D. 25%

7. 盈余现金保障倍数的计算公式是（　　）。

A. 经营现金净流量÷净利润　B. 经营现金净流量÷利润总额

C. 现金净流量÷净利润　　D. 现金净流量÷利润总额

8. 当企业的综合财务状况较差时，其综合得分会（　　）。

A. 接近100分　　B. 超过100分

C. 等于100分　　D. 远低于100分

9. 用来衡量企业社会贡献总额中上交国家财政多少的比率是（　　）。

A. 总资产报酬率　　B. 销售利润率

C. 净资产收益率　　D. 社会累积率

10. 沃尔评分法中反映偿债能力指标时，最好选择（　　）。

A. 资产负债率　　B. 产权比率

C. 权益乘数　　D. 股权比率

11. 国资委颁布EVA考核办法将长期考核和短期考核区分开来，分为（　　）。

A. 年度经营业绩考核和任期经营业绩考核

B. 月度经营业绩考核和短期经营业绩考核

C. 中期经营业绩考核和短期经营业绩考核

D. 年度经营业绩考核和长期经营业绩考核

12. 净资产收益率的计算公式是（　　）。

A. 净利润÷股东权益总额　　B. 1－资产负债率

C. 1÷资产负债率　　D. 负债总额÷股东权益总额

13. 沃尔评分法下企业的综合得分接近100分，说明（　　）。

A. 企业的综合财务状况优于行业的平均水平

B. 企业的综合财务状况接近于行业的平均水平

C. 企业的综合财务状况较差

D. 企业的综合财务状况低于行业的平均水平

14. 可持续增长率的计算公式是（　　）。

A. 总资产收益率×(1－股利支付率)　　B. 总资产收益率×(1＋股利支付率)

C. 净资产收益率×(1－股利支付率)　　D. 净资产收益率×(1＋股利支付率)

15. 沃尔评分法中，最常用的财务比率标准值是（　　）。

A. 企业历史水平　　B. 竞争对手水平

C. 国外先进企业水平　　D. 同行业平均水平

16. 资产负债率的标准值为50%，实际值为60%，其单项指数为（　　）。

A. 120%　　B. 100%　　C. 80%　　D. 83.33%

17. 其修正指标的实际值是90%，其上档标准值是100%，本档标准值是80%，其功效系数是（　　）。

A. 40%　　B. 50%　　C. 60%　　D. 80%

18. 从杜邦分析基本体系中可以看出，若要提高企业的经营实力，应该（　　）。

A. 提高权益乘数　　B. 降低资产周转率

C. 提高销售净利率　　D. 加大管理费用的投入

19. 杜邦分析体系中不涉及（　　）。

A. 偿债能力分析　　B. 资产管理能力分析

C. 营利能力分析　　D. 发展能力分析

20. 企业业绩效评价的四类指标中，最重要的一类是（　　）。

A. 资产质量　　B. 经营增长

C. 债务风险　　D. 营利能力

二、多项选择题

1. 综合分析评价的目的有（　　）。

A. 明确企业财务活动与经营活动的相互关系

B. 评价企业财务状况及经营业绩

C. 为投资决策提供参考

D. 为完善企业管理提供依据

E. 为进行职工奖励打基础

2. 杜邦分析体系能够反映企业的（　　）。

A. 营利能力　　B. 营运能力

C. 风险水平　　D. 偿债能力

E. 创新能力

3. 反映营利能力的指标有（　　）。

A. 销售利润率　　B. 财务杠杆作用

C. 总资产报酬率　　D. 资本收益率

E. 股利支付率

4. 沃尔评分法使用的财务比率可以包括（　　）。

A. 流动比率　　B. 净资产/负债

C. 资产/固定资产　　D. 应收账款周转率

E. 资产负债率

5. 经营业绩评价综合指数法所选择的经济效益指标包括（　　）。

A. 营利能力指标　　B. 资本保值增值指标

C. 偿债能力指标　　D. 资产负债水平指标

E. 对国家贡献水平指标

6. 根据杜邦财务分析体系，影响净资产收益率的因素有（　　）。

A. 权益乘数　　B. 速动比率

C. 销售（营业）利润率　　D. 成本利润率

E. 总资产周转率

7. 沃尔评分法的分析步骤中，最为关键也最为困难的有（　　）。

A. 选择财务比率　　B. 确定各项财务比率的权重

C. 确定各项财务比率的标准值　　D. 计算各个财务比率的实际值

E. 计算各个财务比率的得分和计算综合得分

8. 反映企业资产负债水平和偿债能力的指标有（　　）。

A. 流动比率　　B. 速动比率

C. 应收账款周转率　　D. 资产负债率

E. 存货周转率

9. 提高净资产收益率的途径有（　　）。

A. 提高资产营运效率　　B. 增加销售收入

C. 降低成本费用　　D. 降低负债比率

E. 提高负债比率

10. 下列关于沃尔评分法的表述中，正确的有（　　）。

A. 沃尔评分法通过对选定的多项财务比率进行评分，然后计算综合得分，并据此评价企业综合的财务状况

B. 沃尔评分法简单易用，便于操作，但在理论上存在着一定的缺陷

C. 沃尔评分法分析步骤中，最难的是选择财务比率和确定财务比率权重

D. 沃尔评分法可以用于对企业综合发展趋势进行分析与评价

E. 采用沃尔评分法计算各个财务比率得分时，需避免各别比率异常对总分造成不合理

11. 反映债务风险状况的财务指标有（　　）。

A. 已获利息倍数　　B. 流动比率

C. 速动比率　　D. 资产负债率

E. 现金流动负债比率

12. 杜邦财务分析体系的局限性包括（　　）。

A. 涵盖信息不够全

B. 分析内容不够完善

C. 将反映企业营利状况、财务状况和营运状况的比率按其内在联系有机地结合起来

D. 对企业风险分析不足

E. 未包含偿债能力分析

13. 杜邦分析系统主要反映的财务比率关系有（　　）。

A. 净资产报酬率与资产净利率及权益乘数之间的关系

B. 资产报酬率与销售净利率及总资产周转率之间的关系

C. 销售净利率与净利润及销售收入之间的关系

D. 总资产周转率与销售收入及资产总额之间的关系

E. 存货周转率与销售成本及存货余额之间的关系

14. 影响可持续增长率的四个指标中，反映企业财务战略的包括（　　）。

A. 销售净利率　　B. 总资产周转率

C. 权益乘数　　D. 股利支付率

E. 存货周转率

15. 分析企业财务状况的趋势，常用的方法有（　　）。

A. 比较财务报表法　　B. 比较百分比财务报表法

C. 比较财务比率法　　D. 沃尔评分法

E. 杜邦分析法

三、判断题

1. 杜邦分析体系是新建一个财务指标进行分析。　　（　　）

2. 权益乘数越大，财务杠杠作用就越大。（　　）

3. 沃尔评分法中的相对比率都等于实际数除以标准数。（　　）

4. 杜邦财务分析体系的核心指标是净资产收益率。（　　）

5. 利用综合评分法进行财务分析时，各项财务比率的标准评分值的确定，会直接影响到财务分析的结果。（　　）

6. 盈余现金保障倍数的计算公式是经营现金净流量除以净利润。（　　）

7. 综合财务分析与评价是对企业整体财务状况和经营成果的分析，与单向财务能力分析相比，具有全面性和综合性的特点。（　　）

8. 一般地说，当评价企业经营计划完成情况时，可以企业当前水平为标准值；当评价企业经营业绩水平变动情况时，可以企业计划水平为标准值。（　　）

9. 信用能力指数并不是沃尔评分法的雏形。（　　）

10. 综合分析可以分为流动性分析、营利性分析、财务风险分析等部分。（　　）

11. 在运用综合经济指数法进行经营业绩综合评价时，应该尽量既包括正指标又包括逆指标。（　　）

12. 最能体现企业经营目标的财务指标是净资产收益率。（　　）

13. 综合分析的重点和基准是企业整体发展趋势。（　　）

14. 社会贡献率用于衡量企业社会贡献总额中多少用于上交国家财政。（　　）

15. 依据杜邦分析原理，在其他因素不变的情况下，提高权益乘数，将提高净资产收益率。（　　）

四、解答题

1. 什么是财务报表综合分析？与单项分析有何区别？财务综合分析的意义何在？

2. 杜邦分析法的分析思路是什么？

3. 沃尔评分法有哪些步骤？

4. 如何理解平衡计分卡，这种管理工作有何优势与不足？

五、计算题

1. 单项指数计算。

某企业的资产负债率为60%，流动比率为180%，资产负债率的标准值为50%，流动比率的标准值为200%。请计算资产负债率和流动比率的单项指数。

2. 基本指标得分计算。

总资产报酬率的评价标准见表12－1。

表12－1　总资产报酬率的评价标准表

标准系数	优秀（1）	良好（0.8）	平均值（0.6）	较低值（0.4）	较差值（0.2）
指标值（%）	9.1	7.3	4.0	2.2	0.0

某企业该项指标实际完成值为7.2%，该项指标的权数为14分。请计算总资产报酬率的得分。

3. 某公司有关资料见表 12 – 2：

表 12 – 2　　资产负债表　　单位：万元

2016 年 12 月 31 日

资　产	年　末	负债及所有者权益	年末
流动资产		流动负债合计	300
货币资金	90	非流动负债合计	400
应收帐款净额	180	负债合计	700
存货	360	所有者权益合计	700
流动资产合计	630		
非流动资产合计	770		
总　计	1 400	总　计	1400

该公司 2016 年度销售收入为 840 万元，税后净利为 117.6 万元。已知该公司 2015 年度销售净利率为 16%，总资产周转率为 0.5 次，权益乘数为 2.2，权益净利率为 17.6%。

要求：

（1）计算 2016 年的销售净利率、总资产周转率、权益乘数和权益净利率；

（2）利用因素分析法按顺序分析销售净利率、总资产周转率和权益乘数变动对权益净利率的影响（假设涉及资产负债表的数据用期末数来计算）。

4. 可持续增长率计算。

某企业 2013—2015 年的各相关财务指标见表 12 – 3。试计算 2014 年、2015 年该企业的可持续增长率。

表 12 – 3　　某企业连续 3 年财务指标

项　目	销售净利率（%）	总资产周转率（次）	权益乘数	留存收益率（%）
2013 年	10.20	0.91	3.50	30
2014 年	15.11	1.22	2.89	30
2015 年	6.72	0.85	4.24	31

5. 评议指标得分计算。

发现创新能力评议的等级参数为：优，1 分；良，0.8 分；中，0.6 分；低，0.4 分；差，0.2 分。该指标的权数是 15 分。7 名评议员的评议结果是：优，3 人；良，3 人；中，1 人。请计算发现创新能力评议指标的得分。

六、业务题

1. 净资产收益率分析（资料见表 12 – 4）。

表 12 – 4　　某企业相关财务指标（一）　　单位：万元

项　目	上　年	本　年
平均总资产	46 780	49 120
平均净资产	25 729	25 051
营业收入	37 424	40 278
净利润	3 473	3 557

要求：根据以上资料，按杜邦财务分析体系对净资产收益率变动原因进行分析

2. 可持续增长率分析（某企业资料见表 12－5）。

表 12－5　某企业相关财务指标（二）　单位：万元

项　目	上　年	本　年
平均总资产	68 520	74 002
平均净资产	41 112	40 701
营业收入	51 390	57 722
净利润	3 083	3 215
现金股利支付额	1 233	1 125

其中，该企业本年的流动资产和固定资产周转率都比上年有所提升，且短期借款的比例也比上年增加。

要求：根据以上资料，按帕利普财务分析体系对可持续增长率变动原因进行分析，并说明对可持续增长率进行分析的意义。

3. 综合经济指数计算（某企业有关资料见表 12－6）。

表 12－6　某企业有关资料　单位：%

经济指标	标准值	实际值	权数
销售利润率	15	16	15
总资产利润率	12	10	15
资本收益率	18	16	15
资本保值增值率	105	103	10
资产负债率	50	45	5
流动比率	200	160	5
应收账款周转率	6（次）	5（次）	5
存货周转率	5（次）	5.5（次）	5
社会贡献率	25	25	10
社会积累率	20	20	15

要求：请利用上述资料计算该企业的综合经济指数，并进行评价。

案例导读

案例一：大元泵业招股书疑点百出，多处财务数据勾稽关系异常

主要从事各类泵的研发、生产和销售的浙江大元泵业股份有限公司（简称“大元泵业”），近日报送了最新版本的招股说明书，拟公开发行不超过 2 100 万股 A 股，募资投建年产 120 台农用水泵技术改造项目等。

表面上看，大元泵业的营业收入在报告期内（2014—2016 年）呈逐年增长的势头，业绩持续向好，可实际上，在分析合并资产负债表、合并现金流量表及合并利润表之间财务数

据勾稽关系时，便可以发现该公司不仅存在采购数据异常现象，而且还有虚增营业收入的嫌疑。

一、采购数据异常

招股书显示，大元泵业主要采购铸铁件、漆包线、普通钢材件、电缆线等原材料，虽然没有直接披露采购总额，但是根据公司向前五名供应商的采购金额及其占采购总额的比例，依然可以核算出各年度采购总额情况。如将推算出的采购总额跟“合并资产负债表”及“合并现金流量表”中相关数据对比，可以发现，大元泵业有部分采购缺少现金流数据支撑。

以2016年的情况为例，大元泵业向前五名供应商的采购金额是9 088.12万元，占当期采购总额的20.01%，由此推算出当年采购总额为45 417.89万元，考虑17%的增值税因素，含税采购总额应为53 138.93万元；在合并现金流量表中，同期的“购买商品、接受劳务支付的现金”为48 383.17万元。通过对比可知，含税采购总额要比相关现金流量多出4 755.76万元，这在一般的财务勾稽关系中，必然会出现相应负债数据的变化与之对应。

2016年年末，大元泵业的应付票据为2 547.23万元、应付账款9 633.84万元，合计应付款项为12 181.06万元，相较2015年年末的10 508.80万元增加了1 672.26万元，跟前述的差额4 755.76万元相比仍存在3 083.50万元的缺口，那么，是不是预付款项也出现相应减少呢？

招股书披露，2016年年末，预付款项的余额为787.23万元，相较上年末的468.45万元不但没有减少，反而增加了318.78万元。这意味着，含税采购总额与现金流量之间差额的缺口不仅没有减少，反而进一步扩大到3 402.29万元。那么，这多出的部分又是从何而来的呢？

同样的情况还发生在2015年和2014年。其中，2015年大元泵业前五大供应商的采购金额为7 809.38万元，占采购总额的20.22%，由此，推算出年度采购总额为38 622.06万元，再结合17%增值税影响，含税采购总额应为45 187.81万元。同期，“购买商品、接受劳务支付的现金”为42 967万元。数据对比后可知，含税采购总额要比现金支付多出了2 220.80万元。就在当年，应付账款与应付票据合计金额为10 508.80万元，相比2014年年末的10 374.50万元增加了134.30万元，与此同时，预付款项468.45万元相比2013年的169.63万元不减反增加了298.82万元。综合核算，2015年仍存在2 385.32万元的含税采购金额未能得到现金流量与相应负债数据的支持。

以此类推可知，2014年大元泵业同样存在着2 102.70万元的含税采购额，无法获得现金流量和负债数据的支持。

报告期内，公司连续出现了2 102.70万元、2 385.32万元和3 402.29万元的含税采购不知以何来支付的现象，且该数值还随着时间推移有不断扩大的迹象。那么，这种现象到底是大元泵业虚构了采购所致？还是公司少计了现金流量及经营性债务关系所导致的呢？

需要值得注意的是，在对比大元泵业新旧两版的招股书申报稿时，《红周刊》记者发现，新旧两版招股书中所包含的2014年前五名供应商名单中竟然存在两家公司的名称异常。其中，新版招股书中显示2014年第四名供应商为“含山县大力精密机械有限公司”，采购金额为953.35万元；第五名供应商是“浙江兆隆合金股份有限公司”，采购金额为910.42万元。而在2016年1月报送的旧版招股书中披露，2014年第四名供应商则为“江阴市华士金属材料制品厂”，采购金额为818.59万元；第五名供应商是“大元金属”，采购金额为814.35万元。

让人奇怪的是，在旧版招股书中，2013年前五名供应商中并没有“含山县大力精密机械有限公司”，可为何新版招股书中，2014年供应商排名变动情况却“下降1位”？而2014年排名第五名的“浙江兆隆合金股份有限公司”，在2013年还是第四名位置，可为什么在新版招股书中，公司却称其排名情况“不变”，这又是什么原因呢？

二、有虚增成本的嫌疑

除了采购数据的异常外，《红周刊》记者在招股书中还发现，采购而来的主要原材料与营业成本、存货之间数据匹配关系也不正常。

在招股书中，大元泵业虽然没有直接披露主要原材料的采购总额，但是却列示出了铸铁件、漆包线、普通钢材件、电缆线等9种主要原材料的采购金额，由此我们可推算出报告期内各年度主要原材料的合计采购金额。2016年，大元泵业的9种主要原材料采购金额合计为29 288.88万元，同期主营业务成本中显示“直接材料”为40 226.99万元，也就是说，当期采购的主要原材料要比同期成本中的直接材料还要少10 938.11万元。

如果上述原材料采购数据没有错误，那么就说明该年度的产销情况很好，在直接材料使用超过原材料采购1亿多元的情况下，公司必然要大量消耗以往年度的原材料库存，对应的是存货中的原材料应当减少相应金额才对。可令人奇怪的是，招股书披露，公司2016年年末“存货”项下的原材料金额是4 101.73万元，相比2015年的3 649.74万元不仅没有减少，反而增加了451.99万元。

同样的，在2015年大元泵业对9种主要原材料的采购金额合计是25 836.99万元，而主营业务成本中的“直接材料”为36 618.57万元，主要原材料采购比成本中的“直接材料”还要少10 781.58万元，这个差额同样没有体现为库存原材料的大量减少。2015年年末，公司“存货”中的原材料金额为3 649.74万元，相比2014年的4 179.64万元仅减少了529.90万元。很明显，该金额与该年度主要原材料采购金额与直接材料之间的超过1亿元的差额相比，相差巨大。

2014年的情况大同小异。该年度9种主要原材料的采购金额合计为27 168.94万元，比主营业务成本中的“直接材料”34 689.85万元要少7 520.91万元。不过，在这一年中，“存货”中的原材料并没有出现大量减少。在大元泵业2016年1月报送的旧版招股书中显示，2013年存货中的原材料金额是4 133.33万元，而在2014年该金额为4 179.64万元，相差不大，这也意味着，2014年库存原材料和2013年相比不但没有减少反而增加了46.31万元。这个数值和前面的7 500多万元差额相比，同样也是差距甚大。

由此可见，在报告期内，各年度主要原材料的采购金额合计数都和主营业务成本中的“直接材料”相差巨大，而如此巨大的差额并不太可能是日常生产中的损耗导致的。正如前述，公司本身就已经存在较大一部分采购金额未能得到现金流量、经营性负债的支撑，如今又出现了主营业务成本中“直接材料”金额远远超过主要原材料采购金额的情况，这种情况的出现，很难让人不怀疑公司所披露的相关数据的真实性和合理性？

三、营业收入数据异常

在招投书中，《红周刊》记者通过对招股书中的“合并资产负债表”与“合并利润表”的数据对比，发现大元泵业的营业收入数据也有异常之处，不符合一般的财务数据勾稽关系。

以2016年营业收入数据为例，该年度营业收入金额为76 744.68万元，以13%的税率保守估计（农用泵、屏蔽泵由于税收优惠政策的不同而存在13%和17%两种增值税税率），大元泵业在2016年的含税营业收入达到86 721.49万元，而在合并现金流量表中“销售商品、提供劳务收到的现金”的金额仅为78 257.51万元，由此，含税营业收入比现金流量要多出8 463.98万元。从营业收入与现金流、应收款项、预收款项的正常勾稽关系来看，这个差额必然形成应收款项的相应增加额，或者预收款项的相应减少额，抑或两者的同时变化。

但是，2016年年末大元泵业有应收票据712.43万元、应收账款9 486.47万元，即应收款项的合计金额为10 198.90万元，比2015年的应收款项合计金额8 131.29万元仅增加了2 067.60万元，那么，按财务数据之间的正常勾稽关系，差额中其余的6 396.38万元应该体现为预收款项减少相应的金额才对。

然而，事实上却并非如此。2016年年末，大元泵业有预收款项1 712.70万元，和2015年年末的预收款项1 272.19万元相比，不仅没有减少反而增加了440.51万元，至此，应收款项和预收款项的增减金额未能给含税营业收入与现金流量之间存在的差额提供合理的数据勾稽关系的支持。一来一去，公司当年存在高达6 836.89万元的含税营业收入不知从何而来的情况。

2015年同样如此。该年度营业收入为63 679.17万元，考虑了最低13%的增值税影响之后，含税营业收入是71 957.47万元，由此，含税营业收入比现金流量多出了5 844.75万元，按一般的财务数据勾稽关系，这个差额也必然会形成应收款项相应的增加额，或预收款项相应的减少额，或者两项的增减额综合起来得到该金额。

但是，招股书却显示，大元泵业在2015年的应收票据和应收账款合计为8 131.29万元，比上年应收款项合计金额5 439.85万元仅增加2 691.44万元，预收款项有1 272.19万元，同比上年743.10万元不减反增529.09万元。一来一去，2015年度公司有3 682.40万元的含税营业收入既没有体现为现金流量的流入，也没有体现为应收款项与预收款项的相应增减金额，就这么莫名地增加了。

同样，2014年大元泵业58 335.79万元的营业收入在考虑13%的增值税影响后，其含税结果仍然要比“销售商品、提供劳务收到的现金”60 575.67万元多出5 343.77万元。按一般的财务数据逻辑关系，这多出的部分需要体现为应收款项的增加或预收款项的减少，或者两项的综合增减额。但是，对比大元泵业的旧版招股书申报稿中的2013年数据，2014年的应收款项合计为5 439.85万元，比2013年仅增加了683.18万元，同期的预收款项比上年仅减少了16.64万元。综合核算结果是，公司存在4 643.95万元的含税营业收入既没有形成现金流量，也得不到应收款项与预收款项的相关数据的支持。

报告期内，大元泵业每年都存在着数千万元的含税营业收入既没有形成现金流量，也没有体现为经营性债权关系的增减，联系到前述的采购数据异常、主要原材料采购与营业成本数据不匹配等问题，不由得让人对公司所披露的财务数据情况抱有很大的怀疑，在这些公开披露的财务数据中，又有多少数据是真实的呢？

（资料来源：红周刊 http：//www.hongzhoukan.com）

案例二：陆家嘴还有多少“盖头”等待揭开

编者按：在《红周刊》持续报道下，陆家嘴“黑洞”事件又有新进展。据知情人透露，浦东国资委内部高度关注此事，而上海证监局也在近日进入陆家嘴，就上海纯一股权转让和高送转一事对陆家嘴展开相关调查。在监管层的关注下，陆家嘴还有多少“盖头”等待揭开？

在《红周刊》推出多篇关于陆家嘴在转让上海纯一股权事件中“涉假托基金之名行自买自卖之实”的稿件后，《红周刊》近日再接知情人爆料：拥有国资身份的陆家嘴，在启动该项目之初就通过虚假材料取得了当地国资委合规审批。实际上，上海纯一股权能否“成功”转让，当地国资委的合规审批至关重要。而陆家嘴却通过“巧妙”安排，成功绕过了当地国资委监管，最终让转让上海纯一股权事项顺利成行。

一、“无瑕疵”请示

2015 年 7 月 7 日，陆家嘴集团召开总经理办公会，会议产生《关于出让上海纯一实业发展有限公司 60% 股权和相应债权的决议》（简称《决议》），内容介绍了股权转让的背景、目的和会议决定。

在介绍转让上海纯一股权背景和目的时，《决议》认为，“上海纯一主要资产为浦东新区塘桥社区 02 - 04 地块房地产项目。该项目位于峨山路 501 弄，占地面积 8 213.8 平方米，容积率 4.0，由股份公司（陆家嘴）以 56 800 万元于 2011 年 9 月在上海土地交易中心公开竞得。目前在建三栋建筑，整个项目预计在 2015 年 8 月底竣工。该项目定位于非长期持有类资产，为实现其投资收益，拟按项目公司股权转让方式出让资产。”

《决议》中还提及了浦发国资委的文件要求，“根据浦发国资委出具浦国资联〔2015〕第 75 号的要求，佳二公司（编辑注：佳二公司是陆家嘴全资子公司，全资拥有上海纯一。）委托上海财瑞资产评估有限公司对纯一公司截至 2015 年 3 月 31 日的股东全部权益进行了评估，并经国资评审中心审核：东方纯一项目完工后的物业总价值 13.52 亿元，纯一公司资产总额约 11.24 亿元，负债约 5.78 亿元，净资产约 5.46 亿元。”

基于上述条件，陆家嘴集团会议决定，“同意以公开市场挂牌的方式，通过上海联合产权交易所公开转让上海纯一实业发展有限公司 60% 股权和相应债权，现拟挂牌价格为 659 962 433.50元（期间审计完成后，相应债权价格会有所调整，挂牌债权价格将以上海财瑞会计师事务所有限公司对纯一公司自 4 月 1 日至 6 月 30 日的期间审计核定的委托贷款为准）。”

在这份《决议》上，陆家嘴集团党委书记、陆家嘴董事长李晋昭，陆家嘴总经理徐而进予以签字同意。

按照国有资产转让程序要求，在总经理办公会形成书面决议后，企业须向当地国资委请示。陆家嘴集团按照程序向浦东国资委递交了《关于陆家嘴下属佳二公司转让纯一公司 60% 股权及相应债权证案的请示》（简称《请示》）。

《请示》就该事项背景和目的的介绍基本和《决议》内容一致，但陆家嘴在这份《请示》中巧妙地增加了一条“本次转让拟引进财务投资，不让渡经营控制权，因而保留 40% 股权”说明，这一条非常关键，按照《企业国有产权转让管理暂行办法》（2004 年 2 月 1 日起施行）和今年新颁布的《企业国有资产交易监督管理办法》中相关规定，“转让企业国有产权致使国家不再拥有控股地位的，应当报本级人民政府批准，并由同级国有资产监督管理机构组织进行清产核资”。

陆家嘴集团新增的“本次转让拟引进财务投资，不让渡经营控制权，因而保留40%股权”这一条，恰恰让其请示流程只截止至浦东国资委。

除去其他和《决议》重叠的内容，该份《请示》还增加了受让方的资格条件，其中包括，意向受让方应为依法设立并有效存续的内资企业法人；本项目不接受联合方式举牌受让；意向受让方或其股东在2014年年末的净资产应不少于挂牌价的5倍且资产负债率不高于40%，2014年净利润不少于挂牌价的5倍（以经审计的财务报告为准）。在递交受让意向时，意向受让人须提供在本项目挂牌期内由银行出具的不低于挂牌金额的存款证明；意向受让方或其股东应具有在中国境内开发、经营办公物业的经验，要求于2014年年末已开发建成的办公物业面积合计不少于5万平方米（需提供相关证明：可以是房产证、竣工备案证书、审计报告等能证明其具备上述条件经验的凭据）等。

就陆家嘴集团的《决议》和《请示》内容而言，完全满足了国有资产转让的程序要求，最终得到了浦东国资委的批示。

二、浦东国资委的批示

浦东国资委针对陆家嘴集团的《请示》，于9月2日印发了《关于转让上海纯一实业发展有限公司60%股权的批复》（简称《批复》）。

《批复》内容包括同意和要求两部分。在同意部分，浦东国资委原则同意了陆家嘴转让上海纯一60%股权，同意按照浦东新区资产评估工作管理中心核准的2015年3月31日纯一公司资产评估值为参考依据，以不低于477 711 834.80元为首次挂牌价格在上海联合产权交易所公开挂牌转让。以及佳二公司对上海纯一的债权按照股权比例一并挂牌转让。

在要求方面，浦东国资委要求“鉴于本次股权转让目的为引进财务投资者，请你司充分披露相关信息，同时做好公司章程修订和公司法人治理架构设计，体现不让渡经营控制权的思考，以维护国有股东权益、防范经营风险”。“请做好项目包装和市场推广工作，广泛征集受让方，确保在充分竞争的基础上发现市场价格。”“请规范办理产权交易、工商及国有产权变更登记等相关手续。”

浦东国资委的《批复》是对陆家嘴集团提供的转让国有资产相关要件的认可，《批复》本身也抄送给了上海陆家嘴（集团）有限公司监事会和浦东新区国有资产监督管理委员会办公室。

三、背后“剧情”

然而，陆家嘴集团向浦东国资委递交《请示》之前的剧情，却不像看上去的那么单调。

2015年7月7日，即陆家嘴集团召开总经理办公会的当天，陆家嘴投资部副总经理吴琪敏向陆家嘴集团战略投资部提出陆家嘴“发起基金收购东方纯一项目公司60%股权”的议案签报，申请提交陆家嘴集团总经理办公会决议。签报要点包括陆家嘴推动房地产和金融结合的投资模式，拟与控股子公司陆金发公司旗下自贸区基金管理有限公司（“自贸区基金”）合作发起“地产1号基金”，收购陆家嘴持有的东方纯一项目60%股权。

换句话说，陆家嘴集团总经理办公会决定转让上海纯一股权的时候，陆家嘴参与的未来上海纯一股权收购方——地产1号基金也恰好在酝酿中，而且完全发生在同一天。

从7月8—27日，陆家嘴集团召开多次会议讨论设立地产1号基金事宜，确定了陆家嘴全资子公司佳章公司与自贸区基金合作共同设立发起基金，用于收购上海纯一60%股权及1.85亿元债权。7月28日，陆家嘴董事长、总经理分别担任董事长兼法人代表、董事的上海富都世界（陆家嘴股份拥有50%股权的合资公司）召开董事会，决议投资地产1号基金。之前，陆家嘴建议其在地产1号基金的投资份额由上海富都世界代持，投资额不超过1.17亿元。

从最终设立的地产1号基金来说，该基金的规模为6.94亿元，和计划的7.06亿元略有缩小，其中上海富都出资1.16亿元，是最大的劣后级份额持有人。

正是在这些工作敲定后，陆家嘴集团递交了《请示》，并顺利过关，而上海纯一60%股权和18 540.164 94万元债权也正式在上海联合产权交易所公开挂牌转让，挂牌总金额为人民币6.63亿元。挂牌转让的结果是，地产1号基金以66 311.348 42万元成功摘取了上述股权及债权。

知情人向《红周刊》记者表示，陆家嘴集团在转让上海纯一股权和债权的受让方资质中，有不能联合举牌、净资产和资产负债率，以及办公物业开发面积的具体要求，“为什么地产1号基金能摘取？这些资质其实都来自上海富都，没有它，地产1号基金就没有资质。而且，也只有上海富都的条件符合转让资质要求”。

就此而言，陆家嘴一手导演的全资孙公司上海纯一的股权买和卖，营利所得按规定不应被计入公司利润内，但陆家嘴2015年报却显示，该公司按照非实质控制、非关联交易进行了会计处理，转让上海纯一60%股权和相应债权以及对剩余40%股权按公允价值计算，合计产生投资收益4.32亿元，合并利润表归母公司净利润3.24亿元。也就在2015年，陆家嘴全年实现归属上市公司股东的净利润为19亿元，实现了利润同比增长，部分高管由此也获得了业绩增长奖励。

四、浦东国资委或有新动作

陆家嘴的会计处理方法，实际和陆家嘴集团报给浦东国资委“引进财务投资，不让渡经营控制权”的资产转让要件是相悖的。

2015年8月，浦东国资委在接到举报信后，对陆家嘴转让上海纯一股权一事保持高度关注，组织核查小组对陆家嘴以上涉嫌违规之处进行核实。

《红周刊》记者获得的资料显示，对于陆家嘴否认控制地产1号基金、否认上海富都世界代陆家嘴持有基金份额，以及没有关联交易等事项，核查小组一一做了核实。核实结论认为，富都世界实际上是代陆家嘴认购，地产1号基金的实际投资人是陆家嘴；上海纯一股权出让方和受让方都是陆家嘴的子公司或合营公司；陆家嘴年报审计机构安永对此事项的意见不具有充分的独立性。就此次核实过程，知情人表示，核实小组当时只见到了2015年7月28日董事会决议，而所谓的在此后引起极大争议的股东会决议，并未出现在此次陆家嘴提交的核查文件中。

就核实情况，浦东国资委在9月中旬曾征询独立第三方意见，在浦东国资委10月10日召集核实小组与独立第三方的分析会上，天职会计师事务所合伙人表示，陆家嘴出售“纯一实业60%股权”事项，构成实质控制，陆家嘴合并报表应抵销利润却未抵销，虚增利润事实成立。

《上海证券交易所股票上市规则》（2014年修订）指出，直接或者间接控制的除上市公司及其控股子公司以外的法人或其他组织，即为关联法人。浦东国资委以及第三方意见都指向陆家嘴否认的关联交易是事实成立的，按相关规定，相关责任人将因信披违规而接受处罚。

因《红周刊》的持续报道和举报人的举报，“证监会批示，由上海证监局督查。上海证监局已经驻场两天，要求（陆家嘴）提供上海纯一和利润分配（高送转）两件事。同时访谈了公司董事和高管。”知情人向《红周刊》表示。

在上海证监局“走进”陆家嘴之际，陆家嘴也派出高管赶赴苏州解决另一事项。今年10月，陆家嘴全资公司与一只信托计划联合在上海联合产权交易所买下苏钢旗下苏州绿岸房地产开发有限公司95%股权，但随之进入中止程序——中介机构收到了交易对方于近日提供的苏州市国土资源局向苏州绿岸房地产开发有限公司（以下称“苏州绿岸”）发出的《闲置土地调查通知书》，调查通知书指出“苏州绿岸名下的苏地2008 G－6号地块已涉嫌构成闲置土地”。陆家嘴在11月24日拜访了苏州高新区管委会，并在26日公告称“苏州绿岸未按期开发有其历史原因，苏州高新区管委会将积极协调相关土地管理部门争取本月底前稳妥解决。”显然，以上问题尚未能如期解决，陆家嘴不得不派高管继续跟进。知情人透露，陆家嘴此行并没有获得更大进展，因为“苏州绿岸在上海联合产权交易所挂牌的是其优质土地资源，但苏钢有很多历史遗留问题附着在这些土地资源上，又没有一并出让。苏州政府方面的态度是，谁拿地谁就有义务解决这些历史遗留问题。苏州绿岸的这些问题，苏州高新区管委会是解决不了的，苏州市政府将开专题会议讨论决定。”

在整个陆家嘴股权转让事件中，一旦其被定性为违规，则身为国资的陆家嘴及相关操办人员将难免被问责。按照《企业国有产权转让管理暂行办法》，国有资产转让存在程序违规的，相关企业负有直接责任的主管人员和其他直接责任人员，由国有资产监督管理机构或者相关企业按照人事管理权限给予警告，情节严重的，给予纪律处分。按照《企业国有资产交易监督管理办法》，相关人员“由有关单位按照人事和干部管理权限给予相关责任人员相应处分；造成国有资产损失的，相关责任人员应当承担赔偿责任；构成犯罪的，依法追究其刑事责任。”

（资料来源：红周刊 http：//www.hongzhoukan.com）

同步练习参考答案

一、单项选择题

1. A　2. B　3. A　4. C　5. D　6. D　7. A　8. D　9. D　10. D　11. A　12. A　13. A　14. C　15. D　16. C　17. B　18. C　19. D　20. D

二、多项选择题

1. ABCD　2. ABCD　3. ACD　4. ABCD　5. ABCDE　6. ACE　7. BC　8. ABD　9. ABCE　10. ABDE　11. ABCDE　12. ABD　13. ABCD　14. CD　15. ABC

三、判断题

1. ×　2. √　3. ×　4. √　5. √　6. ×　7. √　8. ×　9. ×　10. √　11. ×　12. √

13. √　14. ×　15. √

四、解答题（略）

五、计算题

1. 单项指数计算。

资产负债率的单项指数 = [50% -(60% -50%)] ÷50% ×100% =80%

流动比率的单项指数 = [200% -(200% -180%)] ÷200% ×100% =90%

2. 基本指标得分计算。

本档基础分 =14 ×0.6 =8.4（分）

本档调整分 =(7.2% -4.0%) ÷(7.3% -4.0%) ×(14 ×0.8 -14 ×0.6) =2.72（分）

总资产报酬率指标得分 =8.4 +2.72 =11.12（分）

3. 答：

（1）2016 年销售净利率 =117.6 ÷840 =14.00%

2016 年的总资产周转率 =840 ÷1 400 =60%

2016 年的权益乘数 =1 400 ÷700 =2

2016 年的权益净利率 =117.6 ÷700 =16.80%

（2）2016 年的权益净利率 -2015 年的权益净利率 =16.80% -17.6% = -0.8%

权益净利率 = 销售净利率 × 总资产周转率 × 权益乘数

将 2015 年的相关数据代入上式得 16% ×0.5 ×2.2 =17.6%

将 2015 年的销售净利率替换为 2016 年的销售净利率：14% ×0.5 ×2.2 =15.4%

则销售净利率对权益净利率的影响为：15.4% -17.6% = -2.2%

将 2015 年的总资产周转率替换为 2016 年的总资产周转率：14% ×0.6 ×2.2 =18.48%

则总资产周转率对权益净利率的影响为：18.48% -15.4% =3.08%

将 2015 年的权益乘数替换为 2016 年的权益乘数：14% ×0.6 ×2 =16.80%

则权益乘数对权益净利率的影响为：16.80% -18.48% = -1.68%

三者对权益净利率影响的合计数 = -2.2% +3.08% +(-1.68%) = -0.8%，即 2015 年与 2016 年的权益净利率的差额。

4. 可持续增长率的计算。

2014 年可持续增长率 =10.20% ×0.91 ×3.50 ×30% =9.75%

2014 年可持续增长率 =15.11% ×1.22 ×2.98 ×30% =15.98%

5. 评议指标得分计算

发现创新能力评议指标得分 =(15 ×1 +15 ×1 +15 ×1 +15 ×0.8 +15 ×0.8 +15 ×0.8 +15 ×0.6) ÷7≈12.86（分）

六、业务题

1. 净资产收益率分析。

有关指标计算见表 12 -16。

分析对象：

14. 20% - 13. 50% = 0. 70%

上年总资产净利率 = 9. 28% × 0. 80 ≈ 7. 42%

本年总资产净利率 = 8. 83% × 0. 82 ≈ 7. 24%

①由于销售（营业）利润率变动的影响：

(8. 83% - 9. 28%) × 0. 80 × 1. 82 ≈ - 0. 655%

②由于总资产周转率变动的影响：

8. 83% × (0. 82 - 0. 80) × 1. 82 ≈ 0. 321%

③由于权益乘数变动的影响：

8. 83% × 0. 82 × (1. 96 - 1. 82) ≈ 1. 014%

各因素影响额合计：

- 0. 655% + 0. 321% + 1. 014% = 0. 68%

（与分析对象的差异系小数点取舍所致）

从上述计算中可以看出，上年公司净资产收益率为 13. 50%，本年上升到 14. 20%，上升幅度不大。观察总资产净利率和权益乘数可以发现，两者均有相应的增减变化，因此可知净资产收益率的变化是总资产净利率和权益乘数两个方面共同影响的结果。其中总资产净利率由 7. 42% 下降到 7. 24%，权益乘数由 1. 82 上升到 1. 96，权益乘数上升导致净资产收益率提高的作用效果超过了总资产净利率下降导致的净资产收益率下降。

权益乘数上升说明公司的资本结构有所变化，从表 12 - 16 的资料我们可以计算，权益乘数的变动带来的影响是使净资产收益率增加了 1. 014%。相比上年，公司本年平均净资产减少，平均总资产增加导致股东权益在总资产中的比重下降，进而导致权益乘数上升。负债比例的提高一方面说明企业的债务能力增强，有助于企业利用财务杠杆效应获利，另一方面也会加大企业偿债能力减弱的风险，报表使用者应当关注这一点。

下面分析总资产净利率下降的可能原因。将总资产净利率分解成销售净利率和总资产周转率以后发现，本年公司销售净利率下降而总资产周转率上升。销售净利率反映每 1 元的销售收入能够为企业带来多少利润，它表现销售收入的收益水平，企业在增加销售收入的同时，必须相应地获得更多的净利润，才能使销售净利率保持不变或有所提高。根据表 12 - 16 可知，本公司在增加总收入的同时，其利润并没有达到相应的增长速度，致使销售利润率有所下降，其变动使得净资产收益率减小了 0. 655%。这说明该公司在本年虽然扩大了销售，但其在成本控制方面还需多下功夫。总资产周转率反映的是企业总资产的利用效率，本年总资产周转率相对上年略微上升，但变化不大，可以说一定程度上提高了一定的利用效率。总的来说，该公司财务状况正常，表现出较稳定的良性发展态势。通过上述计算还可以看出本年净资产收益率有小幅提高，且主要是由权益乘数的上升带来的。其次是总资产周转率变动带来的影响使得净资产收益率提高了 0. 321%。另外，公司需要强化成本控制能力，并适当控制企业增加债务带来的财务风险。

2. 可持续增长率分析。有关指标计算见表 12 - 4。

分析对象：

5. 135% - 4. 5% = 0. 635%

上年指标：

6% × 0. 75 × 1. 67 × (1 - 40%) = 4. 5%

替代销售利润率：

5.57%×0.75×1.67×(1－40%)＝4.19%

替代总资产周转率：

5.57%×0.78×1.67×(1－40%)＝4.35%

替代财务杠杆作用：

5.57%×0.78×1.82×(1－40%)＝4.74%

本年指标：(替代股利支付率)

5.57%×0.78×1.82×(1－35%)＝5.14%

①由于销售利润率下降的影响：

4.19%－4.5%＝－0.31%

②由于总资产周转率提高的影响：

4.35%－4.19%＝0.16%

③由于财务杠杆作用提高的影响：

4.74%－4.35%＝0.39%

④由于股利支付率降低的影响：

5.14%－4.74%＝0.4%

各因素影响额合计：

－0.31%＋0.16%＋0.39%＋0.4%＝0.64%

(与分析对象的差异系小数点取舍所致)

由表12－4可以看出，与上年相比该公司除了销售净利率有所下降外，其他三项指标在本年均有所上升。由题目可知，为了支持营业收入高速的增长，该企业发展联合采取了加速资产周转，大幅度增加短期借款以及提高留存收益比率三种方式。然而这些方式只能维持短期内营业收入的高速增长，无法支持企业持续的高速增长。资产周转率不能无限地提高。短期借款需要归还，如果企业高速增长，资金甚至无法满足营业收入增长带来的资产增长，更无法归还短期借款。此外，留存收益比率也不能无限制地提高，其上限为100%。可见，该公司在短期内虽然可以通过多种方式的联合作用来实现营业收入的不断加速增长，但从长远来看，这种加速增长无法实现，企业仍应结合可持续增长率来安排收入的增长。

下面分析总资产净利率下降的可能原因。将总资产净利率分解成销售净利率和总资产周转率以后才发现，本年公司销售净利率下降而总资产周转率上升。销售净利率反映每一元的销售收入能够为企业带来多少利润，它表示销售收入的收益水平，企业在增加销售收入的同时，必须相应地获得更多的净利润，才能使销售净利率保持不变或有所提高。根据表12－16可知，本公司在增加总收入的同时，其利润并没有达到相应的增长速度，致使销售利润率有所下降，其变动使净资产收益率减小了0.655%。这说明该公司在本年末虽然扩大了销售，但其在成本控制方面还需多下功夫。总资产周转率反映的是企业总资产的利用效率，本年总资产周转率相对上年略微上升，但变化不大，可以说一定程度上提高了资产的利用效率。总的来说，该公司财务状况正常，表现出较稳定良性发展态势。通过上述计算还可以看出本年净资产收益率有小幅提高，且主要是由权益乘数的上升带来的。其次是总资产周转率变动带来的影响使净资产收益率提高了0.321%。另外，公司需要强化成本控制能力，并适当控制企业增加债务带来的财务风险。

2. 可持续增长率分析。

有关指标计算见表12－7。

表12－7　　有关财务指标计算表（二）

项目	上年	本年
净资产收益率	3 083 ÷ 41 112 × 100% ≈ 7.5%	3 215 ÷ 40 701 × 100% ≈ 7.9%
销售（营业）利润率	3 083 ÷ 51 390 × 100% ≈ 6%	3 215 ÷ 57 722 × 100% ≈ 5.57%
总资产周转率（次）	51 390 ÷ 68 520 ≈ 0.75	57 722 ÷ 74 002 ≈ 0.78
财务杠杆作用	68 520 ÷ 41 112 ≈ 1.67	74 002 ÷ 40 701 ≈ 1.82
股利支付率	1 233 ÷ 3 083 × 100% ≈ 40%	1 125 ÷ 3 215 × 100% ≈ 35%
可持续增长率	7.5% ×（1 − 40%）≈ 4.5%	7.9% ×（1 − 35%）≈ 5.135%

分析对象：

5.135% − 4.5% = 0.635%

上年指标：

6% × 0.75 × 1.67 ×（1 − 40%）= 4.5%

代替销售利润率：

5.57% × 0.75 × 1.67 ×（1 − 40%）= 4.19%

代替总资产周转率：

5.57% × 0.78 × 1.67 ×（1 − 40%）= 4.35%

代替财务杠杆作用：

5.57% × 0.78 × 1.82 ×（1 − 40%）= 4.74%

本年指标（代替股利支付率）：

5.57% × 0.78 × 1.82 ×（1 − 35%）= 5.14%

①由于销售利润率下降的影响：

4.19% − 4.5% = −0.31%

②由于总资产周转率提高的影响：

4.35% − 4.19% = 0.16%

③由于财务杠杆作用提高的影响：

4.74% − 4.35% = 0.39%

④由于股利支付率降低的影响：

5.14% − 4.74% = 0.4%

各因素影响额合计：

−0.31% + 0.16% + 0.39% + 0.4% = 0.64%

（与分析对象的差异系小数点取舍所致）

由表12－4可以看出，与上半年相比该公司出来销售净利率有所下降外，其他三项指标在本年末均有所上升。该公司发展通过加速资产周转速度、提高财务杠杆作用、增加留存收益比率三个途径来支持营业收入高速的增长，由题目可知，为了支持营业收人高速的增长，该企业发展联合采取了加速资产周转、大幅增加短期借款以及提高留存收益比率三种方式。然而这些方式只能维持短期内营业收入的高速增长，无法支持企业持续的高速增长。资产周转率不能无限地提高。短期借款需要归还，如果企业高速增长，资金甚至无法满足营业收入增长带来的资产增长，更无法归还短期借款。此外，留存收益比率也不能无限制地提高，其上限为100%。可见，该公司在短期内虽然可以通过多种方式联合作用来实现营业收入的不断加速增长，但从长远来看，这种加速增长无法实现，企业仍应结合可持续发展增长率来安排收入的增长。

可持续增长率致力于从长远来看企业的价值增长状况，通过这一比率是企业营利能力、运营能力、偿债能力和企业发展能力建立起联系，并借此统一各财务指标，建立起分析框架图，这一做法同时消除了同业不同规模企业之间的比较障碍。将这一比率层层分解后可以与评价企业在经营管理、投资管理、融资战略和股利政策四个领域的管理效果。可持续增长率是企业在保持经营效率和财务政策不变的情况下能够达到的增长比率，它取决于净资产收益率和股利政策，因此，可持续增长率将企业的各种财务比率统一起来，以评估企业的增长战略是否可持续。

3. 综合经济指数计算。

解：该企业的综合经济指数见表12－8：

表12－8

经济指标	权数	标准值	实际值	单项指数	综合经济指数
①	②	③	④	⑤＝④÷③	⑥＝②×⑤
销售利润率	0.15	15%	16%	1.067	0.610
总资产利润率	0.15	12%	10%	0.833	0.125
资本收益率	0.15	18%	16%	0.889	0.133
资本保值增值率	0.10	105%	103%	0.981	0.098
资产负债率	0.05	50%	45%	0.90	0.045
流动比率	0.05	200%	160%	0.80	0.040
应收账款周转率	0.05	6（次）	5（次）	0.833	0.042
存货周转率	0.05	5（次）	5.5（次）	1.10	0.055
社会贡献率	0.10	25%	25%	1.00	0.10
社会积累率	0.15	20%	20%	1.00	0.15
合计	1.0	—	—	—	0.948

分析：综合经济指数合计数为0.948与1差距不大，反映出该企业综合财务状况接近行业水平。进一步观察发现，该企业主要是偿债能力和营利能力方面的单项指数小于1，说明该企业在这些方面存在的问题是造成综合经济指数小于1的主要原因。

参考文献

[1] 张先治，陈友邦，秦志敏．财务分析习题与案例［M］．大连：东北财经大学出版社，2019.

[2] 钱爱民，张新民．案例分析与学习指导［M］．北京：中国人民大学出版社，2018.

[3] 鲁爱民．财务分析［M］．北京：机械工业出版社，2018.

[4] 荆新，王化成，刘俊彦．财务管理学［M］．北京：中国人民大学出版社，2019.

[5] 张先治，陈友邦．财务分析［M］．大连：东北财经大学出版社，2008.

[6] 何建国，黄金曦．财务管理［M］．北京：清华大学出版社，2008.

[7] 李敏．财务报表解读与分析［M］．上海：上海财经大学出版社，2012.

[8] 乔春华．财务管理［M］．北京：中国时代经济出版社，2002.

[9] 陈静，陈增寿．财务管理学［M］．北京：清华大学出版社，2007.

[10] 谷祺，刘淑莲．财务管理［M］．大连：东北财经大学出版社，2005.

[11] 张俊民．财务分析［M］．上海：复旦大学出版社，2007.

[12] 樊行健．财务分析［M］．北京：清华大学出版社，2007.

[13] 周晋兰，胡北忠．财务分析实验教程［M］．大连：东北财经大学出版社，2008.

[14] 王德发．财务报表分析［M］．北京：中国人民大学出版社，2004.

[15] 戴欣苗．财务报表分析（技巧·策略）［M］．北京：清华大学出版社，2005.

[16] 宋军：财务报表分析［M］．上海：复旦大学出版社，2012.

[17] 李敏．财务报表解读与分析［M］．上海：上海财经大学出版社，2006.

[18] 张新民等．财务报表分析（第2版）［M］．北京：中国人民大学出版社，2008.

[19] 袁小勇，邵军．财务报表分析［M］．北京：首都经济贸易大学出版社，2006.

[20] 袁淳，吕兆德．财务报表分析［M］．北京：中国财政经济出版社，2008.

[21] 陆正飞．财务报告与分析［M］．北京：北京大学出版社，2006.

[22] 袁淳，张新玲．财务报表分析［M］．大连：东北财经大学出版社，2007.

[23] 吴世农，吴育辉．财务分析与决策［M］．北京：北京大学出版社，2008.

[24] 张新民，钱爱民．企业财务报表分析［M］．北京：北京大学出版社，2008.

[25] 谢志华．财务分析（第2版）［M］．北京：高等教育出版社，2016.

[26] 张新民，钱爱民．企业财务质量与管理质量关系研究［M］．北京：对外经济贸易大学出版社，2006.

[27] 张新民，钱爱民．财务报表分析［M］．北京：中国人民大学出版社，2019.

[28] 唐现杰，徐鹿：财务分析［M］．大连：东北财经大学出版社，2007.

[29] 荆新，刘兴云．财务分析学［M］．北京：经济科学出版社，2000.

[30] 卢雁影．财务分析［M］．武汉：武汉大学出版社，2002.